政治发展与政治现代化研究丛书

法律责任条款规范化设置研究

李 亮 ◎ 著

中国社会科学出版社

图书在版编目(CIP)数据

法律责任条款规范化设置研究/李亮著.—北京：中国社会科学出版社，2016.9
ISBN 978-7-5161-9328-0

Ⅰ.①法… Ⅱ.①李… Ⅲ.①法律责任—研究—中国 Ⅳ.①D920.4

中国版本图书馆CIP数据核字(2016)第280856号

出 版 人	赵剑英
责任编辑	冯春凤
责任校对	张爱华
责任印制	张雪娇

出　　版	中国社会科学出版社
社　　址	北京鼓楼西大街甲158号
邮　　编	100720
网　　址	http://www.csspw.cn
发 行 部	010-84083685
门 市 部	010-84029450
经　　销	新华书店及其他书店
印　　刷	北京君升印刷有限公司
装　　订	廊坊市广阳区广增装订厂
版　　次	2016年9月第1版
印　　次	2016年9月第1次印刷
开　　本	710×1000　1/16
印　　张	14.5
插　　页	2
字　　数	238千字
定　　价	55.00元

凡购买中国社会科学出版社图书，如有质量问题请与本社营销中心联系调换
电话：010-84083683
版权所有　侵权必究

党校文库编委会

主　任：陆发桃
副主任：徐明华　何显明
成　员：陈立旭　胡承槐　方柏华　王祖强
　　　　郭亚丁　董根洪　何圣东　林学飞

《政治发展与政治现代化研究丛书》编辑委员会

主　编：方柏华
副主编：郭亚丁　董　明
编　委：徐　彬　邱　巍　李晓敏

目 录

导 论 …………………………………………………………（ 1 ）
  一 研究背景与意义 …………………………………………（ 1 ）
    （一）研究背景——立法迈向"后体系时代" ……………（ 1 ）
    （二）研究意义 …………………………………………（ 4 ）
  二 研究现状综述 ……………………………………………（ 5 ）
    （一）立法技术研究的梳理 ……………………………（ 5 ）
    （二）法律责任条款研究的梳理 ………………………（ 8 ）
  三 研究方法、结构安排与创新之处 ………………………（11）
    （一）研究方法 …………………………………………（11）
    （二）结构安排 …………………………………………（13）
    （三）创新之处 …………………………………………（16）

第一章 法律责任条款的概念与类型 ………………………（17）
  一 法律责任条款的概念重构 ………………………………（17）
    （一）法律责任的概念 …………………………………（18）
    （二）法律责任条款的概念 ……………………………（22）
  二 法律责任条款与义务条款及法律制裁的界分 …………（25）
    （一）法律责任条款与义务条款的界分 ………………（25）
    （二）法律责任条款与法律制裁的界分 ………………（27）
  三 法律责任条款的类型 ……………………………………（29）
    （一）实体性责任条款与程序性责任条款 ……………（30）
    （二）确定性责任条款、委任性责任条款、准用性责任
        条款 ………………………………………………（31）
    （三）民事责任、行政责任与刑事责任条款 ……………（33）

第二章 法律责任条款设置的现状与问题 …………………（35）
一 法律责任条款设置的现状考察 …………………………（35）
（一）法律责任条款设置的总体状况 ………………………（36）
（二）行政法律中责任条款设置的具体状况 ………………（38）
（三）地方性法规中责任条款设置的具体状况 ……………（40）
二 法律责任条款设置存在的问题 …………………………（44）
（一）法律责任条款设置的逻辑规范问题 …………………（44）
（二）法律责任条款设置的协调性问题 ……………………（48）
（三）法律责任条款设置的衔接性问题 ……………………（53）
（四）法律责任条款设置的概括性问题 ……………………（57）
（五）法律责任条款设置语言表述失范问题 ………………（61）

第三章 法律责任条款设置的理念与模式选择 ……………（65）
一 法律责任条款设置的理念 ………………………………（65）
（一）法律责任条款设置的传统理念批判 …………………（66）
（二）设置法律责任条款应遵循的理念 ……………………（69）
二 法律责任条款设置的模式选择 …………………………（81）
（一）法律责任条款的排列模式选择 ………………………（82）
（二）法律责任条款的表述模式选择 ………………………（85）

第四章 法律责任条款设置的原则 …………………………（95）
一 责任条款设置的合法性原则 ……………………………（98）
二 责任条款设置的对应性原则 ……………………………（102）
三 责任条款设置的协调性原则 ……………………………（107）
四 责任条款设置的可操作原则 ……………………………（111）
五 责任条款设置的规范性原则 ……………………………（114）

第五章 法律责任条款设置的规则 …………………………（118）
一 责任条款设置的逻辑规则 ………………………………（119）
（一）法律思维的基本逻辑规律 ……………………………（121）
（二）责任条款表述的逻辑完备性 …………………………（124）
（三）责任条款表述的逻辑明确性 …………………………（128）
（四）责任条款表述的逻辑一致性 …………………………（131）
二 责任条款设置的语言规则 ………………………………（134）

（一）立法语言的模糊性 …………………………………（136）
　　（二）责任条款语言表述的准确性 ………………………（139）
　　（三）责任条款语言表述的简洁性 ………………………（142）
　　（四）责任条款语言表述的规范性 ………………………（146）
　三　责任条款设置的修辞规则 …………………………………（148）
　　（一）什么是责任条款设置的修辞规则 …………………（149）
　　（二）为什么遵循责任条款设置的修辞规则 ……………（151）
　　（三）如何坚持责任条款设置的修辞规则 ………………（156）

第六章　法律责任条款设置的衔接 ………………………………（160）
　一　法律责任条款设置的外部衔接 ……………………………（161）
　　（一）不同法律文本中责任条款设置的衔接 ……………（161）
　　（二）责任条款与义务性条款的衔接 ……………………（164）
　　（三）责任条款与奖励条款的衔接 ………………………（171）
　　（四）法律责任条款与其他条款的衔接 …………………（175）
　二　法律责任条款设置的内部衔接 ……………………………（178）
　　（一）责任条款内容要素的优化组合 ……………………（179）
　　（二）不同责任类型之间的衔接 …………………………（182）
　　（三）不同责任形式之间的衔接 …………………………（196）

余论　从法律责任条款设置展望立法学研究转向 ……………（200）
　一　立法学研究之转向——以立法技术为核心的方法论研究 …（200）
　二　立法方法论的展开——立法学的技术面向 ………………（203）
　三　结语 …………………………………………………………（208）

参考文献 …………………………………………………………（211）

导 论

从我国立法学理论与立法实践出发，法律文本结构的规范化是一个全新的命题，在法律文本中，法律责任条款与权利、义务性条款构成法律文本的主体部分，因此法律责任条款的规范化设置研究也是一个全新的问题域，需要我们从法学原理出发，对其进行规范分析与实证考察相结合的探究。本文导论部分主要包括四个方面的内容，分别是本文的研究背景与意义、研究现状综述、本文的研究方法与结构、本文追求的创新之处，下面分别阐述。

一 研究背景与意义

（一）研究背景——立法迈向"后体系时代"

开展和不间断地推进理论研究，就必须从这一学科的全局出发，以这一学科的全局相对于现实立法实践的解释能力、指导能力的持续增强为依归。而不甚明了这一学科的现状及其走向，将是不得要领、事倍功半甚至是徒劳无功的，立法学作为一门具有鲜明理论品格与"经世致用"的实践品格的法学学科则更是如此。张文显指出，"定义偏好"导致法学思维的封闭性、武断性和保守性，定义不过是用简明的语言揭示概念内涵的初级方法，对专业研究来说是远远不够的。[①] 这种说法是有道理的，但作为任何研究的逻辑原点，需要对立法学作一个简要交代。简而言之，立法学是以立法现象、立法规律以及其他相关事物为研究对象的学问，如若详细阐述，立法学，就是"以立法实践 为研究对象，探寻立法规律、解释立

---

① 张文显：《二十世纪西方法哲学思潮研究》，法律出版社2006年版，第87页。

法现象、指导立法活动、明辨立法意识的一门法学分支学科（可以将之称为狭义的、学科意义上的立法学），以及以此为核心学科所形成的、子学科构建在一起的、兼顾若干紧密边缘交叉和综合学科的学科群体（可以将这样的一个整体称之为广义的、未来群体意义的立法学）。"①

2011年3月，全国人大常委会委员长吴邦国宣布，"到2010年底，一个立足中国国情和实际、适应改革开放和社会主义现代化建设需要、集中体现中国共产党和中国人民意志，以宪法为统帅，以宪法相关法、民法商法等多个法律部门的法律为主干，由法律、行政法规、地方性法规等多个层次法律规范构成的中国特色社会主义法律体系已经形成。"2011年10月27日国务院新闻办公室发表的《中国特色社会主义法律体系》白皮书也指出，截至2011年8月底，中国已制定现行宪法和有效法律共240部、行政法规706部、地方性法规8600多部，涵盖社会关系各个方面的法律部门已经齐全，各个法律部门中基本的、主要的法律已经制定，相应的行政法规和地方性法规比较完备，法律体系内部总体做到科学和谐统一，中国特色社会主义法律体系已经形成。中国特色社会主义法律体系，是以宪法为统帅，以法律为主干，以行政法规、地方性法规为重要组成部分，由宪法相关法、民法商法、行政法、经济法、社会法、刑法、诉讼与非诉讼程序法等多个法律部门组成的有机统一整体。如果说，"以1979年7月同时公布七部基本法律为标志，中国迈进了'立法者的时代'"②的话，那么我们也有理由认为在2011年中国特色社会主义法律体系形成之后，立法学迈向了"后体系时代"。

中国当下正处于法治实践路径的转型期也是关键期，"我国目前所处的法治进路转型，意味着法学从偏重于学习和借鉴西方法律制度与理论的追仿型进路，转向以适应中国国情、解决中国实际问题为目标的自主型进路。在这种转型中，必须对法治理论和制度中的一些重要问题予以审慎的思考与辨识。"③ 在"后体系时代"背景下，并不意味着立法学将走向终结，相反立法工作不能削弱，只能加强，在《中国特色社会主义法律体

---

① 石东坡：《论当代中国立法学学科建设问题》，载《立法研究》第3卷，法律出版社2002年版，第4页。
② 季卫东：《中国法治的悖论与重构》，载《文化纵横》，2011年第6期。
③ 顾培东：《中国法治的自主型进路》，载《法学研究》，2010年第1期。

系》白皮书中,"深入推进科学立法、民主立法,着力提高立法质量。"仍然被视为法治建设的重点,党的十八大报告中也再次提出"推进科学立法"的要求,尽管中国特色社会主义法律体系已经宣告形成,但"这是一个多元的、充满张力的结构,'中国特色'意味着本土特殊性,与法律体系内在的普遍性指向和参与全球治理的时代使命之间其实存在着尖锐的矛盾。中国法律秩序的存在方式也正面临前所未有的两难困境。一方面,不得不通过规范的刚性约束力来缩减外部环境的复杂性;另一方面,流动的局势要求临机应变的决断,使得规范的约束力不得不相对化。"[1] 此外,"法律体系的固有缺陷、立法趋势的转变、法律难以实施操作性不强,此番种种都是'后体系时代'需要以积极的姿态予以应对的。"[2] 立法不会走向终结,但是立法工作的加强也不能一成不变,要努力做到与时俱进,例如有人就认为"为了保证法律规范的质量和提升立法科学化的水平,应当进一步改善立法机关组成人员的结构,提高立法程序正当化水平,构建立法成本效益评估前置制度,建立辩论机制,优化协商制度,提升立法技术,规范立法形式,确定法律规范的实质与形式标准,设立法律规范的事前或事后的审查过滤机制,构建实施效果评估机制,完善法律修改和废止制度等等。"[3] 季卫东指出,"今后我国法律体系的完善在很大程度上不妨归结为技术重构,即立法技术、解释技术、行政技术以及法庭技术的实实在在的改良。即使在那些没有制度上的根本变革就无法进展的地方,有关操作手段上的成熟度也还是会在很大程度上左右结局,决定胜负。"并且进一步解释认为,"技术和手段具有可比性和可流通性,很难对它们简单地贴上'中国特色'和'社会主义'的标签。归根结底,国际的制度较量或体系比赛不外乎一场全面而具体的法律技术格斗,日复一日用具体案件处理的结果和效果来检验法律体系的完善程度。"[4] 这些都可以看作是今后立法工作以及立法学研究所要努力的方向,但在法律体系形成的背

---

[1] 季卫东:《大变局下中国法治的顶层设计》,载《财经》,2012年第5期。
[2] 石东坡、余凡:《论"后体系时代"律师的立法参与问题》,载《法治研究》,2013年第2期。
[3] 江必新:《全面推进依法治国的若干思考——以学习党的十八大报告为背景》,载《人民论坛》,2012年第12期。
[4] 季卫东:《中国法治的悖论与重构》,载《文化纵横》,2011年第6期。

景话语下,要完善法律体系——弥合法律体系内部的裂痕、化解法律规范之间的冲突、消除法律条文的抵牾,从立法方法论的视域理解,立法学要全面转向以立法技术为核心的方法论研究,作为一门独立学科的立法学,是包含着立法总论、立法制度、立法技术等内容的复杂理论体系。但在方法论的视域中,重点关注的是立法的技术面向,特别是立法的表达技术,而立法总论、立法制度,则被作为理解立法技术这一主题的理论背景和学术语境来看待。这便是立法学研究嬗变的真实背景映照、也是必须正视的——立法已经迈向了"后体系时代"。

我国开始步入"后立法时代",中国的现行立法生态从制定法律为主开始过渡到立法与修法并重,甚至开始逐步向法律修改为主过渡,中国的法制建设需要更加精致、细腻的法理支撑与立法技术支撑。但目前在立法实践中,仍然面临着立法技术相对落后、可操作性不强、法律实施难等问题。

(二) 研究意义

1. 理论意义

立法学主要由立法原理与价值、立法制度设计与立法技术构成,从立法学的发展脉络可以看出,立法学的研究已经从立法原理与价值的研究,推进到立法的制度设计进而转向立法技术构成为主导的立法方法论研究。在立法技术中的核心议题则是法的结构营造技术与表达技术。

法律责任条款的设置论具有如下几方面的理论意义。首先,法律责任条款的设置研究有助于弥补目前立法学中对基本概念、基础理论研究的不足,(例如法理学中关于法的作用与法的功能的界分)对于厘清基本概念及其与相似概念的界分,完善基础理论具有重要的理论意义;其次,法律责任条款作为法的实质结构的重要组成部分,对责任条款的深入研究能够为保障法的结构规范化发挥重要的作用;再次,法律责任条款的规范设置与表达进一步扩展与丰富了立法学理论体系;最后,对法条设计的技术主义的立场与研究路径也扩展了立法学的研究方法与研究路径。

2. 实践价值

法律责任的设定,涉及社会公平正义。如果处罚设置不当,比如,对相似行为的处罚差异过大,会导致结果不公平。设定得好的法律责任,应当让被追究法律责任的人诚服接受制裁，其他当事人及其社会成员则从中感受到公平正义。行为的结果如何，是很有导向的，如果由于法律责任方面的立法缺陷，对社会成员行为的引导出现了偏差，会导致社会公平的缺失，甚至会导致社会是非观念、荣辱观念的颠倒。法律责任的设定，与立法技术规范有关，但是，它不仅仅是技术层面的问题，更是与立法民主相关的问题，人大代表充分反映民意、立法过程民众知晓度高、立法程序规范等，都有助于提高法律责任设定的科学性。

对法律责任的规范化、精细化设计与实践性面向是完善立法文本的重要组成部分，也是提高立法技术，追求科学立法的关键环节之所在，同时也是保障法律有效实施的后盾。法律责任的规范化、精细化设计与实践性面向能够为立法实务部门提供有益的参考与借鉴，进而对于构建我国的立法技术手册或立法指南，完善立法，推动我国法治建设进程，都具有重要而深远的意义。

二　研究现状综述

（一）立法技术研究的梳理[①]

在西方，立法技术问题自 19 世纪以来在立法研究著述和立法实践中，日益受到重视，伴随着人们在立法和立法研究上的新探索，有关立法技术的专题研究及其成果不断出现，到了 20 世纪，关于立法技术的有影响的研究成果和著名专家例如 Couurtney Ilbert、Ernst Freund、Harlow 等一系列任务及其著述，Eggar 的《法的起草笔记》（1937），K. C. Alison Rusell 的《立法起草和形式》（1938），Sutherland 的《成文法及其结构》（1943），Ann Seidman、Robert Seidman 的《立法起草手册》是其中比较有代表性的作品。最近二三十年间，众多以专门研究立法技术或以研究立法技术为主旨的研究机构，在多个国家出现；以立法技术为主题的国际交流日益增进；立法技术问题在许多的法学教育中日益受到重视。

[①] 主要参考郭道辉总主编：《当代中国立法》（上、下卷），中国民主法制出版社 1998 年版；周旺生、张建华主编：《立法技术手册》，中国法制出版社 1998 年版；郭道辉、周旺生、王晨光主编：《立法——原则、制度、技术》，北京大学出版社 1994 年版；周旺生：《立法论》，北京大学出版社 1994 年版；周旺生：《立法学》，法律出版社 2005 年版。

其中，法的起草技术是立法技术中较为关键的、主要的组成部分，主要包括法的结构营造技术和法的语言表达技术，立法技术的已有研究成果中，也主要集中在这个问题上，主要包括：(1)法案起草总论。关于这一主题，20世纪70年代以来就有许多专著。如Robert C. Dick的《法的起草》(1972)，P. M. Bakshi的《立法起草概论》(1972)，Reed Dickerson的《立法起草》(1977)，Thornton的《立法起草》(1977)，E. Driedger的《立法起草指南》(1982)和《立法和法的起草指南》(1982)，Robert C. Dick的《法的起草》(1985)，G. C. Thornton的《法的起草》(1987)，William Dale的《立法起草新论》(1987)。此外，还有相关的论文集、资料与论文等。(2)各国法案起草及其比较。各国立法起草既有共同之处，又有不同特色。这些共同之处和不同特色成为各国立法学者所必须研究的一大主题。其中比较有代表性的有J. A. Charence Smith的《英国和欧洲大陆国家的立法起草》(1980)，G. Kolts的《对普通法国家有关立法起草的新姿态的观察》(1990)，Timothy Millett的《英国与法国立法起草的比较》(1986)，Dick的《法的起草的比较研究》等。(3)中央与地方的法案起草问题。中央与地方的立法起草既有密切联系也有差异之处，相关的研究包括Matthews的《在阿肯色起草立法法》，Lazarus的《路易斯安那的立法案起草》，J. Q. Ewens的《澳大利亚联邦议会法的起草》，Van Alstyne的《帮助起草地方法规》，Reed Dickerson的《专业化的立法起草——联邦的经验》，G. Kolts的《为联邦议会议员个人提供起草服务的规则》等。(4)各种立法主体的法案起草。在研究立法起草的专题著述中，也有这一类的研究成果，他们把各种不同立法主体的法案起草问题，以及与各种不同立法主体相关的法案起草问题，分别加以研究。如Jones的《联邦行政机构立法案的起草》、《州立法机关起草机构笔记》，以及Cavers的《政府规章的简化》，B. Ducamin的《国民议会在立法起草中的作用》等。(5)法案起草的操作问题，这是法案起草的实质性问题。有关这一主题的研究及其成果，范围涉及，第一，法案起草的准备；第二，起草的时间安排；第三，法的结构；第四，法案的写作、表达与标题的确定；第五，法案的不确定性的因素的处理与符号逻辑。相关的研究包括J. Monro的《起草法案的准备》，Jones的《关于起草人的时间安排的一些思考》，Elmer A. Driedger的《法的构造》，Frank E. Cooper的《法的实践中的写作问题》，Gopen 的《从法的观点看写作》，George Coode 的《论立法的表达》，Everstine 的《法案的标题》，Jones 的《法的不确定性的一些原因》，Layman E. Allen 的《符号逻辑：起草和解释法的文件利器》。

关于立法的语言及其运用。这方面的研究成果较为丰富，即使并非专门研究立法的语言的著述，大多也在不同程度上包含着有关法的语言的研究及其成果。就专题研究及其成果而言，至少涉及如下问题，第一，立法的语言总论，如 David Mellinkoff 的《法的语言》；第二，立法语言的简明问题，如 John W. Hager 的《让我们简化法的语言》；第三，立法语言的清楚和清晰的问题，如 J. C. Redish 的《如何用清楚的英语草拟规章》；第四，立法语言的具体运用问题，如 Reed Dickerson 的《选择"和"与"或"的困难》；第五，其他立法语言问题，如 Graeme J. Neale 的《文化中的法的语言问题》。

在中国，关于立法技术的专门研究起步较晚，相较而言，台湾地区学者对该问题领域的关注较早，1974 年罗志渊的《立法程序论》① 一书，成为较早以立法技术为主题之一的专著，1983 年罗成典的《立法技术论》② 是系统论述立法技术问题的第一本专著。之后罗传贤的《立法程序与技术》，③ 对立法技术也作了较为深入的探讨。在内地，80 年代以来，关于立法技术的论述，较早的是 1982 年郭道晖发表的《从实际出发搞好立法工作》④ 一文，此后，1984 年吴大英等的《中国社会主义立法问题》，⑤ 1985 年吴大英、任允正的《比较立法学》⑥，1988 年郭道晖的《中国立法制度》⑦、周旺生的《立法学》⑧ 等都设专章对立法技术问题进行阐述。1993 年孙潮的《立法技术学》⑨ 则是内地第一本专门研讨立法技术的专著。从 90 年代开始，理论界对立法技术问题的关注持续升温，

---

① 罗志渊：《立法程序论》，中正书局 1974 年版。
② 罗成典：《立法技术论》，文笙书局 1983 年版。
③ 罗传贤：《立法程序与技术》，五南图书出版公司 1997 年版。
④ 郭道晖：《从实际出发搞好立法工作》，载《中国法制报》，1982 年 11 月 19 日第 3 版。
⑤ 吴大英等：《中国社会主义立法问题》，群众出版社 1984 年版。
⑥ 吴大英、任允正：《比较立法学》，法律出版社 1985 年版。
⑦ 郭道晖：《中国立法制度》，人民出版社 1988 年版。
⑧ 周旺生：《立法学》，北京大学出版社 1988 年版。
⑨ 孙潮：《立法技术学》，浙江人民出版社 1993 年版。

也产生了比较多的研究成果，在立法学的相关著述中都开始涉及立法技术问题，如黄文艺、杨亚非的《立法学》，周旺生的《立法论》，郭道晖、周旺生、王晨光主编的《立法——原则、制度、技术》，李步云主编的《立法法研究》，李林的《立法的理论与制度》，张善恭主编的《立法学原理》，张根大、方德明、祁九如的《立法学总论》，孙琬钟主编的《立法学教程》，孙敢、侯淑文主编的《立法学教程》，刘和海、李玉福的《立法学》，朱力宇、张曙光主编的《立法学》，侯淑文的《立法制度与技术原理》，汤唯、毕克志等的《地方立法的民主化与科学化构想》，周静的《法律规范的结构》，杨斐的《法律修改研究——原则、模式、技术》，郭道晖总主编的《当代中国立法》中专门设置立法技术一编来探讨立法技术的基本理论问题，是立法技术研究中相对比较全面的代表作品。

上述我国早期有关立法技术的研究，侧重于将立法技术理解为一种狭义的立法技巧与操作技巧，包含的内容较为繁杂，将很多原本不属于立法技术方面的内容与问题也纳入立法技术中，从当下来看显得不太准确。而近期理论界有关立法技术方面的研究，则已经完全转换了研究思维与研究方法，充分认识到了立法技术在立法学研究中的重要地位与作用，在具体的研究方法上，也逐步采取多元化的研究方法，例如引入社会学研究方法，注重立法技术的实证考察，对立法技术进行体系化、系统化总结，甚至开始尝试制定立法技术方面的规范性文件。目前，我国理论界对于立法技术的研究，正在逐步深化，注重研究的规范化、系统化、注重实证研究等。

（二）法律责任条款研究的梳理

立法技术中，具体到法律责任条款的设置问题的研究则相对较少，在王腊生主编的《地方立法技术的理论与实践》、王云奇主编的《地方立法技术手册》、阮荣祥主编的《地方立法的理论与实践》等著述中也涉及法律责任条款设置问题，但相对比较零散，思考也缺乏深入性，并且局限于地方性立法的考量。有关法律责任条款设置的专著中有张越的《法律责任设计原理》与徐向华的《地方性法规法律责任的设定——上海市地方性法规的解析》，其中《法律责任设计原理》一书正如书名所概括的，作者努力的方向是寻求法律责任的设计原理，整体偏向于宏大的理论叙事与制度考量，论述泛理论化，缺乏细腻的论证与深入的思考，对于法律文本中责任条款如何具体设计与表达则无较大的参考价值，但作者这种尝试与努力还是值得肯定与鼓励的。而《地方性法规法律责任的设定——上海市地方性法规的解析》一书，相对而言，在研究方法上，将社会学、统计学的分析方法引入法学研究中，将抽象的价值理念和立法技术规范转化为可"视"和可"度量"的信息，以大量客观、翔实的数据展示了上海市地方性法规法律责任设定的情况；在研究路径方面，研究者以立法文本为轴心而不局限于立法文本，通过行政执法的卷宗调阅、执法人员的问卷调查和个别访谈以及司法领域的案例分析，形成了相互印证和支撑的立体式研究结构。这种研究方法和路径是值得肯定的，但同时该研究的局限性太大、借鉴和推广意义有限，地方性法规中法律责任设定的张力十分有限，更主要的法律文本与法律责任的贯彻实施问题。另外，2010年国务院法制办公室政府法制研究中心编的《政府立法中的法律责任设定研究论文集》也对政府立法中法律责任条款的设定问题作了专门探讨。

但总的来说，中国立法技术研究特别是立法的结构营造技术与语言表达技术尚在起步探索阶段，有关立法技术的一些基本概念、基本理论问题都有待深入研究。在中国立法实践中，立法技术问题迄今仍然没有受到应有的重视，无论是立法主体、立法决策者、立法工作的具体实行者，所重视、所看重的主要还是一个时期应当立哪些法，这些法应当解决哪些问题，至于如何运用科学的立法技术手段，使所要立的法成为技术先进的、科学的、完善的法，则重视不够，甚至予以忽略。

对于法律责任条款设置的一些基础理论问题，中外学人都作了不同层面的探讨。从域外来看，哈特在《法律的概念》中，通过第一性规则、第二性规则的理论架构定义了法律责任的概念，即法律责任是由于违反第一性规则而应当承担的第二性规则义务。凯尔森在继承奥斯汀主权者命令说理论的基础上，将法律责任的意义中心界定为制裁，即法律责任是由于违反法律义务，而承担的法律制裁。国外有关法律责任概念内涵的理论学说中，最具代表性的当属哈特和凯尔森，但是，从现在来看，哈特与凯尔森的论断都是存在缺陷的，对于任何一个理想的法律规范结构都至少要从逻辑的、事实的、价值的层面来分析，以期对于法律规范结构的把握能够全面而客观。

在我国理论界，对于法律责任的含义，众说纷纭，莫衷一是。有人认为"法律责任是指行为主体不履行法定义务所必须承担的否定式的法律后果。"[①] 或认为法律责任，是指"由法规性文件授权的国家法律、国际惯例或者社会组织认定的有责主体因违反法定义务而必须承担的某种法律后果。"[②] 与此种界定比较相似的概念被冠之以"后果说"。张文显则把法律责任定义为："是由于侵犯法定权利或违反法定义务而引起的、由专门国家机关认定并归结于法律关系的有责主体的、带有直接强制性的义务，亦即，由于违反第一性法定义务而导致的第二性法定义务。"[③] 有人认为法律责任是由于行为主体侵犯法定权利或违反法定义务造成危害或者危害威胁，而由专门国家机关认定并归结强制性的义务。[④] 这种观点被称为"义务说"。"制裁说"则认为，"法律责任是有责主体因法律义务违反之事实而应当承受的由专门国家相关依法确认并强制或承受的合理的负担。"[⑤] "制裁说"在很大程度上是对凯尔森法律责任理论借鉴而来的。

就其实质而言，或许，仅从某个特定的角度给法律责任下一个定义并不难，但这样做容易导致责任问题的简单化、片面化。为了全面、正确地理解法律责任概念，较为关键的是把握在法规范语境下责任概念所包含的结构性要素，而不是法律责任的定义。

而关于法律文本中，责任条款设置的体系建构问题，包括设置理念与模式、设置原则、设置规则以及设置的衔接问题则极少受到理论界关注，仅有的研究也只是只言片语，较为零星，更谈不上系统，这就是目前我国关于法律责任条款设置研究的现状。

---

① 汤唯、毕可志等：《地方立法的民主化与科学化构想》，北京大学出版社2006年版，第283页。
② 王飚主编：《实用立法技术》，中国法制出版社1995年版，第143页。
③ 张文显：《法学基本范畴研究》，中国政法大学出版社1993年版，第185—187页。
④ 阮荣祥、赵恺：《地方立法的理论与实践》，社会科学文献出版社2011年版，第410—411页。
⑤ 刘作翔、龚向和：《法律责任的概念分析》，载《法学》，1997年第10期。

三　研究方法、结构安排与创新之处

(一) 研究方法

卢曼指出，方法总是和问题相伴而生的，我们要善于根据问题的不同选择合适的研究方法，而不是盲目推崇某一种研究方法，唯其马首是瞻。对于本文在研究过程中，所选取运用的方法上也是如此，根据本文的研究对象与具体需要而采用适当的研究方法。

首先是规范分析法学方法的运用。研究任何事物，概念总是其无法绕开的逻辑原点，对法律责任条款而言更是如此，尤其是"责任"一词本身就有多重含义，加以国内外有关法律责任概念的多个理论学说，使得法律责任概念一方面具有丰富的理论内涵；另一方面又存在多重含义，从而使得理论上莫衷一是，众说纷纭。对此，运用法学规范分析方法，对法律责任概念所包含的结构性要素进行分解，从逻辑层面、价值层面、事实层面对法律责任的内涵进行规范分析，重构法律责任概念的内涵和外延，准确界定法律责任条款。同时，对于法律责任条款的体系化、科学化构建也离不开规范分析方法的运用，通过规范分析与论证，构建法律责任条款设置理念、设置模式、设置原则、设置规则以及设置的衔接等规范理论体系，从而保障整个法律文本结构的规范化、体系化建构。

其次是实证研究方法的运用。要建构法律责任条款的规范体系结构，其前提是建立在对我国当下法律文本中，责任条款设置的客观现实状况基础上的，并且从这个客观现实状况归纳、提炼总结出现行法律责任条款设置的问题所在，同时对问题的形成根源作出考察分析，在此基础上所构建的法律责任条款的规范化、体系化结构才能具有合理、可靠的理论基础与实践依据，这个规范体系结构才能经得住理论推敲与实践检验。而对于法律文本中，责任条款设置现状的客观描述与问题分析仅仅从立法学理论中恐怕是很难发现，或者即使发现也是不全面的，应当从现行立法文本中，通过问卷调查、法律文本个案剖析、实地走访调研、调阅分析卷宗、结构式访谈、专家咨询等社会学实证方法的运用，力求最大限度地将法律文本中，责任条款设置的客观现状与问题呈现出来。在实证方法的运用中，将实证研究与理论分析相结合；定性分析与定量分析相结合；整体考察与个案解剖相结合；问卷调查与结构访谈相结合。从而尽量避免每一种实证研究方法所带有的局限性，使得法律责任条款设置的现状描述与问题归纳总结客观、真实，数据真实、有效，能够为法律责任条款规范体系建构提供合理依据与参考。

再次是比较分析方法的运用。由于我国实施法治的时间在客观上比西方发达国家确实晚了很长一个时期，因此我们的理论研究与立法实践，一方面是依据我国自身的现实国情；另一方面也有对国外有益经验的吸收借鉴过程，我们总是自觉不自觉地与西方国家的法治实践与理论研究进行比较。其实，这种做法是很有必要的，并且即使将来我们法治发展到一个高度时，仍然应当坚持这种国内与域外的比较，通过吸收、借鉴国外正反两方面的经验、教训，能够我们未来的法治实践提供参考。"一切历史都是当代史"，比较方法，不仅仅是国内国外的比较，还包括当下与历史的比较，充分吸收我国法制实践历史当中的优良制度与做法，取其精华去其糟粕，为当下法治实践所用。

对法律责任条款设置而言也是如此，一是对法律责任条款概念的界定及其结构性要素的分析，一方面要注重法律责任概念的域外理论的考察与分析；另一方面也应当对我国法律责任概念的历史做法进行梳理，从而为我国法律文本中，责任条款概念的科学、理性重构提供充分的经验借鉴与理论参考。二是对法律责任条款设置的规范化、体系化结构的建构也应当充分运用比较分析的方法，对结构中的理念、模式、原则、规则以及设置衔接的具体建构，也应当注重对比，注重协调与联系。

最后是系统分析方法的运用。法律责任条款的规范化设置是整个法律文本系统的一个子系统，同时法律责任条款的规范化体系结构作为系统，其自身又包含着很多子系统，立法法律责任条款设置的原则系统、规则系统与衔接系统等。系统分析方法要求，在法律责任条款设置的具体研究中，既要对责任条款体系作为一个总系统，注重条款设置的理念与模式、设置原则、设置规则与设置衔接等各个子系统之间的协调，从而实现整个法律责任条款的规范化、体系化设置，同时又要看到法律责任条款自身作为一个子系统，应当注重与其他责任条款系统的衔接与协调，如责任条款与义务性条款、奖励性条款、定义条款、权利条款、委任性条款、准用性条款系统之间的衔接与协调。

最后需要说明的是，各个研究方法之间并不是孤立地存在，而是有机联系的一个研究方法整体，各研究方法也存在着交叉的地方，共同服务于法律责任条款规范化设置的总体研究需要。

（二）结构安排

全文除导论、余论外共分六章，导论部分主要介绍了本文的研究背景、研究的理论与实践意义、研究方法与结构安排以及本文的主要创新之处。

第一章主要阐述法律责任条款的内涵，包括法律责任的概念与特征、责任条款的概念与特征以及法律责任与责任条款的关系分析；法律责任条款的结构性要素，包括法律责任条款的逻辑要素、事实要素、价值要素。法律责任条款的类型化分析，包括实体性责任条款与程序性责任条款；确定性责任条款、委任性责任条款、准用性责任条款；积极性责任条款与消极性（制裁性）责任条款。

第二章主要是法律责任条款的设置现状分析。本章主要采用实证分析的方法，通过定性分析与定量分析相结合；整体考察与个案解剖相结合；问卷调查与结构访谈相结合等方法的运用，对法律责任条款的设置现状进行考察，以大量客观、翔实的数据对法律责任条款设定的总体现状、存在的问题并对问题的成因进行分析。

第三章是法律责任条款设置的思维理念与模式问题。我国目前立法实践中存在的法律责任条款设置方面的问题是由于多种因素造成的，包括历史因素、传统因素、政治因素、技术因素与客观条件限制等多方面。我们要做的不是回避问题，而是针对我国立法中责任条款设置中存在问题的基础上，对法律责任条款的设置中存在问题分析原因，加以克服和完善，在以后的责任条款设置中加以避免。首先，我们需要正视的是责任条款设置的思维理念与模式选择问题。立法制度的设计、立法技术的运用乃至立法原则的统筹都要受制于一定的立法思维理念，不同的立法思维理念，所创制的法律就会呈现迥然不同的风格，而不同的设定模式对于立法质量的优劣以及人们对法律文本的理解、法律的实施都有着举足轻重的影响，因此我们建构法律责任条款设置的规范体系结构，要先从责任条款设置的思维理念与模式选择着手。

第四章是法律责任条款设置的原则构建。原则问题是一个极难把握但又十分重要的问题，法律文本中责任条款设置的规范化、体系化是一个由宏观到微观的系统工程。这个工程中既涵盖了处于意识形态领域中责任条款设置的理念与模式的宏观方面，也包括法律责任条款具体表述规则、技巧以及语言文字、标点符号在内的微观方面。而法律责任条款设置的原则，则发挥着承上启下的重要过渡作用，一方面，设置原则是理念的进一步深化和具体体现；另一方面，设置原则又对法律责任条款具体设置的表述规则与语言规范具有严格的指导作用，统领责任条款设置的具体规则与技巧，因此法律责任条款的设置原则是整个法律责任规范化体系中十分关键的一环，尤为重要。

在我国全面推进法治国家、法治政府与法治社会"三位一体"建设的法治背景下，用法治思维与法治方式治国理政需要强有力的立法创制的实践支撑与立法理论的智识支撑，结合这种立法需求实际状况与立法学基本原理、方法，本文认为在法律责任条款的设置中，应当确立并坚持遵循合法性原则、对应性原则、协调性原则、可操作原则与规范性原则。

第五章是法律责任条款设置的规则建构。法律责任条款设置的规则是在设置理念的统领下，在责任条款设置原则的基础上所衍生出的一系列具体规则，以便在责任条款的具体设定中予以运用，使责任条款的具体表述能够更加科学合理、更加明确具体、更加规范，最终使得责任条款能够有效保障义务性条款乃至法律文本本身的有效实施。法律责任条款设置的理念与原则相对而言都是比较宏观的，且主要是存在于立法者的意识形态与具体思维之中，很少是以明确化的文字为载体，这样一来，在具体法律文本的责任条款设计中，很难具体把握，这时候就需要将这些理念与原则加以具体化，在此基础上构建责任条款规范化设置的具体规则，通过这些规则来支撑、保障责任条款设置理念与原则的实现。

关于法律责任条款设置的具体规则，在理论界和实务界均存在不同的看法，但有一个宗旨是不变的，就是无论何种规则均服务于责任条款表述的科学合理、明确具体、规范准确。法律责任条款设置的规则总体而言，包括三个层面的规则体系，即逻辑规则体系、语言规则体系、修辞规则体系，而每个层面的规则体系又都是由一系列的具体规则构成，这三个层面的规则体系密切联系，不可分割。因为，从某种程度上理解，逻辑即是思维的语言表达，而语言是一种形式化的逻辑，逻辑与语言本身又都可以看作是一种宏观意义的法律修辞，甚至可以把法律本身就当作一种修辞，以此来矫正在社会上弥散着的政治修辞与道德修辞。总之，逻辑、语言与修辞规则作为有机联系的一个整体规则体系，不能将其孤立地对待。退一步看，法律责任条款的设置规则也不是孤立的存在，设定规则和责任条款的设定理念、设定原则是密切联系在一起的，其共同作用于法律责任条款的科学化、规范化设置。

第六章是法律责任条款设置的衔接问题。法律文本的规范化、科学化设计离不开责任条款的科学、规范设置，在法律责任条款规范体系设计中，除了建构性的设置理念、模式、原则与规则之外，还需要责任条款设置的有效衔接与协调，包括法律责任条款的外部衔接与内部衔接。如此才能使整个法律文本发挥最大的优势，保障法律自身的有效实施。

法律文本中责任条款设置的衔接具体而言，以责任条款设置衔接自身为划分依据，包括两个大的方面，一方面是责任条款的外部衔接，包含着不同法律文本层面，责任条款与上位法中责任条款之间的衔接、与下位法中责任条款之间的衔接以及与同位阶的其他法律文本中责任条款之间的衔接；同一法律文本中，责任条款与义务性条款、奖励条款、救济性条款、权利性条款以及与定义条款、准用性条款等之间的衔接。另一个方面则是法律责任条款内部的衔接，包括责任条款中不同责任要素之间的优化排列组合；不同责任类型之间的衔接与不同责任形式之间的衔接。

最后是文章的余论。本文的研究主要是致力于法律责任条款体系的规范化设置，而责任条款的规范化设置是整个法律文本规范化系统中一个子系统，法律文本系统的最优化配置、最大化效用需要各个子系统之间构成有机联系的一个整体。法律文本的规范化设置背后是有着整个立法学研究与立法实践本身的转向作为动因的，同时立法学研究的转向与嬗变也为包括责任条款在内的整个法律文本系统的规范化设置提供理论支撑。通过前文对法律责任条款的设置理念与模式、设置原则、设置规则以及法律责任条款设置的衔接进行体系化的构建之后，笔者试图从这个规范化的责任体系构建扩展开，展望目前我国立法学研究的转向。

（三） 创新之处

首先是注重选题与内容的新颖性，从立法结构上看，责任条款部分是法律文本的重要组成部分；从法律实用主义的角度看，衡量一部法律的优劣，主要看该法律的实施效果，而法律责任对于法律实施具有重要的影响甚至是决定性的影响。

其次是注重实证研究，在研究方法上，将规范分析、比较研究与实证研究相结合，同时以实证研究为重点，将社会学、统计学的分析方法引入法学研究中，将抽象的价值理念和立法技术规范转化为可比较和可"度量"的信息与标准，用大量翔实、客观的数据以及典型个案作论据，力图使论据丰富，论证逻辑严密得当，论点合理，经得住推敲。

再次是注重研究的系统性，在法律责任条款设置的具有研究中，既注重对责任条款体系作为一个总系统，注重条款设置的理念与模式、设置原则、设置规则与设置衔接等各个子系统之间的协调，从而实现整个法律责任条款的规范化、体系化设置，同时又注重法律责任条款自身作为一个子系统，应当注重与其他责任条款系统的衔接与协调，如责任条款与义务性条款、奖励性条款、定义条款、权利条款、委任性条款、准用性条款系统之间的衔接与协调。将责任条款的设置置于整个法律文本的设计中，使得法律责任条款的内容设置既科学合理又能与其他条款之间实现有效衔接。

最后是在研究路径方面，本文以立法文本为轴心而不局限于立法文本，通过执法的卷宗调阅、执法人员的问卷调查和个别访谈以及法律责任条款的司法适用领域的案例分析，形成相互印证和支撑的立体式研究结构。在研究立场上，始终坚持以立法文本的谋篇布局为前提，以立法的表达技术、结构营造技术为中心的方法论立场。作为法的结构营造技术与表达技术的重要构成部分的法律责任条款的设置与表达应该具有精细化、规范化、实践性的面向，因为责任条款设置的妥帖与否关乎整个法律文本的"生命"与法治的"体面"，法治是以看得见的法律文本为载体的，法治的守成需要我们文本的捍卫，哪怕是残缺的文本，而文本的捍卫与落实必是以精细化、规范化、实践性的法律责任为后盾。

第一章 法律责任条款的概念与类型

概念是探究任何事物的逻辑原点，对法律责任条款研究亦不例外。因此，要想对法律责任条款的规范设置进行比较清晰的认识与较为深入、全面的把握，不可回避的，首先还是应当从法律责任条款的概念入手，着重分析法律责任条款所包含的含义、特征、结构性要素等内涵方面以及与责任条款密切联系但又存在区别的相关概念的厘清等外延方面，例如法律责任与责任条款、责任条款与制裁条款、责任条款与义务条款之间的关系区分等。本部分内容首先梳理了理论界有关法律责任的相关理论观点，分析了法律责任的含义与特征，进而分析得出法律责任条款所具有的含义与特征，同时对责任条款与制裁条款、义务条款的联系与区别作了考察；其次，从规范分析法学立场出发，对于法律责任（条款）所包括的逻辑、事实、价值等结构性要素作出全面的阐释；最后是对法律文本中的责任条款的划分及意义所作的类型化分析。

一 法律责任条款的概念重构

从法律语义学角度来讲，法律责任条款是由表达法律文本内容的责任部分与法律文本表达形式的条、款等从内容到形式结合起来的，对于法律责任条款的含义与特征的探究，首先必须搞清楚法律责任的含义与特征或者说在何种语境与立场下使用法律责任这一概念，如果抛开立法技术的限定，甚至我们可以认为法律责任与法律责任条款在本质上并无两样，法律责任条款的实质问题还是法律责任的设计问题，但如果从立法技术的立场来看，法律责任条款就不仅仅是法律责任的问题了，基于此，首先应当对法律责任的含义进行探究，交代清楚本文中的法律责任的语境与立场问题。

(一) 法律责任的概念

从法律文本中看，法律责任部分与权利、义务共同构成了任何一部法律的主要规范内容，作为法律文本重要组成部分的法律责任究竟应当包含哪些内容，也即法律责任是什么的问题一直是国内外理论界所孜孜以求、不断探索却又始终无法取得共识的复杂问题。对于法律责任含义的探寻，可从国外、国内两条线索来梳理相关理论学说，以期能够全面而准确地揭示法律责任的含义。

1. 国外关于法律责任的概念界定

在英文中，表示"责任"意思的单词至少包括 duty、responsibility、liability 等，它们在不同意义或语境中与"责任"一词相对应，法律责任承载着过于丰富的内涵，从而导致其含义的复杂多变，法律责任的界定无法达成理论上共识的境况很大程度上与"责任"一词的过度使用有关，正是由于"责任"的过度泛滥，才导致了法律责任在理论上的语焉不详。德国法学家哈弗特认为，"运用法律技术是不能完全把握责任概念的。如果说责任问题是刑法的根本问题，那么，明确责任概念就是第一要求，但是，我们离这种状态还很远。不仅如此，实际上，在应该成为法律学的帮助者的哲学中，也没有成功地阐明人类责任的本质，没有使法律学能够把它作为一个确定的、普遍承认的概念来使用。"[1] 这种论断显得过于悲观，从规范分析法学的进路来看，通过对法律责任所包含的结构性要素的分析，还是能够推断出法律责任较为精确、纯粹的概念，下文将详细阐释有关法律责任的结构性要素。

较为权威的《布莱克法律词典》，对于法律责任的解释指出，"法律责任是因某种行为而产生的受处罚的义务以及对引起的损害予以赔偿或用别的方法予以补偿的义务。"[2] 其实，对于法律责任含义的探究，在很大程度上是将法律责任含义从日常生活语境中责任含义的一个剥离的作业过程。在理论上大体完成这个任务的是英国的法学家哈特，他通过一个在理

---

[1] 转引自冯军：《刑事责任论》，法律出版社 1996 年版，第 9 页。
[2] See *Black's Law Dictionary* (7th ed. 2006), p.703.

论上虚构的沉船事件，厘清了责任一词的四种含义，即：（1）角色责任（role-responsibility），是指担任或占据一定的职位、地位应负的责任；（2）因果责任（causal-responsibility），指人的行为成为某种结果的原因引起的责任；（3）法律责任（legal liability-responsibility），即违法者因其违法行为应受到的惩罚，或被迫赔偿；（4）能力责任（capacity-responsibility），是指某人对一定的行为负责，建立在他具有一定的正常能力的基础之上（思考、理解和控制行为的能力）。法律责任就是"因行为或伤害在法律上应受惩罚或被迫赔偿"，法律责任的成立是以其他三种责任为要件或基础的。角色责任说明主体的某种法律地位对于法律责任的意义，它说明了处于特定法律关系中的主体所应履行的义务，对这些义务的违反是法律责任发生的前提；因果责任为法律提供客观归咎的事实依据；而能力责任则是法律责任中主观归责的机制。[1] 哈特的理论贡献主要在于将法律责任概念的内涵从日常生活中纷繁复杂的责任内涵中剥离出来，进而明确法律责任概念与日常生活语境中责任概念之间的联系与区别。

纯粹法学派创始人凯尔森在继承了奥斯汀的"法是主权者的命令"的理论遗产，着重强调法主要与权力、强制和制裁有关，因此他把"制裁"作为责任的中心词，他认为，法律责任概念是与法律义务相联的概念，"一个人在法律上对一定行为负责，或者他在此承担法律责任，意思就是，如果作相反的行为，他应受制裁。"[2] 这种理论观点在很大程度上为我国理论界所借鉴，并被冠之以"制裁说"的学术标签。如果说哈特的理论在于将法律责任的概念内涵从一般生活语境中剥离出来，那么凯尔森的法律责任理论贡献则在于从规范法理学的层面完成了法律责任概念的规范性建构。

国外有关法律责任概念内涵的理论学说中，最具代表性的当属哈特和凯尔森，但是，从现在来看，哈特与凯尔森的论断都是存在缺陷的，对于任何一个理想的法律规范结构都至少要从逻辑的、事实的、价值的层面来分析，以期对于法律规范结构的把握能够全面而客观。

---

[1] See H. L. A. Hart, Varieties of Responsibility, *83 Law Quarterly Review* 346 (1967).

[2] Hans Kelsen, *Pure Theory Of Law* (Translated By Max Knight) University of California Press, 1967, p.119. 另参见［奥］凯尔森：《法与国家的一般理论》，沈宗灵译，中国大百科全书出版社1996年版，第65页。

2. 我国关于法律责任概念的理论梳理

在《现代汉语词典》中,"责任"一词有三个相互联系的基本词义。第一,分内应做的事。第二,特定人对特定事项的发生、发展、变化及其成果负有积极的助长义务。第三,因没有做好分内的事情（没有履行角色义务）或没有履行助长义务而应承担的不利后果或强制性义务。法律责任则是法律与责任的复合概念,更侧重于责任一词的后两种词义。

在我国理论界,对于法律责任的含义,众说纷纭,莫衷一是。有人认为"法律责任是指行为主体不履行法定义务所必须承担的否定式的法律后果。"[①] 或认为法律责任是指"由法规性文件授权的国家法律、国际惯例或者社会组织认定的有责主体因违反法定义务而必须承担的某种法律后果。"[②] 与此种界定比较相似的概念被冠之以"后果说"。张文显则把法律责任定义为:"是由于侵犯法定权利或违反法定义务而引起的、由专门国家机关认定并归结于法律关系的有责主体的、带有直接强制性的义务,亦即,由于违反第一性法定义务而导致的第二性法定义务。"[③] 有人认为法律责任是由于行为主体侵犯法定权利或违反法定义务造成危害或者危害威胁,而由专门国家机关认定并归结强制性的义务。[④] 这种观点被称为"义务说"。"制裁说"则认为,"法律责任是有责主体因法律义务违反之事实而应当承受的由专门国家相关依法确认并强制或承受的合理的负担。"[⑤] "制裁说"在很大程度上是从凯尔森法律责任理论借鉴而来的。

此外,在理论界也有学者意识到仅从某个层面或视角来定义法律责任是有失偏颇的,因此在界定法律责任的含义时,扩展了以前法律责任理论所存在的"片面的深刻"弊端,进而从多元视角来界定法律责任。例如沈宗灵就认为,"法律责任大体上指以下两个密切联系的含义：第一,相当于义务。第二,指有违法行为或违约行为,也即未履行合同义务或法定

[①] 汤唯、毕可志等：《地方立法的民主化与科学化构想》,北京大学出版社2006年版,第283页。

[②] 王飚主编：《实用立法技术》,中国法制出版社1995年版,第143页。

[③] 张文显：《法学基本范畴研究》,中国政法大学出版社1993年版,第185—187页。

[④] 阮荣祥、赵恺：《地方立法的理论与实践》,社会科学文献出版社2011年版,第410—411页。

[⑤] 刘作翔、龚向和：《法律责任的概念分析》,载《法学》,1997年第10期。

义务，或仅因法律规定，而应承受某种不利后果。"① 这种观点将法律责任理论中的"义务说"与"后果说"结合起来，从两个层面来定义法律责任；另孙笑侠认为，"法律责任包含两层语义，法律责任首先表示一种关系的存在；其次表示责任形式。"② 林纪东则直接指出，"责任是义务的结果，义务是责任的原因。"③ 该观点将责任关系和责任形式所指代的法律义务关系与不利后果作为法律责任两项互为逻辑关联的层次。张文显在法律责任"义务说"的基础上，将法律责任重新界定为，"法律责任是指对违反法定义务、超越法定权利界限或滥用权利的违法行为所作的法律上的否定性评价和谴责，是国家强制违法者做出一定行为或禁止其做出一定行为，从而补救受到侵害的合法权益，恢复被破坏的法律关系（社会关系）和法律秩序（社会秩序）的手段。"④ 不可否认的是，这种朝着多元思维方向定义法律责任的思路是可取的，然而遗憾的是，目前我国理论界对于法律责任含义的界定不仅没有取得共识，更令人忧虑的是，对于法律责任中的一些核心内容仍然存在误解或混淆，突出的表现为将违法行为与不法行为混为一谈。

就其实质而言，或许，仅从某个特定的角度给法律责任下一个定义并不难，但这样做容易导致责任问题的简单化、片面化。为了全面、正确地理解法律责任概念，较为关键的是把握在法规范语境下责任概念所包含的结构性要素，而不是法律责任的定义。正如哈特所言，"在强制、规则和道德这三个法的本质组成要素中，许多学者竭力为'何谓法'寻找一个精确的答案，但结果往往是触及以上问题中的某个即止，以至于无法形成成功地解答何为法律的概念"，⑤ 对法律责任概念的探索亦是如此，"法律责任学说史上的各种观点虽然不乏真知灼见，但大多是顾及责任某一要素的片面的深刻，众多学者往往无法恰当对待和解释责任概念中诸要素，以

---

① 沈宗灵：《法律责任与法律制裁》，载《北京大学学报》（哲学社会科学版），1994年第1期。
② 孙笑侠：《法的现象与观念》，山东人民出版社2001年版，第195页。
③ 林纪东：《法学绪论》，五南图书出版公司1983年版，第141页。
④ 张文显：《法理学》，高等教育出版社2003年版，第146页。
⑤ HLA Hart, *The Concept of Law*, Oxford University Press. 1961, p. 17.

至于各执一词,甚至相互抵牾。"① 凯尔森的"制裁说"和我国理论界的"后果说"重点揭示了法律责任中的国家强制和社会事实因素,而忽略了其他;而"义务说"则重点是对法律责任逻辑构造的深刻洞见。

从目前看来,美国分析法学家霍菲尔德关于法律权利概念的规范构造分析,② 被认为是卓有成效的,国内理论界有人借鉴此分析法学的思路,对于法律行为的分析也受到颇多肯定。③ 基于此,对于法律责任的规范构造的全面解读,也要从逻辑、事实与价值三个层面来剖析,首先是逻辑层面,法律责任的逻辑构造是由一系列在逻辑上相互衔接的法律关系组成,可称之为救济权关系,也即责任关系;其次,在社会事实层面上,法律责任体现在以制裁为规范效果,公权力的介入以保障救济权的实现是救济权关系发展为责任关系的转折点;最后,法律责任的价值构造则解决了法律责任的根据与归责问题,也即法律责任的正当性问题。这三个层面构成了一种密切关联的链条关系,对任何一个层面的忽视都将无法获得对于法律责任概念的完整意义。因此,对于法律责任概念的全面、准确把握应从逻辑构造因素、社会事实因素与价值因素三个方面来阐释,即法律责任是指由不法行为侵犯权利或法益而产生的体现制裁规范效果的救济权法律关系。下文将就法律责任的逻辑、事实与价值三个层面的结构性要素展开详细分析。

(二) 法律责任条款的概念

一般而言,法律文本的构造包括文本形式的构造与文本内容的构造,对于法律文本中的责任条款来讲,其中责任部分从属于法律文本的内容构造,而条、款作为法律文本中最基本、最常用的单位或要件从属于形式构造部分,法律责任条款则是将形式构造与内容构造密切联系在一起的产物。

---

① 朱新力、于军:《法律责任的规范构造》,载《政府立法中的法律责任设定研究论文集》,中国法制出版社2010年版,第44页。

② Wesley Newcomb Hohfeld, *Fundamental Legal Conceptions as Applied in judicial Reasoning*, edited by David Campbell and Philip Thomask, Cardiff Law School, 2001.

③ 参见王涌:《私权的分析与建构——民法的分析法学基础》,中国政法大学1999年博士学位论文第二章相关内容。另陈裕琨在霍菲尔德分析框架基础上对法律行为"逻辑原子主义"的精微缜密的提炼同样受到学界的肯定,参见陈裕琨:《分析法学对行为概念的重构》,载《法学研究》,2003年第3期。

上文就法律责任的概念作了理论梳理与阐释，而对于"法律责任条款"当中的"条"、"款"而言，两者都是法律文本表达的单位，具体而言，"条是构成法的整体的最重要、最常用的单位或要件。每个条文的内容，在整体中都应当有相对独立性和完整性。一个条文只能规定一项内容，同一项内容只能规定在同一个条文中，这是现代立法技术的一个基本要求。在一个条文中规定几个具有不同内容的规范或非规范性内容，或是把同一个内容分散到几个条文中加以规定，是立法者的大忌。"① 但从我国立法实践看，在条文表述安排上，将不同规范的内容放到一个条文中，或将同一规范内容安排在不同条文之中的现象仍然存在。例如《婚姻法》第3条规定："禁止包办、买卖婚姻和其他干涉婚姻自由的行为。禁止借婚姻索取财物。禁止重婚。禁止有配偶者与他人同居。禁止家庭暴力。禁止家庭成员间的虐待和遗弃。"在该条规定中，把干涉婚姻自由、借婚姻索取财物、重婚、虐待和遗弃等多种不同内容并列在一起表述，有悖于条文内容表述的基本规则与表达技术。《行政诉讼法》第3条规定："人民法院依法对行政案件独立行使审判权，不受行政机关、社会团体和个人的干涉。人民法院设行政审判庭，审理行政案件。"在该条文中，既规定了行政诉讼"独立审判"的基本原则，又将行政案件审理的机构设置问题规定在该条文当中，总体看来，的确不合时宜。《刑法》条文的表述中同样存在这种情况，在此不再赘述。在条文的具体设置技术上，其表述顺序一般应当按照由抽象到具体的逻辑排列顺利进行。相比较而言，"款是法的结构中在重要性和使用频率上仅次于条的要件。款是条文之下，隶属于条文的一种法的结构要件。"② 一般当条文的内容包含两层或两层以上的意思时，应当运用"款"这一单位来表述，而且款的内容相对于条而言，也应当具体相对的完整性与独立性。款可以有不同的表现形式，例如在《德国民法典》中款的表现形式以（1）、（2）……或（一）、（二）……等序号形式表现；也有的以"第×款"的形式表现，例如《菲律宾宪法》条文中有关款的表述。在我国立法实践中，最常见的款的表述形式主要以自然段的形式表现，在款的表述逻辑上，也应当遵循由抽象到具体的

---

① 周旺生：《立法学》，法律出版社2004年版，第352页。
② 同上书，第353页。

顺序。

法律责任条款，简单而论，就是在法律文本中表述责任内容的法律条文。究其实质而言，法律责任条款是指在法律文本中表述由不法行为侵犯权利或法益而产生的体现制裁规范效果的救济权法律关系内容的条文。就法律责任条款与法律责任之间的关系而言，责任条款是责任内容的表述形式，法律责任内容与法律责任条款之间是内容与形式的关系。"一个法律责任的全部构成要素可以通过数个法律责任条款加以表述，其中的一个要素也可能分别见诸不同的法律责任条款。"[①] 进一步看，一个法律责任内容的全部构成可能存在于不同的法律责任条款，这方面比较明显的例证是《刑法》，针对社会危害性的不同，不同的犯罪情节，使犯罪分子承担的刑罚责任是不同的。例如《刑法》第241条[②]的规定。

这种模式的立法例很多，不仅存在于刑事法律责任条款，行政法律责任与民事法律责任条款的设置也可以见到这种立法例。同时法律责任条款甚至还可能存在于不同的法律文本之中，更有甚者，可以跨域不同的法律部门。例如，《土地管理法》第73条规定："买卖或者以其他形式非法转让土地的，由县级以上人民政府土地行政主管部门没收违法所得；对违反土地利用总体规划擅自将农用地改为建设用地的，限期拆除在非法转让的土地上新建的建筑物和其他设施，恢复土地原状，对符合土地利用总体规划的，没收在非法转让的土地上新建的建筑物和其他设施；可以并处罚款；对直接负责的主管人员和其他直接责任人员，依法给予行政处分；构成犯罪的，依法追究刑事责任。"甚至该法的第74、76条也都规定了

---

① 阮荣祥、赵恺：《地方立法的理论与实践》，社会科学文献出版社2011年版，第414页。

② 《刑法》第241条规定：收买被拐卖的妇女、儿童的，处三年以下有期徒刑、拘役或者管制。收买被拐卖的妇女，强行与其发生性关系的，依照本法第二百三十六条的规定定罪处罚。收买被拐卖的妇女、儿童，非法剥夺、限制其人身自由或者有伤害、侮辱等犯罪行为的，依照本法的有关规定定罪处罚。收买被拐卖的妇女、儿童，并有第二款、第三款规定的犯罪行为的，依照数罪并罚的规定处罚。收买被拐卖的妇女、儿童又出卖的，依照本法第二百四十条的规定定罪处罚。收买被拐卖的妇女、儿童，按照被买妇女的意愿，不阻碍其返回原居住地的，对被买儿童没有虐待行为，不阻碍对其进行解救的，可以不追究刑事责任。

跨部门的行政法律责任与刑事法律责任，我们暂且不论这种法律责任条款设计模式的优劣。再如《行政处罚法》第7条规定："公民、法人或者其他组织因违反受到行政处罚，其违法行为对他人造成损害的，应当依法承担民事责任。"针对这种既侵犯公共利益、破坏行政管理秩序，又侵犯他人的合法权益的行为，在法律责任设置上，就设定了跨部门的行政法律责任与民事法律责任。因此，我们不能将法律责任条款与法律责任混为一谈，应当将二者的区别与联系搞清楚。从法律责任条款的结构组成看，法律责任条款一般由责任依据条款、责任实施主体条款、责任认定条款即归责条款、责任承受对象条款、制裁条款、责任救济条款、责任豁免条款、责任衔接条款以及时效条款等构成，其中"法律制裁是法律责任条款的核心内容"。① 当然这些具体构成条款中，不是每一个法律责任条款都必须包含这些条款，基于法的结构缺省系统与法律文本的具体表达技术，一些责任组成条款是隐含在条文之中的或者是显而易见的，不需要在条文中明示出来，否则显得条文较为烦琐，缺乏严肃性与科学性。

二　法律责任条款与义务条款及法律制裁的界分

要准确把握法律责任条款的概念，还需要进一步厘清法律责任条款概念与一些近似概念的区别与联系。其中容易混淆的是法律责任条款与法律义务条款、法律责任条款与法律制裁条款，故而，为了进一步厘清法律责任条款概念的内涵与外延，追求概念本身的精确性与纯粹性，有必要进一步分析责任条款与义务条款、法律责任条款与法律制裁之间的区别与联系。

（一）法律责任条款与义务条款的界分

法律责任条款与义务条款的界分，从形式上看，责任条款是法律文本中表述责任内容的条文，而义务条款是法律文本中表述义务内容的条款。这种形式上的区分比较简单，并且从立法技术看并无多大差别，因而形式区分的

---

① 汤唯、毕可志等：《地方立法的民主化与科学化构想》，北京大学出版社2006年版，第283页。

意义有限，要厘清二者之间的区别，还需要回到两者的实质内容载体——责任与义务的界分上，通过上文有关法律责任的理论梳理可知，在理论界有人一度认为法律责任就是法律义务，[①] 这就更容易造成责任与义务的混淆。另外，责任与义务"剪不断理还乱"的纠缠，很大程度上与学界对违法行为、不法行为的混为一谈也有重要关系。法律责任是与不法行为相对应的概念，而违法行为是与法律义务相对应的概念，不法行为与违法行为完全不是一个层面的概念，不可混淆。理论界在定义法律责任时，经常借助凯尔森的不法行为概念来界定法律责任，主要表现为法律责任概念学说当中的"制裁说"，然而学界在借用这个概念的过程中，有人却将"不法行为"转换成"违法行为"，这就造成了对于两者混淆的局面。因此法律责任条款与义务条款的界分很大程度上可以看作是对不法行为与违法行为概念的区分。

凯尔森所称的不法行为是一个规范层面上的概念，即法条中的条件行为——法条所设立的、被赋予制裁后果的条件。不能将不法行为与通常意义上的违法行为相混同，通常所称的违法行为是指与法律要求相悖的行为事实，两者分别属于规范与事实两个层面。[②] "不法行为"只是法律条文中被设定了制裁之后果的条件行为，法律规范的效力丝毫没有遭到损害。凯尔森因而将"不法行为"称为"与义务相反的行为"，而不是"违反义务的行为"。[③] 从这个意义上将，"不法行为"与"引起制裁后果"（法律责任）之间是一种充分且必要关系，不仅能从作为条件行为的不法行为推导出引起制裁规范效果的法律责任，而且从引起制裁规范效果的法律责任能够反向推导出不法行为的存在。凯尔森所称的"不法行为"是在宏观意义上对于整体法律秩序的违反，而不是具体法律条文中义务的违反。通常所称的"违法行为"实际上是一个事实层面上的概念，人们一般以"违反法律义务"、"违反具体的法规范"来界定违法行为。这个概念在法

---

① 参见沈宗灵：《法律责任与法律制裁》，载《北京大学学报》（哲学社会科学版），1994年第1期。

② 陈景辉：《规范基础上的合法观念——兼论违法、不法与合法的关系》，载《政法论坛》，2006年第2期。

③ Hans Kelsen, *Pure Theory Of Law* (Translated By Max Knight), University of California Press 1967, p. 111, 另参见〔奥〕凯尔森：《法与国家的一般理论》，沈宗灵译，中国大百科全书出版社1996年版，第56页。

律上具有重要的意义：基于权利义务之间的"相依"关系——相依关系是霍菲尔德基本法律关系分析模式中的一个重要因素，是指在具体的法律关系中，权利义务双方作为彼此存在的必要条件，一方的存在必然意味着另一方的存在，缺少对应一方即难以生成法律关系，而一方的被违反则意味着另一方的被侵害。[①] 对于法律义务的违反，从相反的方面来看，其实质意味着与法律义务的权利被侵犯，基于"有权利则必有救济"的原则，违法行为可以看作是侵犯权利从而引起救济权法律关系的行为事实。余军、朱新力对此作了较为准确的概括，"所谓法条中的不法行为，乃是对能够引起制裁之规范效果的行为事实（违法行为）之规范表述。违法行为因侵犯权利而产生救济权法律关系之规范效果，如果一个违法行为能够引起制裁之规范效果，那么救济权法律关系就是对其制裁之规范效果的另一种表述形式，而它同时也满足不法行为的条件。"[②] 搞清楚违法行为与不法行为的区别之后，法律责任与义务的区别也就迎刃而解了，其逻辑关系是：在法律文本中，义务设定了应当、不得等行为准则，而对于这些行为准则的违反就构成了违法行为，这里的违法行为是一种事实状态的行为描述，如果这种行为事实能够引起制裁之规范效果，那么事实层面的违法行为上升到规范层面的表述即为不法行为，这种不法行为就会引发法律责任的启动，这是从规范分析法学的进路出发，对法律责任与义务二者所作的界分。

如果从立法技术角度看，法律责任与法律义务二者的关系体现在，法律文本中，法律义务条款与权利条款共同为人们的行为设定了准则，哪些当为、哪些不当为、哪些可为、哪些禁止等，为了保障行为准则的实现，而设定了法律责任条款。法律文本中的行为准则是责任条款设置的直接依据，同时准则行为的违反，即意味着责任机制的启动，从而引发制裁的实现。这就涉及了责任与制裁之间的区分与联系。

（二）法律责任条款与法律制裁的概念界分

法律责任条款是从规范性法律文本角度出发而言的，而法律制裁是从

[①] See Wesley Newcomb Hohfeld, *Fundamental Legal Conceptions as Applied in judicial Reasoning*, edited by David Campbell and Philip Thomask, Dartmouth Publishing Company and Ashgate Publishing Limited, 2001.

[②] 余军、朱新力：《法律责任概念的形式构造》，载《法学研究》，2010年第4期。

事实层面而言的，因此两者并不在一个层面上，区分的实质是要搞清楚法律责任与法律制裁的关系，这就需要拨开形式这层外衣，即界分法律责任与法律制裁的异同。

法律责任是基于对法律文本准则行为的违反，而要承担的制裁规范效果，这里的"制裁"是从分析法学的规范层面而言的，是凯尔森法律责任理论中所强调的，"制裁"体现为国家强制的规范效果。而本文中与法律责任相比较而言的法律制裁，是从一般意义上，也即事实的层面而论的，这一点首先应当搞清楚。承接上文的分析，事实层面的违法行为上升到规范层面，转述成不法行为，作为条件行为的不法行为会引发制裁的规范效果产生，这个制裁的规范效果就是法律责任，而法律责任的承担则体现为在法律事实层面，根据归责分析，让有责主体承担法律制裁，这就又从法律规范层面回到事实层面，简言之，法律制裁是法律文本中法律责任的实现方式与结果。因此，"法律文本中法律责任条款的规定是否完善，在一定程度上决定或影响法律制裁的效果。"[1] 法律责任和法律制裁基于法律责任的设置根据、启动机制与实现方式而联系在一起，但两者仍然是有必要加以区别的。

一方面，法律责任是实施法律制裁的基础与前提，没有法律责任也就不存在法律制裁，两者之间存在密切联系；另一方面，法律责任是法律制裁的必要条件，而不是充要条件，法律制裁主体一定是法律责任的承担主体，根据归责要件，法律责任的有责主体与承担主体并非完全一致，而且也并非承担法律责任就一定要受到法律制裁，法律责任主体与法律制裁主体也不是完全一致的，有时二者是可以分离的。例如，《侵权责任法》第78条规定："饲养的动物造成他人损害的，动物饲养人或者管理人应当承担侵权责任，但能够证明损害是因被侵权人故意或者重大过失造成的，可以不承担或者减轻责任。"该法第79、80、81条等法律责任条款的设置都作了类似的规定。再如，《民法通则》和《侵权责任法》第32条规定："无民事行为能力人、限制民事行为能力人造成他人损害的，由监护人承担侵权责任。监护人尽到监护责任的，可以减轻其侵权责任。"这些都是

---

[1] 汪全胜、李亮：《宪法文本中宪法责任条款的设置论析——以宪法制裁的实现为视角》，《云南师范大学学报》（社会科学版），2012年第2期。

责任主体与制裁主体分离的法律责任设置立法例。

再退一步讲，这和违法行为主体也并不一定就是承担法律责任的主体的道理是相通的。法律责任是一种应然状态下的责任形态，是规范意义上而言的；而法律制裁则是一种实然状态下的责任承担形式，是从事实意义上而言的。法律责任的实现要从规范层面转换到事实层面，这就是法律制裁，法律制裁的过程即是有责主体承担责任的过程，也就是法律责任的实现过程，法律责任与法律制裁是从不同的价值层面来描述的，因而要加以区分，至于法律责任条款与法律制裁的区分，更是不可同日而语。法律责任条款一个隐含的语境前提是从立法技术立场出发，就规范性法律文本而言的；而法律制裁是从事实层面出发而论的，但如果我们加以细分，一般我们可以称法律责任条款为制裁条款也是存在的，这里的语境前提则都是从规范性法律文本出发，对于法律文本中表达责任内容条款的一种指代，也许正是因为这一点也对法律责任与法律制裁的混淆推波助澜，因此从规范性角度出发，对于法律文本中表达责任内容的部分，我们一般应当称之为法律责任条款为宜，避免其与法律制裁等近似概念的混淆。

三　法律责任条款的类型

法律责任根据不同的标准可以划分成不同的类别，以责任的部门法属性为标准可分为民事法律责任、行政法律责任、刑事法律责任与宪法责任；以责任性质为标准可分为补偿性法律责任与惩罚性法律责任等。法律责任条款与法律责任存在大体上的照应关系，对于责任条款的类型而言，依据不同的划分标准，也可以分为不同的类型。例如，以责任条款内容的形式属性为划分依据，可分为实体性责任条款与程序性责任条款；以法律责任条款的设立方式为依据，又可以分为确定性责任条款、委任性责任条款与准用性责任条款；以法律责任条款的部门法属性，又可分为民事责任条款、行政责任条款与刑事责任条款等。对法律责任条款的类型化分析是基于两方面的考虑，一方面，为了使我们更加全面、清晰地把握责任条款概念的内涵与外延，为下一步对法律责任设置的问题提炼与责任条款的规范设计打下坚实基础；另一方面，对于法律责任条款的类型化分析，使我们在探讨责任条款的设置理念、设置原则、设置规则以及不同类型的责任条款之间的衔接问题时，能够针对不同类型责任条款的自身特点，设置更加具有针对性与可操作性的具体责任条款，为法律责任的科学设置以及法律文本本身的有效实施做好理论铺垫。

（一）实体性责任条款与程序性责任条款

法律文本中的法律责任条款，依据责任条款的形式属性可以分为实体性责任条款和程序性责任条款。实体性责任条款，主要是指法律责任条款中规定实体性法律责任内容的条款，包括由责任一般主体条款、责任推定主体条款、责任实施主体条款等构成的责任主体条款；由违法行为性质认定条款、责任强制实施条款、法律制裁方式条款、种类条款与幅度条款等构成的行为条款；由责任承担的一般对象条款、推定对象条款与责任强制实施对象条款等构成的对象条款；由损害事实条款、主观过错条款、因果关系条款等构成的归责条款。而程序性责任条款，主要是指法律责任条款中规定程序性法律责任内容的条款，包括保障法律责任得以实现的责任认定、实施、具体承担、救济等有关程序为主的条款。另外，因违反民事诉讼法、行政诉讼法与刑事诉讼法而承担责任的涉及时效条款、违法行为认定程序条款、责任强制程序条款、救济程序条款等都应当纳入程序性法律责任条款当中，因为这些责任承担起来，都不是或主要不是实体法上的责任，而是程序法上的责任。

我国法治实践中的一大弊病就是重实体法轻程序法，这种弊病在法律责任设置当中也有明显的体现，就是重实体性责任条款设置，而忽视程序性责任条款设置，通过对于我国现行有效的法律文本的实证分析可以看出，几乎在任何一个法律文本中有关法律责任条款的设置绝大多数是实体性的责任条款，而程序性的责任条款则不多见，无论是在责任条款的设置数量还是设置强度上，程序性责任条款都远远低于实体性责任条款。法治实践中重实体轻程序的思维导向与法律文本中实体性责任条款与程序性责任条款的设置分布之间呈现出一种互为因果的关系。正是法治实践中的这种错误的思维方式影响着立法过程中关于法律责任条款设置的实体性责任与程序性责任的分布考量，从而体现在法律文本中，实体性责任条款无论在数量上还是责任强度、幅度上都远远高于程序性责任条款。而一旦立法完成，法律草案经过法律程序而上升为法律，这些法律的生效实施必然会反作用于其所调整的社会关系，从而在社会生活实践中，加剧这种重实体轻程序的思维导向，使法治实践生活与立法过程中责任设置之间形成了一种几乎恶性循环的境地，这种思维方式需要我们认真加以反思，下文在有关法律责任设置理念的阐释中将对此作更加深入的探讨，在此不再赘述。

当然，实体性责任条款与程序性责任条款也不是天然分离的，大多数情况下，实体性责任条款和程序性条款是分离的，包含在不同的法律责任条款之中，但也很可能在一个法律责任条款中既包含了实体性内容，也包含了程序性内容，但这种立法例并不常见。区分实体性责任条款与程序性责任条款，可以使我们在责任条款设置时，有所侧重，对于实体性责任条款要更加注重考量其实体公正性，而对于程序性责任条款则更加注重考量其程序正当性，有所侧重，可以使责任条款的设置更加科学化，增加其实施中的可操作性，当然，有所侧重，并不意味对其他层面的忽视。

（二）确定性责任条款、委任性责任条款、准用性责任条款

法律文本中的责任条款从设立方式上看，可以分为确定性责任条款、委任性责任条款、准用性责任条款。确定性责任条款是指法律文本中的责任条款明确设置了责任的所有内容要素的责任条款，确定性责任条款无须再援引其他条款作为辅助，根据确定性责任条款即可实现、落实法律责任承担；而委任性责任条款是指法律文本中的责任条款没有明确设置责任的所有内容，而授权其他主体加以具体设定的责任条款；准用性责任条款则是指法律文本中的责任条款没有明确设定法律责任的所有内容，但明确规定可以援引其他法律文件设定的责任内容的条款。

从法律责任条款的设置来看，确定性责任条款由于其在条款中明确设置了法律责任的所有内容要素，而使得其具有了较强的可操作性，因此实施起来较为容易，其对于法律权利义务的落实乃至法律的有效实施起到了直接的保障与潜在的威慑功能。相对而言，委任性责任条款没有明确设置责任条款所具备的所有要素，需要借助其他授权主体来具体设置相应的责任条款要素，这样就会使得法律责任条款的实施效果大打折扣，因为此时法律责任的实施程度主要取决于授权主体的立法结果，如果立法规定明确具体，则可使得原责任条款的设置具体可操作性，实施起来就较为顺利，

如果授权立法规定的含糊不清，甚至就没有出台相应立法的话，那这一责任条款本身所能起到的作用就有很大疑问了。而准用性责任条款则完全依赖于其依照的其他法律文本中责任条款设置的科学、完整程度而决定责任条款本身的保障功能。以法律文本中的委任性条款为例，现行《体育法》第 33 条规定："在竞技体育活动中发生纠纷，由体育仲裁机构负责调解、仲裁。"这是有关权利救济方式的委任性条款，虽然《体育法》规定："体育仲裁机构的设立办法和仲裁范围由国务院另行规定。"但到现在，"我国体育仲裁制度仍未建立，其他救济制度因缺少体育法的确认，从而使得体育法律责任设置结构不完善。"① 同在《体育法》第 33 条当中，对于竞技体育纠纷的解纷机制，除了规定仲裁之外，还规定了调解制度，但这种调解制度在很大程度上似乎也停留在法律文本中，在实践中利用调解方式化解纠纷的不多，这与调解这种纠纷化解方式本身的制度程序设计不完善是有重要关系的。其实，调解制度与仲裁制度在竞技体育中都发挥着重要的化解纠纷的功能，因此不能偏废其一，应当重视调解制度的建立与完善，以此做到与仲裁制度的相互支撑、相互配合。再如，《道路交通安全法》第 17 条规定，设立道路交通事故社会救助基金，具体办法由国务院制定。但国务院迟迟没有出台相关规定，使得对于受害人的救济受到严重制约。

对法律责任条款按照设立方式进行分类，提醒我们在法律责任条款设计时，要充分考量法律责任条款的可操作性，在综合考量各种立法因素的前提下，应当尽可能地设定确定性的责任条款，退而求其次则是设定委任性的责任条款，对于授权性责任条款的设定，则应当谨慎。从可行性的角度出发，确定性的责任条款具有较强的可操作性，委任性责任条款，如果援引的责任条款也是确定性责任条款，则可操作性方面尚可；如果援引的也是委任性责任条款或者授权性责任条款则其可操作性就会大打折扣，因此对于委任性责任条款中援引的责任条款应当有所限制，一般限定援引确定性条款为宜，而对于授权性责任条款则应当谨慎设定，如果设定，应当充分保障其可行性，否则这种责任条款的设定只能注定停留在文本上，而无法践行。

---

① 汪全胜、陈光等：《体育法律责任的设定及其完善》，《体育学刊》，2010 年第 2 期。

（三）民事责任、行政责任与刑事责任条款

根据法律文本中法律责任条款的部门法属性为划分依据，可以把法律责任条款划主要分为民事责任条款、行政责任条款和刑事责任条款，也有人按部门法将法律责任条款划分为四类，即民事责任条款、行政责任条款、刑事责任条款与宪法责任条款，此外还包括诸如国家赔偿责任条款、诉讼责任条款等。这种划分也有一定的道理，不可否认宪法责任作为一类独立的法律责任存在，但基于宪法责任的抽象性与概括性，很多时候并不为人所关注，"不能因为宪法文本中宪法责任条款设置的过于原则而否定宪法本身的制裁性。另外，宪法责任与其他法律责任类型相比，具有自身的特殊性，也不能因为其特殊性而否定其作为法律责任的共性。"① 但从一般法律文本责任设置的角度看，主要还是民事、行政与刑事法律责任条款占据绝对位置，而这些部门法责任条款也是宪法责任原则与精神的具体化表现。

民事责任条款主要是在法律文本中设置民事责任内容的法律责任条款；主要以违约责任、侵权责任的形式表现，具体责任形式包括停止侵害、排除妨碍、继续履行、消除危险、返还财产、恢复原状、赔偿损失、赔礼道歉、消除影响、恢复名誉等。行政责任条款主要是指在法律文本中设置行政责任内容的法律责任条款，行政法律责任条款的具体形式包括警告、具结悔过、罚款、拘留、劳动教养等。刑事责任条款则是指在法律文本中设置刑事责任内容即有关刑事处罚的法律条款，刑事法律责任条款即刑罚的具体形式，包括主刑与附加刑，主刑包括管制、拘役、有期徒刑、无期徒刑与死刑；附加刑包括罚金、剥夺政治权利与没收财产，如果是外国人，还可科处驱逐出境等。

将法律责任条款从部门法的角度进行分类，具有重要的理论与实践价值。首先，在责任设置根据上，基于责任属性的不同，在上文有关责任条款的规范结构要素之一的价值要素的分析中也指出，刑事法律责任条款的价值根源——责任设置根据主要源于道义责任论，这是古典刑法学派的一

---

① 汪全胜、李亮：《宪法文本中宪法责任条款的设置论析——以宪法制裁的实现为视角》，《云南师范大学学报》（社会科学版），2012年第2期。

贯立场与理论倡导，虽然随着近现代刑事实证学派对于"社会防卫""社会安全"理论的张扬与维护，对从价值根源上看，刑事责任条款的根据主要还是道义责任论，而民事、行政法律责任的设置根据可不同，其设置根据主体体现了道义责任与社会责任的均衡状态，甚至在行政法律责任的设置根据中，出现了对于社会责任论的刻意追求。这种不同责任设置的不同价值根源要求我们在不同类型的责任条款设置时，势必要将责任设置的主要根据作为重要因素来参考。其次针对不同部门的法律责任条款，在立法责任设计考量时，可以有针对性地进行设置。例如，行政责任条款与刑事责任条款同属公法责任条款表达，其责任属性和作为私法责任条款表达的民事责任条款之间显然是存在差别的，公法责任条款表达的特征在于国家强制，而私法责任条款表达的特征在于意思自治。

此外，法律责任条款依据责任的形式为划分依据，还可以分为财产罚条款、人身罚条款、资格罚条款与申诫罚条款。财产罚条款主要是对责任对象的经济制裁，主要应用于涉及经济利益的责任承担上；而人身罚条款则应用于以对人的身体的物理强制为主要制裁手段的责任承担上，包括行政法律责任中的拘留与刑事责任中的拘役、有期徒刑、无期徒刑，甚至是死刑。而资格罚条款主要是对责任对象的某种资格的剥夺，申诫罚相对而言，属于责任强度较小的承担方式。同时，法律责任条款还可以按照责任性质划分为补偿性法律责任条款与惩罚性法律责任条款。一般而言，民事责任条款多为补偿性责任条款，行政责任条款与刑事责任条款多为惩罚性责任条款，但也有例外，例如《食品安全法》中，在民事责任条款中就设定了惩罚性赔偿责任条款。法律责任条款还可以划分为积极性责任条款与制裁性责任条款（消极性责任条款）。这种法律责任条款的分类前提是对责任条款作广义的理解，积极性的法律责任条款主要是指法律责任的救济性条款，而消极性法律责任条款则主要是指违反法律义务所承担的不利性的法律后果，主要是狭义上的责任条款，带有制裁性或惩罚性的责任条款。

第二章 法律责任条款设置的现状与问题

如果说概念是研究问题的逻辑原点,那么对于问题的现状及问题本身的描述、揭示与分析则是解决问题首先要面对的。继前文对法律责任条款的概念与类型作出较为全面的分析之后,接下来本部分内容着重对目前我国法律责任条款设置的总体现状和问题进行分析。同时需要说明的是,在进行理论梳理的同时,对法律责任条款设置现状的考察,主要是建立在实证考察基础上的,与此相应的,对于问题的归类、总结与提炼也主要是建立在统计数据与实证分析基础上的,因此本部分可能存在实证研究难以避免的局限性问题,但局限性的瑕疵并不能构成我们否定实证研究的价值,其实任何研究都有其自身的局限之所在。

一 法律责任条款设置的现状考察

表1 法律、行政法规中设定法律责任条款情况(1979—2011年)　　单位:%

	法律		行政法规	
总计	301		640	
无法律责任条款	112	37.2	162	25.3
有法律责任条款	189	62.8	478	74.7
设有行政法律责任条款	177	58.8	467	73.0
设有民事法律责任条款	96	31.9	149	23.3
设有刑事法律责任条款	168	55.8	346	54.1
仅设行政法律责任条款	13	4.3	102	15.9

续表

	法　　律		行政法规	
仅设民事法律责任条款	4	1.3	5	0.8
仅设刑事法律责任条款	5	1.7	5	0.8

2011年底，国务院新闻办公室发布的《中国特色社会主义法律体系白皮书》指出，截至2011年8月底，中国已制定现行宪法和有效法律共240部、行政法规706部、地方性法规8600多部，涵盖社会关系各个方面的法律部门已经齐全，各个法律部门中基本的、主要的法律已经制定，相应的行政法规和地方性法规比较完备，法律体系内部总体做到科学和谐统一，中国特色社会主义法律体系已经形成。本文关于法律文本中责任条款设置的现状考察与分析就是以该白皮书中的时间为节点的，以240部有效法律和706部行政法规作为分析样本，在时间上以1979—2011这32年为限。

（一）法律文本中责任条款设置的总体状况

首先，我们可以先来观察这32年，我国立法中关于法律责任条款设置的一个总体状况。据国务院法制办政府法制研究中心课题组的统计，[①] 我国从1979年至2006年11月底颁布的法律、行政法规中，现行有效的共有941部（包括法律301部、行政法规640部），其中667部设定了法律责任条款，占法律和行政法规总数的70.9%（其中，法律189部，行政法规478部，分别占法律、行政法规总数的62.8%和74.7%）（如表1所示）。

截至2011年8月底，我国现行有效的法律、行政法规共有1046部（包括340部法律、706部行政法规），其中765部设定了法律责任条款，占法律和行政法规总数的73.1%（其中，法律224部，行政法规541部，分别占法律、行政法规总数的65.9%和76.6%）（如表2所示）。

---

① 国务院法制办政府法制研究中心课题组：《法律责任设定有关问题研究》，《政府立法中的法律责任设定研究论文集》，中国法制出版社2010年版，第398页。

表2　法律、行政法规中设定法律责任条款情况（1979—2010年）　　单位：%

	法　律		行政法规	
总计	340		706	
无法律责任条款	116	34.1	165	23.4
有法律责任条款	224	65.9	541	76.6
设有行政法律责任条款	254	58.8	638	73.0
设有民事法律责任条款	118	31.9	203	23.3
设有刑事法律责任条款	196	55.8	452	54.1
仅设行政法律责任条款	14	4.3	114	15.9
仅设民事法律责任条款	7	1.3	7	0.8
仅设刑事法律责任条款	5	1.7	6	0.8

从宏观的立法变迁的视角来看法律责任条款设定情况，可以发现，立法者对法律责任条款的价值与功能是越来越重视的，相应的立法科学化和立法技术水平也在不断提高。从折线图中也可以明显发现，设定法律责任条款的立法数量在整个立法总量中一直是持一种持续上升的态势，尤其是这几年间通过的39部法律和66部行政法规中，设定法律责任条款的数量分别是法律35部、行政法规63部，分别占总数的89.7%和95.5%，设定法律条款的立法数量几乎呈几何型增长，但不可否认的是仍存在不设定法律责任条款的立法现象，分别为法律4部、行政法规3部，但这种责任条款缺失的问题是由多种因素综合作用的，并不是单纯的立法技术问题所能解决的（如表3所示）。

表3　　法律、行政法规中设定法律责任条款占立法总数
变迁情况（1979—2010年）　　单位：%

时间分布	1979—1985年	1985—1990年	1991—1995年	1996—2000年	2001—2006年	2006—2010年
法律	26.2	56.8	76.1	73.2	65.3	90.1
行政法规	48.7	75.8	73.3	80.3	88.4	94.6

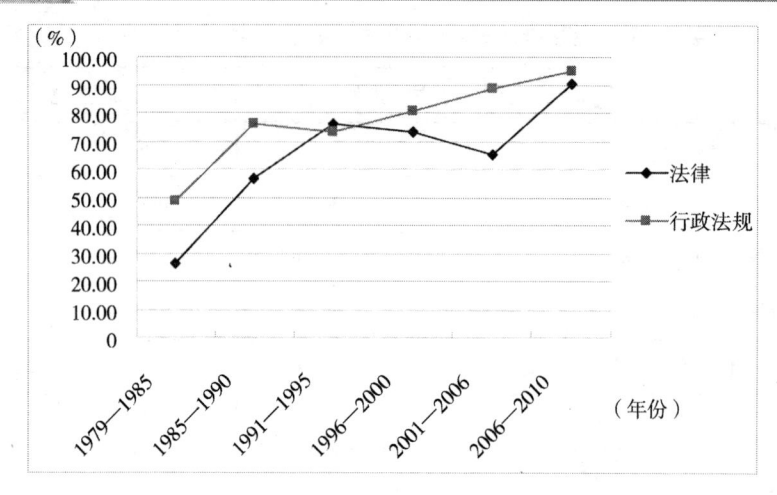

（二）行政法律中责任条款设置的具体状况

从立法数量上，现行有效的中央层级的立法中，行政法规的数量占整个立法数量的67.5%，同时对于1046部现行有效立法关于责任条款设定都进行详尽的考察几乎是不可能完成的任务，基于此，本文拟对在数量上占绝对优势、具有较强典型意义的行政法规的条款责任条款设置进行更为具体的考察，行政法规责任条款的主要构成当然是行政法律责任条款。

根据统计，截至2006年的现行有效的941部法律、行政法规中，有644部设定了行政法律责任条款，占法律和行政法规总数的68.4%。其中，法律177部，行政法规467部，分别占法律、行政法规总数的58.8%和73.0%，占设定法律责任条款的法律和行政法规总数的96.6%（具体对比种类及对应比重见表4、表5）。

表4　　　　　　　　行政相对人法律责任的种类和比重①

责任类型	责任形式	法律		行政法规	
		数量	比例（%）	数量	比例（%）
	总计	301		640	
申诫罚	警告	58	19.3	169	26.4

---

① 统计数据部分来源于国务院法制办政府法制研究中心课题组：《法律责任设定有关问题研究》，《政府立法中的法律责任设定研究论文集》，中国法制出版社2010年版，第400页。

续表

责任类型	责任形式	法律 数量	法律 比例（%）	行政法规 数量	行政法规 比例（%）
财产罚	罚款	111	36.9	271	42.3
财产罚	没收违法所得	79	26.2	178	27.8
财产罚	没收非法财物	30	10.0	98	15.3
资格罚	责令停产停业	50	16.6	99	15.5
资格罚	暂扣证照	9	3.0	22	3.4
资格罚	吊销证照	70	23.3	172	26.9
人身罚	行政拘留	20	6.6	9	1.4
其他	笼统责任	76	25.2	202	31.6
其他	其他形式	47	15.6	178	27.8

表5　　　　　　　　公务员法律责任的种类和比重[1]

	法律 频数	法律 占百分比（%）	行政法规 频数	行政法规 占百分比（%）
警告	4	2.3	17	3.6
记过	4	2.3	15	3.2
记大过	3	1.7	22	4.7
降级	9	5.1	49	10.4
撤职	9	5.1	55	11.6
开除	11	6.3	34	7.2%
行政追偿	1	0.6	8	1.7
笼统处分	129	73.7	248	52.4
其他	5	2.9	25	5.3
总计	175	100.0	473	100.0

---

[1]　统计数据部分来源于国务院法制办政府法制研究中心课题组：《法律责任设定有关问题研究》，《政府立法中的法律责任设定研究论文集》，中国法制出版社2010年版，第401页。

通过对比可以发现，在涉及行政立法的法律、行政法规中，对行政相对人设定了各种具体责任形式，包括警告、罚款、没收违法所得、没收非法财物、责令停产停业、暂扣证照、吊销证照甚至行政拘留等，设定的笼统责任形式，法律效力层级的单位样本为76个，占总重的25.2%；行政法规效力层级的单位样本为202个，占总重的31.6%。但对比可以发现，针对国家机关及其工作人员（以下简称"公务员"）的责任设定中，笼统处分的设定，法律效力层级的单位样本为129个，占总重的73.7%；行政法规效力层级的单位样本为248个，占总重的52.4%。一般而言，笼统的法律原则条款，由于缺乏与义务性条款的对应性，以及其自身的抽象性，存在较大的自由裁量空间，在适用时没有明确的责任形式作为依据，很容易造成自由裁量权力的滥用，从笼统责任条款占责任立法总数的比重的对比就可以认识到行政立法所存在的问题以及支配这种立法的思维导向问题。

（三）地方性法规中法律责任条款设置的具体状况

基于我国的一元两级多层次的立法体制，地方性立法可以看作是中央立法的一个照应，中央立法的现象、特点从立法性立法中也可以得到验证。一般而言，立法性立法包括两种类型，一种是贯彻中央立法的执行性立法；另一种是根据本地方实际情况的创制性立法，不管是执行性立法还是创制性立法都是遵循《立法法》关于立法权限、程序、范围的设定，因此地方性立法的现状与问题基本上与中央立法是一致的，下面以上海市为例说明（见表6）。

表6　上海市人大八届至十二届各调整领域地方立法责任条款设置情况一览表①

	八届	九届	十届	十一届	十二届	小计
城市建设	0	0	0	64(11.6)	48(5.5)	112(5.7)
城市管理	0	0	5(1.0)	138(25.0)	627(71.5)	770(39.4)

---

① 表中统计数据主要根据上海人大官方网站：http：//www.spcsc.sh.cn 所公布的现行有效的地方性法规，部分统计数据参见徐向华主编：《地方性法规法律责任的设定——上海市地方性法规的解析》，法律出版社2007年版，第23页。

续表

	八届	九届	十届	十一届	十二届	小计
资源环保	0	11(29.7)	92(19.0)	78(14.1)	0	181(9.3)
宏观经济	0	0	28(5.8)	0	0	28(1.4)
产业管理	0	0	40(8.2)	0	6(0.7)	46(2.4)
市场秩序	0	0	65(13.4)	102(18.5)	0	167(8.5)
劳动人事	0	0	36(7.4)	20(3.6)	13(1.5)	69(3.5)
对外开放	0	0	5(1.0)	0	0	5(0.3)
文化教育	0	0	17(3.5)	32(5.8)	56(6.4)	105(5.4)
科技	0	0	4(0.8)	20(3.6)	4(0.5)	28(1.4)
卫生	0	0	23(4.7)	43(7.8)	23(2.6)	89(4.6)
公共秩序	5(100.0)	19(51.4)	88(18.1)	0	88(10.0)	200(10.2)
司法行政	0	0	24(4.9)	0	0	24(1.2)
民政福利	0	0	38(7.8)	17(3.1)	12(1.4)	67(3.4)
侨民宗	0	0	15(3.1)	11(2.0)	0	26(1.3)
人大政权	0	3(8.1)	5(1.0)	6(1.1)	0	14(0.7)
军事外交	0	4(10.8)	0	21(3.8)	0	25(1.3)
合计	5(100.0)	37(100.0)	485(100.0)	552(100.0)	877(100.0)	1956(100.0)

通过对地方立法样本的上海市113部法规、648条法律条文所包含的1956个法律责任单位样本的统计数据观察，可以有一个直观地发现，就是上海市的地方性立法中，法律责任条款设置的绝对数量从八届人大的5个单位样本到十二届人大的877个单位样本是呈现几何倍数增长的，这也说明了地方性立法主体对于法律责任条款在整个立法文本中的地位也越来越重视，当然从这个统计表中，我们也可以发现，不同时间阶段、不同调整领域、不同类型立法对于法律责任条款乃至具体责任形式的选择偏好都是存在差异的。

此外，我国当下法律文本中对于责任条款的设置与分则中义务性条款的针对性基本上还是合理的，但这应当与责任条款和义务性条款的对应性区别开来，下文将具体分析法律文本中责任条款设置与义务性条款设置对应性存在的问题。根据我国现行《刑法》规定，设定的犯罪类型包括危害国家安全、危害公共安全、破坏市场经济秩序、侵犯公民人身权利、民主权利、侵犯财产、妨害社会管理秩序、危害国防利益、贪污受贿、渎职、军人违反职责等，在刑罚部分，针对不同类型的犯罪行为，在刑罚的设置上体现了对于犯罪行为的合理针对，尤其是附加刑的适用，更是直接与犯罪类型针锋相对，这在惩治犯罪特别是发挥刑罚的威慑效力方面具有十分有效的功能。

通过对下表统计的结果分析发现，基于刑罚的特点与基本功能，人身自由刑适用于任何一种犯罪行为，这里的人身自由刑包括了拘役、有期徒刑与无期徒刑，也包括限制自由较轻的管制，因此人身自由刑是任何一种犯罪都首先选择的刑罚方式，但即使如此，在不同类型的犯罪行为中，对于人身自由刑的设定相对而言，也有一个孰轻孰重的问题。例如，在人身自由刑的设定中，危害公共安全、侵犯公民人身权利、贪污受贿与军人违反职责犯罪的人身自由刑相对较重，较多适用7—10年、10年以上、无期徒刑甚至死刑；而危害国家安全、破坏市场经济秩序、危害国防利益犯罪孰轻孰重则较多视危害情节与危害后果等因素的考量；而侵犯公民民主权利、妨碍社会管理秩序以及渎职犯罪的人身自由刑设定相对较轻，其中严重妨碍社会秩序的涉及黑社会性质犯罪以及走私、贩卖、制造、运输毒品等危害较大的犯罪人身自由刑设定较重，其中不乏死刑（见表7）。

表7　　　我国《刑法》不同类型犯罪所倾向的刑事责任
承担方式（根据出现频率排列）

犯罪类型	倾向的刑事责任承担方式			
危害国家安全	人身自由刑	剥夺政治权利	没收财产	死刑	
危害公共安全	人身自由刑	死刑	罚金		
破坏市场经济秩序	人身自由刑	罚金	没收财产	死刑	
侵犯公民人身、民主权利	人身自由刑	死刑	剥夺政治权利		
侵犯财产	人身自由刑	罚金	没收财产	死刑	
妨害社会管理秩序	人身自由刑	罚金	剥夺政治权利	死刑	没收财产
危害国防利益	人身自由刑	罚金	剥夺政治权利	死刑	

续表

犯罪类型	倾向的刑事责任承担方式			
贪污受贿	人身自由刑	没收财产	罚金	死刑
渎职	人身自由刑			
军人违反职责	人身自由刑	死刑		

在民事立法领域,针对民事领域的侵权与违约行为,《中华人民共和国侵权责任法》与《中华人民共和国合同法》以及最高人民法院发布的司法解释、指导性案例等也都体现了侵权责任与违约责任承担上与义务性条款之间的针对性。地方性立法中针对不同调整领域出现的违法行为及其具体民事责任承担上也体现了这一基本特点,如上海市的地方性立法就体现出这一特点。通过表格可以发现,针对城市建设中违反义务性条款的行为,主要设置的责任方式是恢复原状;而对于城市管理、资源环境保护领域中的违法行为,在责任方式设置上除了要恢复原状外,还要承担相应的费用、返还财产、修理更换等责任。而对于市场秩序的破坏,基于诚信在市场中的重要功能,则要承担消除影响、恢复名誉的责任,同时应当承担相应的费用。对于较为抽象或宏观的领域如宏观经济调控、劳动人事争议、司法行政等领域则以承担其他责任的方式予以设置,赋予其较大的自由裁量空间(见表8)。

表8 上海市不同领域的法规所倾向的民事责任承担方式①

调整领域	倾向的民事责任承担方式(根据出现频率排列)				
城市建设	恢复原状				
城市管理	恢复原状	承担相应费用	返还财产	其他责任方式	修理更换
资源环保	恢复原状	停止侵害	排除妨碍	消除危险	
宏观经济	其他责任方式				
产业管理	承担相应费用	返还财产			

---

① 统计数据部分参见徐向华主编:《地方性法规法律责任的设定——上海市地方性法规的解析》,法律出版社2007年版,第37页。

续表

调整领域	倾向的民事责任承担方式（根据出现频率排列）			
市场秩序	消除影响、恢复名誉	承担相应费用		
劳动人事	其他责任方式	承担违约责任	返还财产	
公共秩序	承担相应费用			
司法行政	其他责任方式			
侨民宗	停止侵害	恢复原状		

二 法律责任条款设置存在的问题

通过上述法律责任条款设置现状的实证考察分析，可以对我国目前立法文本中责任条款设置的现状有一个基本的了解，这个现状中既有值得我们肯定的地方，也暴露出法律文本中责任条款设置所存在的问题，基于实证统计数据与立法理论实践的结合，本文认为目前立法文本中责任条款设置存在的问题主要包括责任条款的逻辑规范问题、协调性问题、衔接性问题、语言表述技术方面的问题以及责任设置的笼统性方面的问题等几个方面，当然这几个方面的问题也不是完全孤立的，而是存在内在的联系，甚至有些问题之间也存在交叉与重合的部分，下面逐一进行分析。

（一）法律责任条款设置的逻辑规范问题

法律责任条款设置的逻辑规范问题主要是指法律责任条款的逻辑结构的完整性，这个逻辑结构是责任条款的外部逻辑结构，也即责任条款与义务性条款、奖励性条款与权力性条款的逻辑衔接问题，或者说是法律规范的逻辑结构问题在责任条款设置上的具体体现。关于法律规范的逻辑结构及其要素，在学界具有代表性的有三种学说，第一种观点是传统法理学所主张的三要素说，即"假定、处理与制裁"；第二种观点是两要素说，即"行为模式与法律后果"；第三种观点也是主张三要素，因此也称新三要素说，即"条件假定、行为模式、法律后果"。目前，这三种学说当中，在法学界坚持这种"制裁要素观"学说的学者已经不多见了，学界认为，三要素说的主要缺陷是，首先，"制裁"与"处理"之间存在明显的逻辑包含关系，"制裁"是一种特殊的"处理"；其次，"制裁"不能包含肯定性法律后果，因此对于授权性或者奖励性规范没有说服力，在这两种规范中没有"制裁"后果。这种学说代表的是一种以刑为主的高压型法律观念；最后，该学说对法律规范结构的看法与法律对社会关系的全面调整的事实严重不符。[①] 第二种学说是在批评旧三要素说的基础上发展起来的。这种观点用"法律后果"取代了"制裁"，因此包含了肯定性的法律后果。同时该观点认为，"假定"不是构成法律规范逻辑结构的独立要素，因为如果"假定"是指法律规范的适用条件，则它就不是法律规范的内部构成要素；如果"假定"是法律规范中权利的行事方式或者义务的履行方式，则"假定"就已经是"行为模式"的一部分。因此有人指出，"任何法律规范都是由两部分构成：（1）权利义务的规定；（2）法律后果的归结。"[②] 第三种学说是在批判旧三要素说和上述两要素说的基础上提出来的，也被称为"新三要素说"。与旧说相比，"新三要素说"的优点在于，用"法律后果"取代"制裁"，避免了法律评价的片面性；用"行为模式"取代"处理"，含义更加明确；将"条件假定"重新恢复为法律规范要素之一，比上述"行为模式+法律后果"的两要素说在逻辑上更为清晰。因此，从法律规范之间的逻辑结构关系来看，"条件假定、行为模式、法律后果"是具有说服力与合理性的，经得起理论推敲与实践检验，本文即持此观点，具体到法律责任规范设置的逻辑规范问题，就是法律责任规范设置的逻辑结构不完整的问题，主要包括两个方面。

法律责任规范的逻辑结构不完整，主要表现为义务性条款，而责任条款设置的缺失。这种"缺失"是否一定是问题，有没有"缺失"亦合理的情况存在？也许有人会有这样的疑问。例如，李培传就认为，"由于各个法律、法规的性质、内容和作用的不同，因此，有些法律、法规不一定需要设立法律责任，如国家制度建设方面的法律、法规规范调整的对象不同，而且在程序和监督等方面都有比较严明的具体的规定。所以，一般不

[①] 谢晖、陈金钊：《法理学》，高等教育出版社2005年版，第100—101页。
[②] 张文显：《对法律规范的再认识》，《吉林大学社会科学学报》，2003年第1期。

具体规定法律责任。"① 这种观点需要从三个层面来理解。首先，在我国这几年的立法实践中，确实存在立法文本中责任条款设置的缺失这种立法现象，通过上表可以发现，尤其是在改革开放之初的1979—1985年段，在法律文本中设置责任条款的立法数量只占总量的26.2%，行政法规中设置责任条款的立法数量只占总量的48.7%，超过一半的行政法规也存在法律责任缺失的问题；其次，这种法律责任缺失是有其特定背景与原因的。改革开放之初，我国的立法实务部门人才短缺，立法指导思想还没有稳定树立，立法的科学化水平较低，立法技术落后，对于法律责任无论从理论支撑上、实践依据上还是立法技术上都存在缺失或不足，在客观上无法进行责任条款的设置；最后，这种观点对于目前法律责任条款缺失的解释是有待商榷的，法律、法规并不是不需要设立法律责任，而是确实基于当时立法条件所限，客观上无法设置。即使是国家制度建设方面的法律、法规仍然有设置法律责任的必要，我们经常说的"有权必有责，用权受监督"的理念可以彰显法律责任设置的必要性，一部法律中主要的构成条款即为权力性条款、权利性条款、义务性条款、责任条款，如果一部法律没有权利性，也没有权力性条款，或者没有设计义务性条款，那么这部法律是否应该出台，立法的必要性就要受到质疑了。或者设计了权利性条款、义务性条款，但存在责任条款的缺位，那么权利受到侵害时，义务不被履行时如何救济呢？

其实，"部分义务性规则缺失法律责任的原因是多方面的，既可能与立法观念有关，也可能源于义务性规则自身的缺陷。当立法者将没有现实的强制需要的行为列为义务性行为，义务性规则就将仅具其表而难副其实，这部分法律责任的缺失也就不足为奇。对一部法律而言，并非义务性规则越多，法的实施效果就越好，有的社会管理需求通过任意性规则、授权性规则或鼓励性规则体现可能比通过义务性规则体现更具可行性，而有的社会管理需求通过道德规范或一般的社会约束手段实现可能比通过义务性规则实现更符合社会管理资源和成本的优化配置。只有当事人必须为或部位一事实上的行为，否则社会秩序不足以维持或者将较为严重地损害国家、集体和社会利益以及他人权益时，方宜设定义务性规则。对那些虽然

---

① 李培传：《论立法》，中国法制出版社2004年版，第411页。

值得倡导，但违背该要求还不足以追究其法律责任的行为，强行将其设定为义务性规则反而容易削弱法的可行性，并最终影响法的权威性。"[①] 因此，客观存在责任条款的缺失并不是有些法律、法规不需要责任条款的支撑，而是有其立法条件所限，这一点需要我们在观念中予以纠正。另外，从1979—1985年段，法律文本中设置责任条款的立法数量占总量的26.2%，行政法规中设置责任条款的立法数量占总量的48.7%；到2006—2011年段，设定法律责任条款的数量分别占总数的89.7%和95.5%，设定法律责任条款的立法数量占总量相比于30年之前几乎呈几何型增长，这些事实数据也是对于法律责任条款设置必要性的有力佐证。设置必要性也就从一个反面说明了，目前我国的立法实践中，存在的法律责任条款设置的缺失是不正常的，是存在问题的。立法通过权利义务的设定实现立法目的，而法律责任是权利实现、义务履行的根本性保障机制。法律责任条款的缺失，立法目的的实现就只能靠守法者的自觉和其他社会力量，法治就会因为法律本身的软弱无力而变成"花瓶"摆设。

地方立法中也同样存在有义务性条款而责任条款缺失的状况，以上海市为例，《上海市献血条例》的分则中设定了27项义务性条款，而与此相对应的责任条款却仅有10条，缺失的责任条款规范达17项之多，而《上海市红十字会条例》在分则中尽管设置了不少义务性条款，但却无一条法律责任条款与之对应。这与《上海市人大常委会立法技术规范》中明确指出的"法定义务一般应当同具体的法律责任相对应。不履行法定义务，一般要承担相应的法律责任"之规定大相径庭。尽管义务性条款设置的如何科学、合理、规范，但缺乏责任条款规范的保障，也注定很难发挥其调整、规范的功能。

除此之外，法律责任规范逻辑结构的不完整也存在有责任条款而无义务性条款与之对应的情况。如《上海市华侨捐赠条例》在法律责任部分的第25条明确规定："挪用、侵占、贪污、盗窃捐赠款物，假借华侨捐赠逃税、走私货进行其他违法活动的，由有关部门依法处理"，但在其分则的其他各章节条款中均未涉及与此相关的义务性规范。如果说责任条款

[①] 徐向华主编：《地方性法规法律责任的设定——上海市地方性法规的解析》，法律出版社2007年版，第149页。

缺失基于特定的时代、历史与实际原因还有待考虑的话，那义务性条款的缺失却着实让人不能理解。从逻辑上将，义务性条款是"因"，法律责任条款是"果"，无因则无果。"在义务性规则缺失的前提下，设定法律责任规则显然是不妥的，法律制裁并非解决社会矛盾与纠纷的最佳方式，在社会的责任体系安排中，法律制裁的设定应当节制，法律制裁的滥用不会真正带来秩序，而只会引起人们法的排斥乃至抗拒。"[1] 从法律责任条款设置的依据上讲，责任条款的设置依据是分则中的义务性条款，法律文本设置规则中的对应性规则要求意思就是要注重权利性条款与义务性条款、义务性条款与责任条款的对应性，而且义务性条款作为责任条款设置的前提与依据条款，在没有依据的情况下设定责任条款显然在合法性与合理性上都存在疑问，显然是不妥当的，也违反了立法的基本原则与精神。

（二）法律责任条款设置的协调性问题

协调性指标在衡量法律责任体系化、法律文本自身乃至一个法律部门的体系化程度，甚至整个社会主义法律体系化的程度方面都是一个非常重要的风向标，目前在法律文本的责任条款设置中协调性是非常突出的一个问题，部分责任条款相互之间欠协调，不利构建协调统一的法律责任体系。"责任主体的行为模式和其法律后果应当相对应。法律文本中的行为模式和其法律后果只有相对应，才会具有比较好的规范调整功能。若没有相对应的法律责任条款的支持与保障，其作用、意义和价值就会大大减弱，在社会实践中一旦遇到违反义务性条款的行为时，就会发现这些义务性条款显得软弱无力，难以起到其自有应有的规范调整作用。"[2] 法律责任条款设置要注重协调性，也要努力追求最大化地实现协调性，协调性具体包括下位法责任条款与上位法责任条款之间的协调、不同法律文本对同一义务性条款设置的责任条款之间的协调、同一法律文本中不同责任条款对同一义务性条款对应的协调乃至同一条款不同项之间的协调等，从更高层次上讲，法律责任条款的协调也包括责任条款与法律文本之间的协调，

---

[1] 徐向华主编：《地方性法规法律责任的设定——上海市地方性法规的解析》，法律出版社2007年版，第149页。

[2] 汪全胜、陈光等：《体育法律责任的设定及其完善》，《体育学刊》，2010年第2期。

责任条款与权利性条款、义务性条款、奖励性条款之间的协调，以及不同责任形式条款之间的协调。从立法实践情况来看，法律责任条款设置的不协调，主要表现在以下几个方面。

一是下位法设定的法律责任条款与上位法设定的责任条款之间不协调、相抵触。这种下位法设定的法律责任条款与上位法设定的责任条款之间的不协调问题集中出现在各地方在贯彻中央立法的执行性立法中，一般创制性的立法很少会存在这种问题，因此极少涉及直接对应的上位法与下位法。在执行性立法中，各地方性立法在责任条款设置中很容易出现在责任设置的具体形式以及责任强度方面与上位法的抵触问题。例如，根据《贵州省产品质量监督条例》第3条、第26条的规定，生产者、销售者伪造或者冒用产品的产地、厂名、厂址的，责令公开更正，没收违法所得，并处违法所得一倍以上五倍以下的罚款；而《产品质量法》第53条规定，伪造产品产地的，伪造或者冒用他人厂名、厂址的，伪造或者冒用认证标志等质量标志的，责令改正，没收违法生产、销售的产品，并处违法生产、销售产品货值金额等值以下的罚款；有违法所得的，并处没收违法所得；情节严重的，吊销营业执照。

这种状况在《立法法》特别是《中华人民共和国行政处罚法》出台之后，有了相当大程度的改善，在该法第11条明确规定："地方性法规可以设定除限制人身自由、吊销企业营业执照以外的行政处罚。法律、行政法规对违法行为已经作出行政处罚规定，地方性法规需要作出具体规定的，必须在法律、行政法规规定的给予行政处罚的行为、种类和幅度的范围内规定。"这就对地方性立法的权限作了较为明确的规定，虽然这只是行政处罚的立法设计，但对于改善地方性立法责任条款设置过程中与上位法的不协调、相抵触的问题起到了很好的规制作用，不过这种下位法责任条款设置与上位法责任条款设置的不协调问题仍然需要我们认真对待，并在立法中加以克服、避免。

二是不同法律文本针对同一义务性条款设置的责任条款不协调。例如，针对伪造驾驶证的行为，《道路交通安全法》第96条规定，由公安机关交通管理部门出二百元以上二千元以下罚款，构成犯罪的，依法追究刑事责任，而《治安管理处罚法》第52条规定，伪造国家机关公文、证件、证明文件、印章的，处十日以上十五日以下拘留，可以并处一千元以下罚款。再如《上海市烟花爆竹安全管理条例》第 11 条规定:"违反本条例燃放烟花爆竹的,公安机关视情节轻重,对单位或者个体工商户可以处二千元以上五万元以下罚款;对个人可以处五十元以上五百元以下罚款或者警告。"而《上海市人民警察巡察条例》第 12 条第 2 款对同一事项的规定却是:"违反规范燃放烟花爆竹的,对个人处二百元以下罚款或者警告;对单位、个体工商户处五千元以下罚款。"不同法律文本对同一义务性条款设置的不协调主要是新法的责任设定过程中对于旧法的相同或近似调整领域的义务性条款设置的法律责任存在的不协调,这就要求新法在立法过程中要充分掌握本领域以及相关领域立法对该义务性行为的责任设置状况,避免新法的责任条款与其他相关法的责任条款设置中存在矛盾或抵牾之处,但对于旧法的修改过程中,对于责任形式与内容方面的修正则不属于不协调的范围之内。此外,针对不同法律文本对同一义务性条款责任设置的不协调问题,也可以基于法律适用中新法优于旧法、上位法优于下位法、从轻兼从旧等适用规则来解决这种不协调,但这种适用规则也有"失灵"的状况,例如对于上位法的旧法与下位法的新法之间如何适用的问题,可能就会存在两难的境地,因此这种不协调的问题也应当加以解决。

　　三是同一法律文本中,针对同一或近似义务性条款,不同法律责任条款设置上不协调。例如,《土地管理法》第 73 条规定,买卖或者以其他形式非法转让土地的,由县级以上人民政府土地行政主管部门没收违法所得;对违反土地利用总体规划擅自将农用地改为建设用地的,限期拆除在非法转让的土地上新建的建筑物和其他设施,恢复土地原状,对符合土地利用总体规划的,没收在非法转让的土地上新建的建筑物和其他设施;可以并处罚款;对直接负责的主管人员和其他直接责任人员,依法给予行政处分;构成犯罪的,依法追究刑事责任。同样是该法关于非法转让土地用于非农业建设的法律责任,第 81 条却规定,擅自将农民集体所有的土地的使用权出让、转让或者出租用于非农业建设的,由县级以上人民政府土地行政主管部门责令限期改正,没收违法所得,并处罚款。再如《上海市人民警察巡察条例》第 18 条第 1 款规定"沿街单位和个体工商户在责任区内未保持环境卫生整洁的","可以处二百元以下罚款",第 19 条、第 20 条第 1 款和第 2 款分别规定"埋压、圈占或者损毁消防栓以及其他消防设施的,处一百元以下罚款或者警告","故意损毁、拆除或者擅自移动市政公用设施,尚不够刑事处罚的"以及"擅自设置、移动、损毁路牌、交通标志、标线、隔离护栏等交通安全设施的","处五十元以下罚款或者警告"。根据该法的责任条款设定,危害后果越是严重的违法行为,其设定的罚款数额上限越轻,这显然既有悖法的公平,也不合常理。再如《上海市实施〈中华人民共和国野生动物保护法〉办法》第25条和第26条同时规定:"非法捕杀本市重点保护野生动物的,由野生动物行政主管部门处以相当于猎获物价值五倍以下的罚款","在禁猎区、禁猎期或者使用禁止使用的工具和方法猎捕非国家或者本市重点保护野生动物的,由野生动物行政主管部门没收猎获物、猎捕工具和违法所得,并处以相当于猎获物价值八倍以下的罚款。"这一规定有可能会导致对非法捕杀本市重点保护野生动物的处罚力度小于对非法猎捕非本市重点保护野生动物的处罚力度。

同时需要补充的是,在同一法律文本中,同一责任条款下属的不同项之间也可能存在不协调的问题。例如,《上海市消费者权益保护条例》第56条规定[①]的9项违法行为,其中第3项的构成要件规定与其他各项的构成要件规定就存在相互矛盾的地方,该项规定将违法行为之间的并列关系不当表述为重合关系,对同类违法行为构成要件的描述也存在矛盾。

此外,法律责任条款设置的不协调还体现在责任设置的自由裁量权过大,随意性太强,责任设置缺乏合理依据与科学论证。立法技术本身就是在"立法活动中所遵循的用以促使立法臻于科学化的方法和操作技巧的

[①] 《上海市消费者权益保护条例》第56条规定:"经营者有下列情形之一,《中华人民共和国消费者权益保护法》、《中华人民共和国产品质量法》和其他有关法律、法规对行政处罚机关和处罚种类、幅度已有规定的,依照法律、法规的规定执行。法律、法规未作规定的,由工商行政管理部门责令改正,并可以根据情节单处或者并处警告、没收违法所得、没收非法财物、处以违法所得一倍以上五倍以下的罚款;没有违法所得的,处以一万元以下的罚款;情节严重的,责令停业整顿:(一)未按规定设置服务标识的;(二)未按规定标明真实名称和标记的;(三)以欺诈手段提供商品或者服务,侵害消费者合法权益的;(四)未按规定提供购货凭证或者服务单据的;(五)强迫消费者购买商品或者接受服务的;(六)短缺商品数量或者将包装物的重量作为商品计价依据的;(七)上门推销不按规定征得消费者同意或者提供规定文件的;(八)发送商业广告,未经消费者同意增加消费者费用的;(九)不能提供证明其进货来源的文件资料的。

总称。"① 整个立法技术的指向都是科学化，因此法律责任条款设置的科学性问题既是立法活动的难题所在，也是立法活动所追求的终极目标之一。但是，在立法实践中因缺少客观规律和充足的理论支持，使得法律责任的量化设定存在很大的随意性，造成很多不良的后果，比如，由于法律责任条款量化设置的随意性，导致执法部门在实施行政处罚时拥有了过多的自由裁量权，责任设置的科学性有待商榷。例如罚款设置不科学，守法成本、执法成本远远高于违法成本，以《福建省环境保护条例》为例，②排污单位必须申领排污许可证或者临时排污许可证，并按照排污许可证或者临时排污许可证规定的内容排污。违反规定的，由县级以上地方人民政府环境保护行政主管部门责令限期改正，并处以5万元以下的罚款；情节严重，可以暂扣或者吊销排污许可证或者临时排污许可证。而一个工厂一天排放污水十几万吨，一吨污水处理费用要1.2—2.0元。如果要处理达标，每天治理费用就要十几万元，甚至几十万元。意味着如果工厂按照规定申领排污许可证，达标排放要花上比偷排漏排多得多的成本，法规执行力度和严肃性将受到极大影响。同样以《福建省环境保护条例》为例，其规定开发利用自然资源，应当采取措施防止环境污染和生态资源破坏，对生态环境和资源造成污染和破坏，不承担恢复整治责任的单位或者个人，由县级以上地方人民政府环境保护行政主管部门或者其他有关行政主管部门组织恢复整治，费用由违法者承担；情节严重的，罚款幅度由五万元到了二十万元。这里罚款幅度的设置，有哪些科学依据或客观规律抑或是市场规则等，都很难说的上有明确的依据。

法律责任的设置，是通过责任的分配，来调整社会生活的一种方式或手段，法律责任的科学设定，是真正实现立法目标，并得到社会的遵守和认可，从而达到调整规范人们生活的目的。因此，在立法过程中要努力追求立法的协调性，尤其是在责任条款设置时，要更加注重责任条款的协调性。例如，③我国《气象法》第39条规定："违反本法规定，不具备各省、自治区、直辖市气象主管机构规定的资格条件实施人工影响天气作业

---

① 周旺生：《立法学》，法律出版社2004年版，第52页。
② 阮荣祥、赵恺：《地方立法的理论与实践》，社会科学文献出版社2011年版，第423页。
③ 李培传：《论立法》，中国法制出版社2004年版，第424页。

的，或者实施人工影响天气作业使用不符合国务院气象主管机构要求的技术标准的作业设备的，由有关气象主管机构按照权限责令改正，给予警告，可以并处十万元以下的罚款；……"其中，"可以并处十万元以下的罚款"的规定是很不科学的。因为处罚幅度过大，首先，这里用的是"可以并处"，也就是说有关气象主管机构按照权限责令改正，对责任主体给予警告处罚后，可以并处十万元以下的罚款，也可以不罚款。因为这里规定的是，"可以并处"而不是"并处"。所以，不罚款也是可以的。因此，要不要给予十万元以下的罚款处罚，就在气象主管机构的有关人员认为是罚或不罚一念之间，而且对此也没有相应的监督制度约束，这种自由裁量权显得过大。其二，可以并处十万元以下的罚款，以下下到何种程度？没有底线，极而言之，下到十元也符合法律规定，于法有据。一项罚款在十万元以下这样大的幅度内，执行起来难说不带有一定的随意性，显然不协调，也不科学。

（三）法律责任条款设置的衔接性问题

对于任何一部法律的有效实施，都离不开责任条款的保障，而责任条款规范作用的发挥需要自身有一个良性的责任体系的支撑，这个体系当中，法律责任条款规范的逻辑结构与责任条款的协调有序构成责任体系的外部支撑，而法律责任条款当中责任类型、责任形式、责任主体、责任强度、责任承担等之间的良性有效衔接则构成了法律责任体系的内部支撑，与外部支撑共同保障法律文本的充分有效实施。根据对目前法律文本中责任条款设置的衔接现状的观察，发现法律文本中责任条款设置的衔接错位、衔接虚置以及不当衔接等问题较为突出，以责任类型为界分，行政责任条款、民事责任条款与刑事责任条款之间的衔接也存在问题。

一是责任条款设置中的责任承担方式之间存在不当衔接。这种不当衔接使得行政责任的承担方式上会出现畸轻畸重的现象，有违公平正义。这种不当衔接主要表现在如下几个方面，首先是行政纠错前置责任与后续责任之间不当衔接，在行政责任条款设置的"责令限期改正"责任之后，应当有对"拒不限期改正或者拒不改正"情况下的后继责任跟进，以此保证行政纠错前置责任的有效落实，实现责任承担形式上的递进、有序衔接。但实践中，对于"责令限期改正"的后续责任突出存在责任缺失、责任强度低或者过于宽泛，如在"责令限期改正"后设定笼统法律责任，使得责任的适用无的放矢，执法适用困难等情况。根据徐向华等人的实证考察，① 一方面，在规定"责令限期改正"后，约有 87.1% 的单位样本对逾期未改正或拒不改正的继后情形未规定相应法律责任；还有约 19.2% 的单位样本仅设定了"可以处以某责任"的选择性规范。另一方面，约有 43.3% 的单位样本针对逾期不改正或拒不改正的情况仅设定了罚款。此外，347 个样本仅模糊表述为"责令改正"，如《上海市计量监督管理条例》第 31 条规定："使用非法计量单位的，责令其改正。"对于行政纠错责任设置的后继责任跟进上出现了空白，这种后续责任的缺失使得衔接无从谈起，这种责任条款的设置对于义务性条款的保障而言，大打折扣，几乎是苍白无力的。

二是责任条款设置中加重责任与一般责任之间衔接错位。立法作为调整社会关系的一种手段，主要通过赋予权利与设定义务的方式作出法定化的配置，并通过以国家强制力后盾的法律责任规范来保障这种资源配置，赋予权利是一种正方向的激励措施，而设定义务是一种反方向的驱动措施，为了保障这种驱动就需要法律责任的支撑，根据义务性条款的需要可以设置不同强度的责任形式，以此实现对于义务条款的有针对性保障，同时也是反方向的激励手段，这也是责任条款设置的递进原则的具体体现。在法律文本的责任条款设置中，存在着加重责任与一般责任之间的衔接错位问题。这表现在对违法义务性条款设定了一般的法律责任之后，对于更严重的违背义务性条款的情节或者后果的行为，在设定加重责任时，选择适用的衔接方式为选择性规范表述，这就使得即使出现加重责任情节或者后果，在责任具体承担方式上并不必然会承担更为严厉的加重责任，而要取决于执法者或者司法者的自由裁量，"赋予执法主体适度的自由裁量权有助于弱化恒定之法难以始终规范必变之行为的局限性，也是法律责任得以合理设定和有效实施的基本保障。选择性规范的使用无疑是立法者追求上述目标的技术手段，但运用失当则会直接削弱法律责任的确定性，降低法的受众评价自身行为的精确度，膨胀执法主体的自由裁量空间，并最终

---

① 徐向华主编：《地方性法规法律责任的设定——上海市地方性法规的解析》，法律出版社 2007 年版，第 56 页。

滋生执法畸轻畸重的现象"①，这种衔接显然是错位的，一方面这种衔接导致违反更严重义务性条款的行为承担的加重责任并不一定会必然实现；另一方面无疑也放大了执法者与司法者的自由裁量空间，容易造成自由裁量权的滥用与贪污腐败现象的滋生。如《上海市供水管理条例》第38条第1款第5项和第2款规定，擅自停止供水或者未按照规定采取应急供水措施情节严重的，经市或者区（县）人民政府批准，可以责令其停业整顿。这意味着，即便出现情节或后果严重的情况，执法主体依然可以自主决定是否予以加重处罚。无疑，这类责任衔接使得情节或后果严重的违法行为并不能必然受到严惩。此外，对于加重责任的形式选择上普遍存在的问题是将罚款作为加重责任的唯一形式。不仅在中央立法层面，在地方立法实践中，特别是行政处罚加重责任设置中，罚款设定普及化倾向也相当严重。凡是法规草案中设定了"必须"、"应当"、"不得"等义务性、禁止性规范，在设置法律责任时，"罚款"都是第一首选，即便是设定了警告、没收违法所得等其他行政处罚责任的，也会并处"罚款"责任。福建省2001—2010年制定或修订的88部地方性法规，在其中261条的行政处罚条款中，设定"罚款"条款的是192条，在设定的行政处罚条款中所占的比重已经达到73.56%。其实，其中很多罚款的责任的操作性并不强。"任何处罚方式都有自身的能力边界，罚款亦然。对于严重违法行为的惩处，需要设定更为严厉或针对性更强的法律责任"，②而不是将罚款作为加重责任的唯一或者首要选择。通过实证考察，对于加重责任为何"青睐"选择罚款的责任承担方式的原因也作了一些探讨，其主要原因是从法律的操作性角度考量的，将加重责任设定为罚款便于法律本身的实施、可操作，对于执法者与司法裁判也容易于法有据，便于执法与司法实践。

三是责任条款设置中不同类型的责任形式的衔接虚置。法律文本中责任条款设置的衔接虚置是指为了保持法律责任体系的完整性，在形式上构建了一套较为完善、丰富的责任类型、形式体系，但由于其可操作性不强

---

① 徐向华主编：《地方性法规法律责任的设定——上海市地方性法规的解析》，法律出版社2007年版，第58页。

② 同上书，第57页。

或在法律实施中没有实际意义而被虚置化。这种责任设置衔接的虚置有其值得肯定的一面，即从形式上看，保持了法律责任类型与形式的完整性与体系性，但总体上看是弊大于利的，一方面，这种责任衔接虚置化是一种立法资源的浪费，增加了立法成本，却收效甚微；另一方面，这种虚置的责任也使得法律责任的威慑效果打起折扣，进行影响整部法律的严肃性与有效实施。

法律责任条款设置中不同类型的责任形式的衔接虚置突出地表现在刑事责任形式与民事责任形式、行政责任形式衔接时的虚置化，这种虚置无论在中央立法还是在地方立法中都有高频率的存在。在大量的行政法律文本与民事法律文本中，有关责任条款设置中，经常会出现类似"情节严重，构成犯罪的，依照刑法的规定承担刑事责任"或"违反本法规定，情节严重构成犯罪的，依法追究刑事责任"等规定。从法律责任条款的性质角度划分，其属于准用性法律责任条款，这种条款需要借助其所引用的法律规定调整该行为。但实践中，这种准刑事责任形式的责任条款在与民事责任形式、行政责任形式衔接之后被虚置化了。这种虚置究竟是基于何种原因导致的呢？需要我们认真加以挖掘。对于这种准刑事责任形式的条款出现民事、行政立法文本特别是地方性立法文本中，有人认为这种责任设置是违法的，因为我国《刑法》中明确规定了罪刑法定原则，这里的法仅指《刑法》以及全国人大制定的单行刑法，而不包括其他法律，行政法规或地方性就不用说了，因此在一般立法或地方性立法中规定这种准刑事责任形式的条款是违法的。[①] 笔者认为这种看法是有失妥当的，在一般的民事或者行政立法中抑或地方性立法中都明确了前提条件——构成犯罪的，只有具备了这个前提条件，才会依照《刑法》规定承担刑事责任，这里更多的是对犯罪及其刑罚的一种立法强化，再者《立法法》也对不同层级的立法权限作了明确规定，因此这种立法责任条款设置应当说是不违法的。但这种准刑事责任形式的责任条款设置存在的"引"而不"用"的悖论非常突出。"一方面，为了追求表面和形式上法律责任种类规定的体系性，地方性法规对刑事责任的援引存在泛化现象（引用的地方性法规高达八成半）；另一方面，众多的援引刑事责任的法规条款在事

---

① 王爱声：《地方立法如何设置法律责任》，载《法学杂志》，2003年第2期。

实上却无一被直接适用。正因为如此，希冀设定引用刑事责任的法规条款对违法行为人施加威慑作用的期待必然难以有效实现。据此，严格地说，地方性法规不引用相关的刑事责任条文，并不会削弱其权威性和严肃性，反而更凸显其与上位法的互补性。"① 若立法者认为该立法文本仍有必要与刑事法律衔接，那么在形式上可以尝试三种方法：② 一是针对每一可能构成犯罪的违法行为明确应适用的刑法条文的具体条款项数，并以附录形式对被准用的刑事法律的条款项及其内容予以具体引述；③ 二是针对每一可能构成犯罪的违法行为完整地引用具体的刑事责任规定；三是在对各项违法行为分别设定法律责任的基础上，作出类似"违反本条例第×条（款、项）、第×条（款、项）和第×条（款、项）规定，构成犯罪的，依法追究刑事责任"的总括性规定，再以附录形式对被准用的刑事法律的条款项及其内容予以具体引述。就法的明确性而言，第一、二种方法较为可取，但第二种方法会使条款的表述变得烦琐累赘；从法的简洁性角度出发，第三种方法不仅不容易出现纰漏，而且能因刑事责任的"直观化"而引起相对强的震慑作用。从总体上看，对于法律文本中准刑事责任形式的条款设置被虚置化的原因，一方面是为了保持整个法律责任形式的完整性与体系性，同时也期待通过这种刑事责任形式的设置对违反义务性条款的行为人施以威慑作用；另一方面这种虚置化的准刑事责任条款之所以长期存在于民事、行政或者地方性立法文本中还有一个重要原因，就是立法习惯或者立法传统的因素。在立法过程中，立法者在创制法律责任条款时基于之前类似立法或者近似调整领域的法律责任设置习惯或者传统，也会作出大体相同的选择，这也可以看作是一种立法惯性的作用。

（四）法律责任条款设置的概括性问题

法律责任条款设置得概括性问题主要是指法律文本中责任条款设置得过于笼统或原则，以致责任条款实施起来较为困难，缺乏具体明确的责任依据。这种概括性的责任条款设置在实践中也容易给执法与司法带来操作

---

① 徐向华主编：《地方性法规法律责任的设定——上海市地方性法规的解析》，法律出版社2007年版，第27—28页。

② 同上书，第28页。

③ 全国人大常委会制定实施的《中华人民共和国土地管理法》即采用类似的方法。

困难，同时放大了自由裁量的空间、范围。法律文本中责任条款设置的概括性问题主要表现为，其一是责任条款设置得过于原则，使得责任设置以及责任具体承担时容易导致责任不均衡；其二是责任条款设置得过于笼统、抽象，缺乏具体的责任依据与行为指引，下面具体阐述之。

立法中设定法律责任条款就是为了在权利受侵犯或者义务不被遵守时，能够有明确的法律责任为依据，来保障执法机关制止相关违法主体的行为，追究相关违法主体的责任。从我国立法实践来看，普遍存在着法律责任条款设置过于原则、过于笼统的问题，对于究竟应当追究何种具体的法律责任不予明确。而"笼统规定法律责任削弱了法律规范的可操作性，给法律责任追究带来困难，同时也容易给权力滥用、徇私徇情制造机会，出现相同违法行为承担不同法律责任等问题"[1]。根据前文表4和表5的数据显示，截至2006年底，现行有效的301部法律、640部行政法规中，有75部法律、202部行政法规存在笼统性的法律责任条款设置，笼统规定行政相对人法律责任的情形，分别占法律、行政法规总数的25.1%和32%；在规定公务员法律责任时，法律有129次、行政法规有248次笼统规定给予行政机关工作人员行政处分，分别占法律、行政法规责任条款总频数的73.7%和52.4%。根据阮荣祥、赵恺等人的实证考察发现，[2]福建省2001—2010年制定或修订地方性法规88部，法律责任条款共371条，其中涉及民事责任的只有21条。在福建省1998—2006年新制定的72部地方性法规中的284条行政责任条款里，规定行政相对人承担行政责任的条款是209条。但在大多数的法规中对于国家机关及其工作人员因违法行使或不当行使职权或不作为而侵犯公民、法人、其他组织合法权益的情形设置的法律责任条款，往往只有一条，即"尚不构成犯罪的，由所在单位或者上级机关给予行政处分；构成犯罪的，依法追究刑事责任"。但如何给予行政处分，怎样的行为给予怎样的处分，哪个机关提出，哪个机关批准，哪个机关决定、执行，哪个机关监督，没有明确具体的规定。

这种责任条款设置过于概括的问题在实践中受到广泛质疑，其主要表

---

[1] 国务院法制办政府法制研究中心课题组：《法律责任设定有关问题研究》，《政府立法中的法律责任设定研究论文集》，中国法制出版社2010年版，第403页。

[2] 阮荣祥、赵恺等：《地方立法的理论与实践》，社会科学文献出版社2011年版，第417、424页。

现在对违法行为的具体情况不加区分，不考虑违法行为的性质、情节、危害程度等因素，在设定法律责任时，对某一类行为仅设定一种单一的处罚方式。例如，我国《治安管理处罚法》第49条规定，故意损毁公私财物的，处五日以上十日以下的拘留，而不论涉案财物价值多少，这样规定很容易导致过责严重失衡的现象出现；再如《危险化学品安全管理条例》第67条规定，危险化学品运输企业运输危险化学品，中途停车住宿未向当地公安部门报告的，处两万元以上十万元以下罚款，当事人对此常常感到无法接受，小运输企业则更是无力承担，这样高额的罚款，在实践中这一规定也往往无法执行。例如，《基本农田保护条例》第30条规定："违反本条例规定，有下列行为之一的，依照《中华人民共和国土地管理法》和《中华人民共和国土地管理法实施条例》的有关规定，从重给予处罚……"这种笼统的、原则的规定，其具体作用和效果不会是理想的。在地方性立法中同样大量存在着这种笼统性的法律责任条款。以福建省现有的地方立法为例，"有些法律责任条款过于笼统、原则、抽象，法律责任的表述量化程度不高，无法操作。一些空泛的、没有量化的条文，不利于对违法行为的惩处，影响地方性法规的施行及权威。"[①] 例如，《福建省法律援助条例》第26条规定："有关单位拒不出具经济状况证明或者出具虚假经济状况证明的，由有关部门依法处理。"一些法律责任条款没有明确执法主体。《福建省渔港和渔业船舶管理条例》中法律责任只明确了处罚的种类和幅度，但由谁去认定、谁去执法，却没有明确规定，使得执法上存在一定冲突。

再以行政法律责任条款的设定为例，行政责任条款主要可以归纳为两种基本的表达模式，第一种模式是行政处罚类的责任条款的设定模式，一般表述为"违反本法（条例、办法等）第×条第×款规定，违法行为人×××的，由县级以上地方人民政府××行政主管部门给予××××处罚；情节严重，构成犯罪的，依法追究刑事责任。"这种模式的主要缺陷在于：首先，对实施具体行政处罚的机关不具体，只笼统的规定县级以上地方人民政府××行政主管部门，按照这个推理，主管部门可以包括县

[①] 阮荣祥、赵恺等：《地方立法的理论与实践》，社会科学文献出版社2011年版，第423页。

级、地市级、省级人民政府相应的行政主管部门，过于笼统，容易造成相互扯皮或相互推诿的现象；其次，对行政责任条款与刑事责任条款的衔接规定得过于原则，缺乏具有约束力的可操作性标准，容易产生行政执法人员自由裁量权的恣意与泛滥使用。第二种模式是行政处分类的法律责任设定模式，一般表述为"违反本法（条例、办法等）第×条第×款规定，行政机关××××的，对行政机关直接负责的主管人员和其他直接责任人员，由上级行政机关或者监察机关依法给予×××行政处分；构成犯罪的，依法追究刑事责任。"这种模式的主要缺陷在于，首先，追究法律责任对象设定较窄，仅限于"直接负责的主管人员和其他直接人员"，而将行政机关主要负责人员、间接负责的主管人员和其他责任人员排除在外；其次，对行政机关工作的法律责任仅表现为给予行政处分，但是如何纠正违法行政行为、消除违法行政行为危害或者影响未予重视，实践中容易以形成既成事实为理由，不彻底纠正违法的行政行为，消除违法行政行为的影响；最后，同样存在对行政责任条款与刑事责任条款的衔接规定得过于原则，缺乏具有约束力的可操作性标准的问题。

根据相关调查统计显示，"管理相对粗放，与政治、政策调整相关性强，或者对市场变化相对敏感的领域更倾向于法律责任的笼统规定，如关于对外开放、人大政权建设等领域立法较多使用法律责任的笼统设定。而关乎更多普通民众、管理要求相对成熟的城市管理类和社会公共秩序类法规较少设定模糊责任"。① 这种笼统性的责任设定，严重削弱了法律本身的可操作性，给法律实施尤其是违法行为的制止带来极大的困难，同时也容易给权力滥用、恣意自由裁量提供生存的空间和土壤。因此，本文认为，在法律文本的责任条款设置中应当摈弃这种过于原则或笼统的概括性法律责任条款设置，除非情况特殊，一般不设定概括性法律责任条款，在此基础上可以规定设置概括性责任条款的例外情况，但这种例外情况也应当是相对概括的责任条款设定，除一般规定"依照××法，承担法律责任"外，还应当明确违反的相应义务性条款，如《上海市实施〈中华人民共和国大气污染防治法〉办法》第49条规定："违反本条例××规定

---

① 徐向华主编：《地方性法规法律责任的设定——上海市地方性法规的解析》，法律出版社2007年版，第63页。

的，依照××法××条规定处理。"或者以附录形式，将索引法条的具体条文规定附在法律文本之后。当然，这种相对概括的责任条款设定一般也不宜轻易适用，另外在设定这种相对概括的责任条款时，也应当法律责任条款设置的原则与一系列规则要求，否则，这种责任条款设置应当舍弃。

（五）法律责任条款设置语言表述失范问题

立法语言，简单理解就是法律文本所使用的语言，立法语言的运用可以说是一个极其复杂而系统的问题，在立法语言中，立法用字的使用、立法用词的使用以及立法语句的使用等都有着规范与技术规则，如由名词、动词、形容词、数词、量词、代词等构成的实词与副词、介词、连词、助词等构成的虚词之间如何搭配，立法语句之间如何衔接，包括句号、逗号、顿号、分号、冒号、括号、引号、书名号等标点符号的使用等都需要我们在立法文本行文设计时认真加以斟酌，防止出现疏漏。本文中法律责任条款设置的语言失范问题主要是指责任条款设置时的表述技术失范，从而立法文本的整体质量与执法、司法的合理适用。立法语言是将抽象的法律规范转化为规范的法律文本之载体，立法语言运用的得当与否，很大程度上影响着立法文本中条文表述的优劣，进而影响法律的实施。因此我们应当对法律文本的立法语言运用技术予以充分重视，科学合理地运用立法语言表述技术为法律文本"服务"，对于法律文本重要构成部分的责任条款部分，不自待言，也需要认真对待语言表述技术规范问题。法律责任条款设置乃至整个法律文本中较为常见的法律语言表述失范问题主要包括以下几个方面：

一是条款设置中语法使用不当，包括修饰语与中心语搭配不当以及条款中各语句成分搭配不当。例如《刑事诉讼法》第259条规定："对被判处剥夺政治权利的罪犯，由公安机关执行。执行期满，应当由执行机关书面通知本人及其所在单位、居住地基层组织。"在该条中，"对被判处剥夺政治权利的罪犯"是状语，而"执行"是谓语中心，在这个状谓结构中，"执行"指向的对象是"对被判处剥夺政治权利的罪犯"，搭配明显不当，其立法原意应为被判处剥夺政治权利罪犯的刑罚，由公安机关执行，因此，在立法表述时，应改为"判处罪犯剥夺政治权利的刑罚，由公安机关执行"，这样表述起来就较为通顺了。再如《土地管理法》第78条规定，无权批准征收、使用土地的单位或者个人非法批准占用土地的，超越批准权限非法批准占用土地的，不按照土地利用总体规划确定的用途批准用地的，或者违反法律规定的程序批准占用、征收土地的，其"批准文件"无效，这样的表述就很容易造成误解，批准文件作为被非法批准用地行为的构成要件，但实践中很多非法批准用地行为并非采用批准文件的形式，而是采用口头同意用地或以领导批示、会议纪要等形式取得的用地，这在法律适用上就存在歧义，准确的表述应该将"批准文件"无效表述为"批准行为无效"。

二是设置的条款语句中成分残缺，由于过度使用法的结构缺省系统或者过分追求法律条款本身的简洁性，而造成的成分残缺，包括主语残缺、宾语残缺或者虚词残缺等问题。例如《行政复议法》第22条规定："行政复议原则上采取书面审查的办法，但是申请人提出要求或者行政复议机关负责法制工作的机构认为有必要时，可以向有关组织和人员调查情况，听取申请人、被申请人和第三人的意见。"该条款是一个转折复句，在第一分句中，其主语为"行政复议"；第二分句承前省略了主语，但这种省略是不恰当的，导致第二分句"可以向有关组织和人员调查情况，听取申请人、被申请人和第三人的意见"缺少主语，造成句子成分残缺，立法原意的表述，应当在"可以"之前加上主语，即"行政复议机关"。

三是文本条款语言表述的逻辑不当，这里的逻辑不当主要是条款语言表述自身的逻辑问题，区别于前文所述的法律责任条款设置的逻辑规范问题。如果说，语言构成了人类交往的工具，那逻辑则是构成语言的工具，在法律文本中，针对责任条款设置时，其语言表述的逻辑问题主要包括列举不当、语序逻辑不当、条文衔接逻辑不一致等问题。例如《刑法》第147条规定："生产假农药、假兽药、假化肥，销售明知是假的或者失去使用效能的农药、兽药、化肥、种子，或者生产者、销售者以不合格的农药、兽药、化肥、种子冒充合格的农药、兽药、化肥、种子……"[1] 从该

---

[1] 《刑法》第147条全文为："生产假农药、假兽药、假化肥，销售明知是假的或者失去使用效能的农药、兽药、化肥、种子，或者生产者、销售者以不合格的农药、兽药、化肥、种子冒充合格的农药、兽药、化肥、种子，使生产遭受较大损失的，处三年以下有期徒刑或者拘役，并处或者单处销售金额百分之五十以上二倍以下罚金；使生产遭受重大损失的，处三年以上七年以下有期徒刑，并处销售金额百分之五十以上二倍以下罚金；使生产遭受特别重大损失的，处七年以上有期徒刑或者无期徒刑，并处销售金额百分之五十以上二倍以下罚金或者没收财产。"

条款来看，对于生产、销售危害农业生产活动的伪劣农药、兽药、化肥、种子等列举是一种完全形式的列举，这种列举缺乏兜底条款的设置，如果严格依照罪刑法定原则，对于其他类似的危害农业生产活动的伪劣农产品则无法定罪量刑，例如以次充好的伪劣农机具等，因此从语言表述的自身的逻辑上看，这种逻辑是不周延的，应当在"种子"之后加上"等其他农用物资"或"或者其他农用物资"的规定。

四是法律责任条款设置时，标点符号的使用不规范，容易产生歧义。例如《刑法》第58条规定："……被剥夺政治权利的犯罪分子，在执行期间，应当遵守法律、行政法规和国务院公安部门有关监督管理的规定，服从监督；不得行使本法第五十四条规定的各项权利。"[①] 在该条款中，"国务院"和"公安部门"之间存在标点符号的缺失问题，容易出现理解上的歧义，是仅指国务院直属的公安部门的规定还是一种并列关系，既包括国务院也包括公安部门的相关规定？根据立法原意，应当是指"被剥夺政治权利的犯罪分子"在执行期间，既要遵守国务院的规定，也要遵守公安部门的规定，因此应在"国务院"和"公安部门"之间加上"、"为宜。再如《上海市消防条例》第60条第2款规定，"××的，责令限期改正，可以并处两千元以上两万元以下罚款；情节严重的，可以并处两万元以上十万元以下罚款，并对其直接责任人员处警告或者五十元以上一千元以下罚款；情节严重的，处一千元以上一万元以下罚款"。若第一个情节严重还可以理解；第二个情节严重就容易产生歧义，是情节特别严重之意还是责任人违法行为情节严重之意？根据立法原意应该是后一种理解，但分号"；"的存在，致使此意图的理解出现障碍。

法律责任条款的设置最终要通过文本语言予以呈现，法律责任条款的表述在法律语言上应当遵循语言的准确性、明晰性与简洁性，同时也应当遵循逻辑的完全性、可靠性与一致性；但目前大量的法律责任条款设置乃至整个法律文本中都存在着语言表述失范的问题，这些问题必须在立法过程中最大限度地加以克服。

---

① 《刑法》第58条全文为："附加剥夺政治权利的刑期，从徒刑、拘役执行完毕之日或者从假释之日起计算；剥夺政治权利的效力当然施用于主刑执行期间。被剥夺政治权利的犯罪分子，在执行期间，应当遵守法律、行政法规和国务院公安部门有关监督管理的规定，服从监督；不得行使本法第五十四条规定的各项权利。"

以上是法律文本中责任条款设置的现状与问题分析，本部分内容试图通过实证研究与规范分析相结合的方法，最大限度地展示目前法律责任条款设置的实际状况，并通过这种现状的描述与展示，进一步揭示法律责任条款设置中存在的逻辑规范方面、协调性方面、衔接性方面、概括性责任设置方面以及责任条款语言表述方面所存在的问题，并通过实证统计数据与规范分析来论证这些问题的客观真实性，为下一步解决法律责任条款设置中存在的问题，构建法律责任条款规则体系提供有针对性的问题意识与方向指引。

第三章 法律责任条款设置的理念与模式选择

我国目前立法实践中存在的法律责任条款设置方面的问题是由于多种因素造成的，包括历史因素、传统因素、政治因素、技术因素与客观条件限制等多方面。我们要做的不是回避问题，而是针对我国立法中责任条款设置中存在问题的基础上，对法律责任条款的设置中存在的问题分析原因，加以克服和完善，在以后的责任条款设置中加以避免。首先，我们需要正视的是责任条款设置的思维理念与模式选择问题。立法制度的设计、立法技术的运用乃至立法原则的统筹都要受制于一定的立法思维理念，不同的立法思维理念，所创制的法律就会呈现迥然不同的风格，而不同的设定模式对于立法质量的优劣以及人们对法律文本的理解、法律的实施都有着举足轻重的影响，因此我们建构法律责任条款设置的规范体系结构，先要从责任条款设置的思维理念与模式选择着手。

一 法律责任条款设置的理念

一般而言，思维理念是指人们对于某一事物或现象的理性认识、理想追求以及所形成的思维与观念体系。法律责任条款设置的思维理念，是指立法者在法律文本中设置法律责任条款时所应当遵循的价值标准和观念指引，法律责任条款的思维理念对于法律责任条款设置的原则和具体规则具有指导与引领作用。对于责任条款设置乃至整个立法创制而言，"良法的制定首先依赖正确的立法理念，立法理念并不是固定不变的，在立法史上曾出现过不同的立法理念。立法理念的确定取决于法本身的要求、一国国情和社会的现状"。① 同时，也应该看到深藏于立法者意识形态之中的思维理念也并不是就一定能够跟上经济社会发展以及与此相适应的立法的节奏，这种思维理念的更替与变化更多的是一个潜移默化的过程，立法政策可以迅速作出调整，但意识形态领域的思维理念根深蒂固，很容易导致思维理念与现实立法的脱节，出现思维理念的滞后，要建构法律责任立法设置的规范体系，首先要清除意识形态领域中的思维理念"毒瘤"。

（一）法律责任条款设置的传统理念批判

早在 20 年之前，郝铁川在论及传统思维方式对立法技术的影响时就指出，传统思维的模糊性导致立法表述过于笼统和原则；用词含糊、不明确；用词不合逻辑；用语有失协调与统一；表述或用语不确切等。② 在今天看来，这个判断依然是有道理的，传统思维推崇直觉思维方式，就必然轻视乃至排斥分析思维方式，进而导致中国传统思维方式中分析方法的不发达，于是在思维方式中就表现了一定程度的模糊性。这种思维的模糊性影响之深，当下仍可见一斑，首先，由于这种模糊性思维排斥分析思维方式，以致在传统思维方式中，分析方法的不发达，这就使得我们的形式逻辑思维落后于西方，分析思维方法与形式逻辑思维是具有一致性的；其次，这种模糊性思维使得我国的立法"宜粗不宜细"，用词模棱两可，条文表述含混不清，容易产生歧义，另外大量条文使用笼统或原则性规定，使得法律的操作性不强，法律实施困难，尤其和立法技术追求的法律条文的明晰性、规范性，表述的准确性、规范性目的效果背道而驰；最后，也是最为重要的一点，这种思维的模糊性虽然使得法律条文也存在模糊性，但法律的实施需要明确性，无论是执法还是司法都需要法律文本提供明确的法律依据，这就无疑为公权力行使者创造了自由裁量的空间或者放大自由裁量的空间，无形中使得原本已经法定化的权利与义务的分配进行二次"洗牌"，重新划定权利与义务的边界，这其中涉及权利的边界问题时，当权者肯定会放大权利的边界，为自身控权、为公民设定更多义务提供隐

---

① 刘树桥：《立法理念的当代诠释》，载《湖北警官学院学报》，2013 年第 10 期。
② 郝铁川：《传统思维方式对当代中国立法技术的影响》，载《中国法学》，1993 年第 4 期。

形的便利。

时至今日，无论是国家的立法政策还是理论界的呼吁都在强调我们在立法理念要贯彻"以人为本"、"立法为民"的立法理念，从逆向思维角度看，之所以要贯彻"以人为本"的思维理念，就是因为目前我们的立法理念中缺少这种理念，而这种理念又是我们在当下推进法治国家、法治政府与法治社会一体建设中所迫切需要的，那既然"以人为本"的思维理念还没有，至少还没有完全进入立法理念的意识形态中，那在意识形态中支配立法者的思维理念又是什么呢？这就是传统的"以管为本"、"以权为本"的政法思维、管理思维理念。本文所要批判的就是这种深藏在立法者意识形态领域中的政法思维、管理思维理念。

判断在立法者意识形态领域中存在传统的政法思维管理思维，并不是空穴来风，也不是为了批判而批判，肆意夸大这种思维理念对于立法者以及所立之法的负面影响。受这种思维理念支配，所创制的立法文本是否受其影响，这在前文现状描述与问题分析时，已经有所提及。通过对比前文的表5可以发现，针对国家机关及其工作人员（以下简称"公务员"）的责任设定中，处分责任的设定，法律效力层级的单位样本为129个，占总重的73.7%；行政法规效力层级的单位样本为248个，占总重的52.4%。一般而言，笼统的法律原则条款，由于缺乏与义务性条款的对应性，以及其自身的抽象性，存在较大的自由裁量空间，在适用时没有明确的责任形式作为依据，很容易造成自由裁量权力的滥用，从笼统责任条款占责任立法总数的比重的对比就可以认识到行政立法所存在的问题以及支配这种立法的思维导向问题。在地方立法中，根据阮荣祥、赵恺等人的实证考察发现，[①] 福建省2001—2010年制定或修订地方性法规88部，法律责任条款共371条，其中涉及民事责任的只有21条。在福建省1998—2006年新制定的72部地方法规中的284条行政责任条款，规定行政相对人承担行政责任的条款是209条。但在大多数的法规中对于国家机关及其工作人员因违法行使或不当行使职权或不作为而侵犯公民、法人、其他组织合法权益的情形设置的法律责任条款，往往只有一条，即"尚不构成犯罪的，

[①] 阮荣祥、赵恺等：《地方立法的理论与实践》，社会科学文献出版社2011年版，第417、424页。

由所在单位或者上级机关给予行政处分；构成犯罪的，依法追究刑事责任"。但如何给予行政处分，怎样的行为给予怎样的处分，哪个机关提出，哪个机关批准，哪个机关决定、执行，哪个机关监督，没有明确具体的规定。

为什么要批判这种思维理念，主要是因为这与我国当下立法工作的严重脱节，在宏观方面，党的十八大和十八届三中全会从战略高度上一再强调法治思维与法治方式在治国理政中的重要地位，要努力推动法治国家、法治政府与法治社会一体建设。"用法治思维和法治方式引领社会发展是政治管理手段的巨大变革。这意味着，以'革命'方式推进社会发展意识形态的终结；以权力为主导的纵向管理模式将出现平面化趋势，公权力机关和社会组织将会依据法律相互配合相互制约，共同实施社会管理。法治思维和法治方式是建设法治国家、法治政府和法治社会不可缺少的工具，对社会管理创新以及社会转型将产生积极深远的影响。为实现社会长期稳定的发展，需要用法律限制权力的任意行使，把权力圈在制度的笼子里面"[1]。法治思维与法治方式要求用法律规范与程序限制权力，保障权利，这与传统思维中的政法管理理念无法兼容，因此需要将这种理念予以摒弃。在中观方面，"传统的守法不问法之善恶。善者，服之而守；恶者，惧之而守。法治状态下，所守之法必为善法，恶法不仅不应遵守，反而应当抵抗。善法从民意中来，以正义为价值，维护人权，保障民主，推行法治，因而才为人们所信仰，被人们所遵守"[2]，反之，"如果绝大多数守法纯粹是由于法律的强制力，表明法律与社会成员的利益要求是脱节的，阶级、利益矛盾十分尖锐、突出。这样的法是恶法，这样的守法是暂时的、消极的、靠不住的"[3]，这也说明传统的"以权为本"、"以管为本"的思维理念与法治是不合拍的，注定也靠不住。在微观方面，立法技术是受立法观念制约的，而"准确立法是改善治理、保障法治的前提"[4]。要追求高质量、高效益的立法，立法技术运用必不可缺，再以传

---

[1] 陈金钊：《"法治思维和法治方式"的意蕴》，载《法学论坛》，2013年第5期。
[2] 葛洪义主编：《法理学教程》，中国法制出版社2000年版，第277页。
[3] 卓泽渊主编：《法理学》，法律出版社2002年版，第351页。
[4] [美]安·赛德曼、罗伯特·赛德曼：《立法学·理论与实践》，刘国福、曹培等译，中国经济出版社2008年版，第335页。

统的政法思维管理思维理念为宏观指导，所立之法与我国法治建设的高质量、高效益的立法期待之间很难名实相符。

以上从宏观到微观三个层面阐述了传统的政法管理思维理念与当下立法工作的脱节，尤其是在责任条款设置时，通过用法律责任的配置以强制力为后盾来保障法律的实施，当然任何事物都是具有两面性的，我们在当下批判这种思维理念，并不是要全盘否定这种思维理念的价值，不可否认，这种政法管理思维理念在我国漫长的传统社会中，在维护社会管理秩序、强化社会治理方面是发挥了重要作用的。只是，这种思维理念由于其与当下以法治思维与法治方式推进的法治国家、法治政府与法治社会"三位一体"建设不合时宜，因此在立法时，尤其法律责任条款设置时，应当摒弃这种思维理念。而如果摒弃这种思维理念，就需要一种新的思维理念在意识形态领域发挥思维宏观支配的作用，这就涉及我们在法律文本中，责任条款设置时所应当遵循的思维理念问题。

（二）设置法律责任条款应遵循的理念

法律文本中责任条款设置的思维理念在整个法律责任规范体系中具有重要的指导功能，其在一定程度上决定着法律责任规范体系的面向与具体责任实现形式，因此我们在把握法律责任条款设置的思维理念时，既需要思维理念的指导，也要注重选择恰当的理念。一旦理念选择失误，其带来的负面影响是十分严峻的。

首先，关于立法理念的选择，有人认为，"在当今法治社会对良法的内在要求及各国文化传统、市场经济的影响下，在全球化和当今社会冲突不断加剧、复杂的现实背景下，要树立立法的人本性理念、民主性理念、多元性理念和开放性理念。"[1] 应该说，这个立法理念还是比较客观的，但由于其针对的整个立法文本创制的理念指导，缺乏责任条款设置的针对性指导。在针对法律责任条款设置的思维理念上，徐向华认为，[2] 立法者应坚持"三易"的原则理念，从确保当事人和执法者易读、易懂、易操

---

[1] 刘树桥：《立法理念的当代诠释》，载《湖北警官学院学报》，2013年第10期。
[2] 徐向华主编：《地方性法规法律责任的设定——上海市地方性法规的解析》，法律出版社2007年版。

作的角度进行责任条款的设计和表述。一是法律责任条款设定的内容要全面，所需的实体性条款和程序性条款应肯定、准确，不能含糊不清。二是法律责任条款应与义务性条款、禁止性条款前后相呼应，不留空白，更不能相互冲突。三是同一法规的各类责任条款设定结构、排列、语言表达能形成相对固定的统一模式，专业术语使用规范，符合语言习惯，通俗、有利于推广和运用。在责任条款设置的思维理念所追求的立法效果追求时，有人指出，① 法律责任条款的设置应当努力追求，一是各类法律渊源立法权限合理得当，相辅相成，衔接有序；二是法律责任种类齐全，责任方式有机组合，针对性、操作性强，实现制裁性法律责任、强制性法律责任和补救性法律责任方式有机组合；三是法律责任设定表述技术成熟，技术规范统一；四是责任承担主体权利平衡，法律救济制度健全；五是法律责任修订、废止及时，合法性、合理性得到保证。这里有些将法律责任设置的理念与原则甚至与某些微观的设定规则混淆起来，是不可取的。法律责任条款设置的理念应当是一个宏观的视角，总起看来，法律责任条款的设置理念应当包括不可替代的理念、责任节制的理念和合理设定的理念。针对行政法中法律责任条款设定的思维理念，有人建议，② 责任条款的构设应当遵循基本的价值理念：一是控权理念；二是良法理念。责任条款的构设，必须以该法律文件本身的良性与整个法律体系的和谐一致为目标，既要注重与相关职权行使条款、义务条款协调一致，也要强调责任条款的全面性与可实施性。

　　诚如上文所强调的，没有任何一种立法思维理念是一成不变的，根据社会经济发展的推动与实际立法工作的客观需求，使得意识形态领域中的立法思维理念也在发生着潜移默化的改变。在一个时期内起到良好指导作用的思维理念可能在另一个时期内由于立法工作的客观变化，这种思维理念就需要主动改变或者被动地被摒弃。如果不结合具体的国情与实际立法工作的客观需求，很难判断哪种立法思维理念的优劣，上文对传统政法管理思维理念的批判，也是基于当下推动法治国家、法治政府与法治社会一

---

① 阮荣祥、赵恺：《地方立法的理论与实践》，社会科学文献出版社2011年版，第403—405页。

② 胡峻、毛姗姗：《行政法中法律责任条款的构设问题研究》，载《山东社会科学》，2011年第4期。

体建设的客观立法需求而言的。再者,从立法法理学的视角出发,要充分认识到"法律及其与政治的关系是理解立法法理学内在逻辑的核心链条"。① 综上所述,从当下充分运用法治思维与法治方式的立法政策导向与推动法治国家、法治政府与法治社会一体建设的客观立法需求出发,结合法律文本中责任条款设置的自身特征,认为责任条款的设置应当坚持遵循正当性思维理念、合理性思维理念与谦抑性思维理念。

1. 正当性理念

法律责任条款设置应当坚持遵循正当性的思维理念。正当性概念是法哲学、政治哲学的总概念。"尽管在现代社会正当性通常表现为合法性,但合法性与正当性概念不可混淆,更不可互相代替。正当性概念完整的结构、独特的性质、不可替代的功能,使它有理由成为法哲学的核心概念。"② 法律责任条款的设置乃至整个法律文本的创制都应当坚持在正当性理念的宏观引导下进行。由于正当性是一个较为宏大的概念体系,在此概念体系中,又可以具体分解为几个层面,不同的层面相互联系、相互协调,共同支撑、保障正当性理念在责任条款设置中的贯彻落实。

一是合法性的支撑。坚持正当性思维理念,首先要求法律责任条款设置要有合法性的支撑。法律责任条款设置的合法性支撑也是作为立法基本原则之一的法制统一原则的题中之义。法律责任条款设置的合法性表现在,其一,应当坚持宪法的规范、原则与精神,不得与宪法相抵触;其二,不得与上位法中关于法律责任条款的具体设置相抵触,否者无效。这也是作为基本立法的《立法法》的要求;其三,不得与同位阶的法律中有关责任条款的具体设置相冲突,避免产生立法冲突;其四,法律责任条款设置的内容不得突破宪法与法律中有关责任种类、权限、形式与具体责任幅度的规定,否者越权无效。这是法律责任条款设置合法性的外部支撑,其内部支撑表现在,责任条款设置的依据来源正当合法,根据立法学基本原理,法律责任条款设置的唯一正当、合法性依据是义务性条款,只有存在义务性条款作为前提,才能据此设置责任条款,如果义务性条款不

---

① 立法法理学是针对传统司法法理学而提出的研究立法的新的理论进路,详细参见宋方青、姜孝贤:《立法法理学探析》,载《法律科学》,2013年第6期。

② 刘杨:《正当性与合法性概念辨析》,载《法制与社会发展》,2008年第3期。

存在，那么设置的责任条款也因不合法而无效，因为义务性条款是因，而责任条款则是果，只有因才有果，先因后果是基本的逻辑要求。法律责任条款设置，除了外部支撑，还需要合法性的内部支撑，方能共同构成法律责任条款合法性的有效支撑。

二是合目的性支撑。坚持正当性思维理念，其次要求法律责任条款设置要有合目的性的支撑。法律责任条款设置的正当性，仅仅依靠合法性显然是不够的，还需要和目的性的支撑。法律作为统领社会发展的治国理政的最高手段就是通过立法的方式，将权力的限制、权利的保障、资源利益的配置以法定化的形式固定下来，使得法治思维与法治方式成为社会治理最重要、最有效的手段与方式。如果说中国特色社会主义法律体系的初步形成，靠的是对社会资源与利益以权利义务的方式进行立法配置的话，那么法律体系的进一步丰富与完善，则更多的是对社会资源和利益通过权利义务二次分配的方式进行立法调整，不得不承认的是，在法律体系初步形成的"后体系时代"，法律修改已初步立法创制成为立法工作的重点与核心，这种权利义务的二次分配，由于要改变原来社会各阶层的利益格局，因此使得立法的难度增大，而更为困难的则是将法律从文本条款变成活生生的法律的实施过程，法律的实施由于面临着对原权利义务关系进行二次"革命"，因此使得实施的难度加大，有法不依，拒不守法，甚至暴力抗法的行为可想而知。有人指出，① 这源自法律体系内部的张力，产生的原因主要在于两方面：一方面，中国社会的发展速度和利益调整的深度不断推进，这导致当代中国立法制度发展不断呈现滞后的态势与规范冲突和规制真空状态并存现象的出现。正如菲利所说："法律总是具有一定的粗糙与不足，因为，它必须基于过去的态势着眼未来，否则就不能预见未来可能发生的全部情况。现代社会变化之疾之快使法即使经常修改也赶不上它的速度。"② 另一方面，立法者的有限理性制约了立法技术的发展，由此导致的立法滞后性对当代中国立法制度的发展设定了限度和困境。正如哈罗德·伯曼所总结的那样，"人类深谋远虑的程度和文字论理的能力不足

---

① 潘伟杰：《当代中国立法制度研究》，上海人民出版社2013年版，第230页。
② [意] 恩里科·菲利：《犯罪社会学》，郭建安译，中国人民公安大学出版社1993年版，第125页。

以替一个广大社会的错综复杂的情形作详尽的规定。"① 当下乃至今后一个时期立法所面临的权利义务的二次分配使得责任条款设置的重要性愈加凸显出来，在法律文本构成中，责任条款部分由于以国家强制力为后盾，在很大程度上保障着法律文本本身的有效实施，因此一部法律的实施程度在很大程度上是取决于法律责任的有效设置程度。为了保障法律文本的有效实施，需要法律责任条款的设置更加具有针对性，针对法律文本中，特别是涉及原权利义务关系重新调整的领域，针对调整后新设定的义务性条款，以此为依据，设置法律责任条款，使得责任条款的设置不仅要遵循合法性，还要使得责任条款能够保障义务性条款得到充分、有效实施，义务被依法履行，这就是合目的性的支撑。

三是可接受性支撑。坚持正当性思维理念，还要求法律责任条款的设置有可接受性的支撑。法律责任条款设置的正当性，合法性支撑可以保障其责任条款设置本身的合法性；合目的性使得责任条款设置更加具有针对性，推动法律的有效实施，而可接受性则是从更好层面出发，追求法律文本中责任条款设置所依据义务性条款以及当违法义务性条款而承担法律责任时，使得责任的具体承担者能够从内心里接受惩罚，达到身心皆服的效果，而不是依靠国家强制力的威慑甚至直接的暴力强制来实现责任的承担。这里存在着一个研究视角的转换，法律责任条款设置的合法性支撑、合目的性支撑都是从立法者视角出发的，而可接受性则是从违反义务性条款行为的责任者角度出发的。其实，"任何一个现代国家的立法制度都无法回避发展过程中的立法疏失和立法缺陷，只不过这个问题由于当代中国立法制度自改革开放以来所采取的'宜粗不宜细'和'宜快不宜慢'的粗放式发展路径而成为挑战。这种挑战主要通过对立法权限配置规范化、立法程序民主化、立法技术专业化和立法监督有效性的质疑表现出来。"② 有挑战，就要有应对，法律责任条款设置的可接受性支撑主要通过立法方法来实现。

在"后体系时代"，立法学日益从立法原理的认识论、立法价值的价

---

① [美]哈罗德·伯曼：《美国法律讲话》，陈若桓译，生活·读书·新知三联书店1988年版，第20页。

② 潘伟杰：《当代中国立法制度研究》，上海人民出版社2013年版，第231页。

值论、立法制度设计的本体论转向以立法技术为中心的方法论研究。[①] 在方法论视野下，追求法律责任设置的可接受性，需要一系列的立法方法的充分运用。首先是立法预测方法、立法规划方法的运用，使得法律文本中责任条款的设置应当具有适度的超前性，因为"法律永远无法摆脱的滞后性与立法者的有限理性对当代中国立法制度成长之路所带来的法律体系内部张力是当代中国立法制度内在完善所无法回避的缺陷，主要表现为：一是立法空白、法律漏洞与规范间的冲突现象所带来的对当代中国立法制度发展能力的挑战和法律体系稳定性的质疑；二是立法民主化与专业化在立法程序中的紧张关系，并由此衍生出立法技术的严谨性疏失和立法监督机制的有效性缺失所带来的当代中国立法制度发展水平和立法质量提升的困境"。[②] 其次，是立法论证方法的运用，对于违反义务性条款的行为人该不该设置法律责任、设置何种类型的责任、责任的形式、具体幅度以及责任具体承担，责任如何救济等都需要经过科学的立法论证，方能设置。如果借用西方先哲的名言，"一次不公正的裁判甚至比十次犯罪更为可怕。因为犯罪只是污染了水流，而不公正的裁判则污染了水源"，那么对于法律责任条款的不公正设置则是污染了法治的"水源"，更为可怕。凡是责任条款的设置，哪怕是再轻微责任的设置，都需要经过严格的科学论证。最后，是立法修辞方法的运用，对于法律责任条款的设置，在经过充分、科学的立法论证之后，在具体表述上，应当注重运用立法修辞，使得责任条款的具体表述，能够以可接受的形式呈现。如上文中徐向华在法律责任条款设置理念时倡导的易读、易懂、易操作的"三易"原则本身就是一种立法修辞，立法修辞的恰当运用，使得责任条款的设置表述准确，容易理解，在法律实施中易于为受众所接收。综上所述，合法性、合目的性与可接受性在不同层面共同支撑着法律责任条款设置的正当性理念。

2. 合理性理念

法律责任条款的设置应当坚持遵循合理性的思维理念。"法律责任的合理性，意味着法律在调整社会关系时所运用的国家强制或者施加的责任

[①] 李亮、汪全胜：《论"后体系时代"立法学研究之嬗变——基于立法方法论的考察》，载《江汉学术》，2014年第1期。

[②] 潘伟杰：《当代中国立法制度研究》，上海人民出版社2013年版，第230页。

负担应当是必须的、适度的。"① 法律责任条款设置的合理性思维理念，应当包含四个方面的要求，首先是责任条款的表述应当准确合理，如果责任条款的表述就模棱两可，容易让人产生歧义，表述就有问题，谈何合理设置呢。其次是责任形式要合理。在立法中，不同的责任形式具有不同的特征和功能机制，因而责任形式的分配应当合理，例如对于经济违法活动，应当以经济责任条款为主，实施经济制裁，如处于罚款、没收违法所得、罚金、没收财物等法律责任，而对于一些经济实力雄厚的市场主体的违法行为，如果仅仅采用经济责任制裁的话，收到的法律效果可能就不会很理想，甚至可能出现花钱买"合法"的问题，对于这类违法行为，应当给予资格罚或信誉罚，这样的责任形式就会很有效果。再次是责任强度要合理，即法律责任的严厉程度要与违法行为的性质、情节、社会危害性等保持协调，不能畸轻畸重，既要达到有效遏制违法的目的，又要合理可行。最后是责任认定要合理，要准确区分个人责任和单位责任，要厘清法律中的授权委托关系，让法定被授权人切实承担法律责任。要达到合理性思维理念四方面的要求，就需要在法律责任条款设置时，坚持做到以下几点。

一是法律责任条款设置要符合科学规律性。这里的科学规律，既包括客观规律，也包括自然规律。在进行责任条款设计时，应当充分考虑责任履行不能违背客观自然规律，否则这种责任条款既无法履行，也在无形中削弱了法律本身的权威，对于义务性条款的保障也大打折扣。例如，根据国务院制定的《人工影响天气管理条例》第19条之规定，② 违反人工影响天气作业规范或者操作规程或未按照批准的空域和作业时限实施人工影响天气作业的，尚不够刑事处罚的，由有关气象主管机构按照管理权限责令限期改正，给予警告。显然这种"责任限期改正"的责任形式就是违背客

---

① 叶传星：《论设定法律责任的一般原则》，载《法律科学》，1999年第2期。
② 《人工影响天气管理条例》第19条规定："违反本条例规定，有下列行为之一，造成严重后果的，依照刑法关于危险物品肇事罪、重大责任事故罪或者其他罪的规定，依法追究刑事责任；尚不够刑事处罚的，由有关气象主管机构按照管理权限责令限期改正，给予警告；情节严重的，取消作业资格；造成损失的，依法承担赔偿责任：（一）违反人工影响天气作业规范或者操作规程的；（二）未按照批准的空域和作业时限实施人工影响天气作业的；（三）将人工影响天气作业设备转让给非人工影响天气作业单位或者个人的；（四）未经批准，人工影响天气作业单位之间转让人工影响天气作业设备的；（五）将人工影响天气作业设备用于与人工影响天气无关的活动的。"

观自然规律的,这种责任也无法履行。即使违反人工影响天气作业规范或者操作规程或未按照批准的空域和作业时限实施人工影响天气作业,但这种违反义务性条款的行为具有不可逆性,谁也无法将下到地上的雨水再收回去,显然这种责任条款设置基于违背客观自然规律而无法履行,从而使得责任条款对于义务性条款的保障也很难实现。因此,在法律文本中责任条款的设置时,应充分注意责任的履行与实现时,不能违背客观自然规律。

二是法律责任条款设置要把握合适的尺度。这种尺度的把握有时也称之为比例性原则,是指法律责任条款设置的责任种类、形式、幅度应当与违反义务性条款的程度、危害相均衡,不能出现畸轻畸重的现象。"责任作为一种既要节制又要使违反义务者不能从违法行为中获得的利益大于守法的利益,这二者的临界点就是适度。"例如,个别法律文本的责任条款中,罚款设置不科学,守法成本、执法成本远远高于违法成本,以《福建省环境保护条例》为例,① 排污单位必须申领排污许可证或者临时排污许可证,并按照排污许可证或者临时排污许可证规定的内容排污。违反规定的,由县级以上地方人民政府环境保护行政主管部门责令限期改正,并处以五万元以下的罚款;情节严重的,可以暂扣或者吊销排污许可证或者临时排污许可证。而一个工厂一天排放污水十几万吨,一吨污水处理费用要1.2—2.0元。如果要处理达标,每天治理费用就要十几万元,甚至几十万元。意味着如果工厂按照规定申领排污许可证,达标排放要花上比偷排漏排多得多的成本。这就出现了义务人从违法行为获得的收益大于守法的收益,换句话说就是违法的成本较低,这就是法律责任条款设置与义务性条款行为的不适度,是一种非均衡的状态。另一种情况则是,针对义务人违反义务性条款较轻的情节,在责任条款设置时,针对这种较轻的违法情节,却设置在责任种类与幅度都明显重于违法行为的状况,这也是不合理的,虽然这有利于形成对于义务人的潜在威慑,但这与法律责任设置的谦抑性与节制性理念相违背,这显然也不公平。因此,在责任条款设置时,应注重把握责任种类、形式、幅度与违反义务性条款不同程度的合理尺度。

---

① 阮荣祥、赵恺等:《地方立法的理论与实践》,社会科学文献出版社2011年版,第423页。

三是法律责任条款的设置应当符合实际、切实可行。法律责任条款只有经得住实践的验证，才能发挥其支持和保障法律文本中权利和义务性条款的长效作用，才能有效地保障法律的实施，维护法律的权威与尊严。一些责任条款设计从字面看似乎很有道理，但是如果实际情况看就值得推敲。例如，《中华人民共和国会计法》第49条规定："违反本法规定，同时违反其他法律规定的，由有关部门在各自职权范围内依法进行处罚。"假设某一违法行为同时违反了会计法、预算法、审计法、税法等，按照该条规定，就应当有会计行政主管部门、财政机关、审计机关与税务机关在各自职权范围内依次进行处罚，这显然不符合我国行政执法实际情况，更何况，"一事不二罚"是我国行政执法中的一项基本原则理念，当某一违法行为同时触犯多个法律时，由最先发现违法行为的行政主管机关依法处罚，而其他主管部门则不再追究其责任。因此，我们在考虑法律责任条款的设置时，不能仅从字面含义出发，还应考虑这种设置在实践中是否行得通、坚持住，法律责任条款设置应当切实具有可行性。

四是法律责任条款的设置应当注重立法效益。从经济学视角考虑，法律本身就是一种公共产品，立法也是投资行为，需要消耗一定的社会资源与经济成本，尤其是责任条款的设置，更应注重立法的经济效益。"立法带来的效益应当大于立法成本、大于法律实施的成本、大于因立法对某些权利进行限制所带来的损失，以实现法律效益的最大化"，在法律责任条款设置的立法实践中，经常会出现的问题就是责任条款的设置堪称"完美"，对于义务性条款乃至整部法律的实施都有针对性的发挥着保障作用，但问题是，一旦出现违反义务性条款的行为，启动责任追究机制时，就会发现责任追求的成本太高，以至于即使权利得到救济、义务得到履行的收益远远小于责任追究的成本，那么这种责任设置显然是没有立法效益的，得不偿失。乔治·霍斯曼和罗伯特·艾克赛罗德把是否存在一个恒常固定的惩罚结构当作辨识一条规则是否存在的结论性证据。桑本谦进而补充道，"作为唯一可以观察到的经验性制度要素，惩罚是辨识一条规则是否存在以及在何种程度上存在的结论性证据"。[①] 据此而言，这种责任规则不是一条有效的规则，因为它背后没有一个恒常固定的惩罚结构的支

---

① 桑本谦：《私人之间的监控与惩罚》，山东人民出版社2005年版，第5页。

撑。海南省的做法值得我们考虑，从2008年开始，海南省着力探索建立政府立法项目的成本效益分析制度，各厅局上报省政府的立法项目材料中，都必然附带成本效益分析报告。并选择一些社会涉及面广、影响群众切身利益的重要的政府立法项目，进行立法成本效益分析，从立法成本、执法成本、社会成本以及立法效益等方面对法规进行评估，客观分析法规将对经济社会产生的影响。

法律、法规的法律责任设定的是否符合实际、合理恰当，直接关系着法律、法规本身的规范调整功能的健全和完善，关系着能否有效地保障法律、法规的顺畅实施，关系着立法目的实现程度和社会效果。李培传指出，"在立法实践中每当某一法律、法规草案审查工作即将完成之前，总需要从法律、法规草案的总体上再反复研究一下法律责任的条款设定与其前面的义务条款的设定，相互之间是否协调、对应和衔接，再看法律责任条款总的力度上能否对前面条款的施行起到有效保障作用，即能否保障立法目的的实现。这在立法中是个具体、实在而且具有实质意义的实际问题。"[①] 然而，有的法律、法规在这方面仍然存在不足。例如，我国《中小企业促进法》，立法的目的就是改善中小企业的经营环境，促进中小企业的健康发展，扩大城乡就业，发挥中小企业在国民经济和社会发展中的重要作用。为此，在该法的总则和其他章节中都做了相应规定，而且有些规定属于带有强制性的义务条款，可是该法没有在法律责任方面作出相应规定，以支持和保障带有强制性的义务性条款的有效实施，致使该法显得缺少应有的力度，这样义务性条款与责任条款的对应上就显得很不协调，也违背了法律责任条款设置的合理性思维理念。

3. 谦抑性理念

法律责任条款的设置应当坚持遵循谦抑性的思维理念。正当性思维与合理性思维不仅对责任条款的设置具有引领作用，对整个法律文本的立法创制都具有指导作用，相对而言，谦抑性的思维理念更多的是强调责任条款设置的针对性而言的。法律责任条款设置的谦抑性思维理念就是指在法律责任条款设置时，应当保持节制，做到应设而设，贯彻最人道、最不严

[①] 李培传：《论立法》，中国法制出版社2004年版，第411—412页。

厉、最小惩罚的理念。坚持谦抑性思维理念，要求法律责任条款的设置要努力做到以下几个方面。

首先是责任条款设置的不可替代性。在法律文本中，对于责任条款的设置应当持谨慎的态度，毕竟责任条款一旦设定，就会给相应的责任主体增加相应的社会或道义上的负担与责难，这与法治理念中的限权思维也是相得益彰的。因此在法律责任条款的设定中，应当秉承着不可替代的责任设置理念，但凡能够通过其他的方式或手段代替法律责任，就应当尽可能用其他的替代性的手段或方式，而尽量避免采用法律责任的方式予以调整或规制。

例如，厦门市在制定《厦门市市场中介结构管理办法》的过程中，有思路是禁止不诚信的中介结构在厦门开展业务活动。但考虑到"禁止经营"不宜在政府规章中设定，这一思路在立法中最终未被采纳。而市场中中介机构的不诚信行为又急需通过立法加以制止，在罚款未能实现制止中介机构不诚信行为的前提下，要达到立法目的需要通过改变过去"设定规定—处罚"的模式，以行政手段对市场中介机构的执业行为进行引导。在这一思路下，该规章最后引入了信用制度，通过建立信用平台，对守法诚信的中介机构给予政策扶持，对于不诚信的中介机构在信用平台上向社会公布，这种以市场引导代替处罚的方式，在实践中收到良好效果。[①] 即使赋予了政府规章关于禁止经营的立法设定权限，只要能够通过其他的替代手段加以替代的，一般就不应当再通过设定法律责任的方式来予以调整。

其次是责任条款设置的节制性。责任条款设置的节制性和不可替代性的设置理念一脉相承，在法律责任无法替代、不可避免的情况下才能设定，即使在这种情况下，在设定法律责任时也应当秉承责任节制的理念，在可多可少的设定情况下，应少设定责任，在可轻可重的设定情况下，则应当尽可能设定较轻的法律责任，责任节制理念要求责任设定能少则少，能轻则轻。但同时责任节制的理念也必须努力做到，"一是应设即设，即凡是有必要明确法律责任的违法行为都必须进行责任设定，以形成法网恢

---

① 廖志斌：《浅谈立法过程中法律责任设定的几个问题》，载《政府立法中的法律责任设定研究论文集》，中国法制出版社2010年版，第62页。

恢，疏而不漏的法律责任体系；二是设则有效，即设定的法律责任必须达到必要的强度，能够给予违法者有力的惩罚，使其慑于法律责任的严厉而放弃违法。"① 责任节制的理念是我们在进行法律责任条款的设定必须恪守的重要理念。

在行政立法中，坚持法律责任设置的节制性，应当努力做到，"第一，采取其他经济的、行政的管理手段能够阻止违法行为发生的，一般不应当设定法律责任；第二，采取鼓励、优惠政策措施能够促使当事人主观上认识到实施违法行为得不偿失的，一般不要设定法律责任；采取其他违法行为补救措施，能够达到纠正违法行为、消除违法影响的，一般也不设定法律责任；第三，根据法律责任设定的效益原则，当追究违法行为法律责任的成本大于违法行为成本时，应当考虑采取其他手段制止违法行为，而不能使这种情况常态化；第四，对违法行为课以警告等轻微法律责任能够预防违法行为再次发生的，一般也不应当设定其他法律责任"。② 节制性理念要求在整个社会的责任体系安排中，尽量少设法律责任，而在设法律责任时，也要在可能或者允许的范围内，贯彻最节约、最不严厉、最人道的原则。进一步分析，在设置责任条款时有两个方面需要考量，"一是违法行为是否需要设定法律责任。在法律责任与非法律责任之间，并非总是法律责任优于或者更有效于非法律责任，在可以运用其他社会调整方式有效地调整社会关系时，就没有必要通过法律责任来调整，只有在其他手段和方式不自足时，才应当通过法律责任来调整。二是如何用最少量的惩罚来换取最大的社会效果，要特别注意惩罚责任的限度，不要滥用处罚权"。③ 当然，这里有一个隐含的前提，因为责任条款设置的依据来源是分则中的义务性条款，当法律为义务主体设定了具体的义务性条款之后，势必需要设置相对应的责任来跟进，以此保障义务性条款的被履行，因此，责任条款设置的节制性不能以削弱义务性条款的保障功能为代价，如

---

① 国务院法制办政府法制研究中心课题组：《法律责任设定有关问题研究》，载《政府立法中的法律责任设定研究论文集》，中国法制出版社2010年版，第100页。

② 陈军、吴斌等：《政府立法中法律责任设定问题研究》，载《政府立法中的法律责任设定研究论文集》，中国法制出版社2010年版，第407页。

③ 汪立生：《行政法律责任的设定理念》，载《政府立法中的法律责任设定研究论文集》，中国法制出版社2010年版，第16页。

果以牺牲义务性条款为前提，换取责任的节制，就会使得这种节制失去意义，甚至连责任条款本身的存在价值也会被质疑，因此，在贯彻法律责任条款设置的节制性时，应当注意把握责任条款与义务性条款的衔接尺度。

以上是法律责任条款设置应当坚持遵循贯彻的思维理念，诚然上文所指出的，责任条款设置的正当性、合理性与谦抑性思维理念是引领当下立法实践的，思维理念应当随着社会经济发展与我国推进法治国家、法治政府与法治社会一体发展的不同阶段而变化，努力使立法意识形态与立法实践相同步，使思维理念能够有效地引领法律责任条款设置。

二　法律责任条款设置的模式选择

将不合时宜的政法管理思维理念从立法者的意识形态领域加以剔除，选择科学理性的思维理念占领意识形态的高地，引领当下全面推进法治国家、法治政府与法治社会一体发展所需要的立法工作实际，这就是本章前一部分力图实现的目标，在此目标之后，就是如何在这种思维理念的指导下，将思想变成文字，努力建构我国法律文本中责任条款设置的规范化体系。这个规范化的责任体系包括责任原则体系的建构、责任语言规则、逻辑规则、修辞规则与责任结构规则体系的建构以及包括责任与权力、责任与义务、责任与奖励等条款衔接规则体系的建构等，当然在这个责任体系中，一个绕不开的首要问题就是法律责任条款设置的模式问题。法律责任条文设定模式是指"法律责任条文的排列及表述模式，其设定模式的优劣，不仅左右法律责任文本的严谨、清晰和简洁程度，更关涉法律责任条文适用的准确性和便捷性"。① 法律责任条款设置可以有不同的表述模式，究竟哪种模式更为科学，更能符合法律责任规范化体系的要求，能够更好地与整个法律文本系统相兼容，这就需要我们对目前法律责任条款设置的模式进行考察，甄别各个模式的优势与缺陷之所在，为构建责任条款的规范化体系选择适宜的表述模式。法律责任条款的模式选择包括责任条款的排列模式选择与责任条款的表述模式选择两个层面，下面分而论之。

---

① 徐向华、王晓妹：《法律责任条文设定模式的选择》，载《法学》，2009年第12期。

（一）法律责任条款的排列模式选择

从立法文本形式结构上看，"法律文本的形式结构具体分为三大部分，总则、分则与附则"[①]，当然法的名称、题注、目录、序言乃至附录也是法律文本的组成部分，究其主体而言，无论是重要性还是条文数量，总则、分则与附则都占据了中心地位。法的总则，"是对法具有统领地位，在法的结构中与分则、附则等对应的法的条文的总称"。[②] 法律责任条款在文本中的位置无外乎三种情况：第一，设置于文本的总则部分；第二，设置于文本的分则部分；第三，设置于文本的附则部分，当然这要排除法律文本中没有责任条款设置的特殊情况。将责任条款设置在法律文本的总则与附则部分的情况极为少见，一般情况下，都是将责任条款设置于法律文本的分则部分，而分则"就是法的整体中与总则相对应的，使总则内容得以具体化的法的条文的总称。"[③] 法律文本中的权力条款、权利性条款、义务性条款与责任条款都规定分则中，而责任条款要与义务性条款相对应、相衔接，这就涉及责任条款设置的排列模式问题。

一般来讲，法律责任条款的排列模式无外乎两种，一种是集中排列，是指将一部法律文本中的责任条款集中排列在一起，独立成章或者独立成节。例如，一些单行性法律与相当数量的行政法规、行政规章与地方性法规都选择这种集中排列，在文本中设法律责任专章或专节来具体设置表述法律责任条款；另一种就是分散排列，是指将一部法律文本中的责任条款分散开来，分别与相应的义务性条款相对应，一般是在设定了义务性条款之后设置相应的法律责任条款跟进。这里的义务性条款是一种广义的界定，除了一般狭义上的义务条款，如规定"应当"或"不应当"为什么行为或者"不得"、"禁止"为什么行为之后，设置相应的责任条款对违反这种义务条款施加具体责任形式，以此保障义务行为的履行，广义的义务性条款除此之外还包括为

[①] 汪全胜：《法律文本中的奖励性条款设置评析》，载《法治研究》，2013年第12期。
[②] 周旺生：《立法学教程》，北京大学出版社2006年版，第518页。
[③] 同上。

权利行使者超越法定权限与程序的行为设置相应的责任条款，这与责任条款设置依据是义务性条款两者之间是不矛盾的。权利行使者应当依照法律规定的权限与正当程序行使自身的职权，这是完全合法合理的，一旦权利行使者超越了法定的权限与正当程序之后就会出现越权行为，这种越权无论是犯罪行为还是行政违法行为还是民事违法行为都是对于自身职权的违反，权利的另一面也就是义务，在法定权限与程序内行使职权就是权利，突破法定的权限与程序行使职权就是对义务的违反，违法义务的行为当然应当设置相应的法律责任予以惩戒，以防再次发生违反义务的行为。

相比较而言，分散排列模式，在中央层级的立法中运用较多，典型的如《中华人民共和国刑法》、《中华人民共和国侵权责任法》等。而地方立法中，多采用集中排列方式。例如，上海市地方立法中，[①] 法律责任条款排列的基本状况是，96部法规采用集中排列的方式，占总比85.7%；采用分散排列的仅为16部，占总比的14.3%。这种排列方式的倾向性选择在不同的调整领域有一定的差异，例如在城市建设、卫生领域的立法在责任条款设置时全部选择了集中排列的方式，而在城市管理、资源环保领域的立法在责任条款设置时较小幅度地选择了分散排列方式，在市场秩序、文化教育、公共秩序领域的立法在责任条款设置时选择的分散排列方式占到一定的比例，接近总比的23%，平均看来，责任条款设置的集中排列与分散排列占总比平均分别为85.7%与14.3%，但总体而言，在责任条款设置排列模式的选择上，主要倾向于选择集中排列的模式（如表9所示）。

表9　　　　　上海市不同领域法规法律责任条款排列方式　　　（单位:%）

调整领域	城市建设	城市管理	资源环保	市场秩序	文化教育	卫生	公共秩序	均比
集中排列	100.0	95.2	88.9	77.8	75.0	100.0	80.0	85.7
分散排列	0	4.8	11.1	22.2	25.0	0	20.0	14.3

---

① 统计数据来源于徐向华主编：《地方性法规法律责任的设定——上海市地方性法规的解析》，法律出版社2007年版，第139页。

至于为什么中央层级的立法倾向于选择分散式的排列模式，而地方性立法明显倾向于选择集中排列的模式呢？在模式选择上呈现出不同的倾向，一个可能的解释是，由于中央层级的立法涉及面较广、调整内容较多，如果选择集中排列的方式，使得法律的具体实施过程中，由于缺乏义务性条款与责任条款的对应，而需要在判断明确违反的义务性条款之后，再去查找与此相对应的集中排列在一起的责任条款的具体内容，由于立法条文较多，无疑增加了法律适用的成本，给执法与司法实践增加成本与困难，因此多采用分散排列的方式，将责任条款与相应的义务性条款对应起来，这样便于法律实施，为执法与司法实践带来了便利，降低了成本，便于法律的深入贯彻实施。相比较而言，地方性法规或者部门规章由于立法涉及的范围较窄，调整内容相对较少，一般的法律文本不存在包含大量条文的情况，因此为了法律文本的简洁性、逻辑结构清晰明了起见，多将责任条款集中排列在一起，这样在法律条款的具体表述时，可以采取合并或者使用缺省结构等，使法律条款语言简洁、逻辑清晰、结构明了。另外，还需要补充说明的一点，这种分析思路是从创制性立法角度而言，对于地方性立法中的执行性立法，由于中央层级的立法已经提前确定了法律责任条款的排列模式，地方立法机关在执行上位法时没有选择的余地，也多遵循上位法的立法模式选择进行规定。

在法律责任条款设置的排列模式选择上，明显存在着这样一些问题，一是有的法律文本中，责任条款内容悬殊较大，且涉及范围较广，条文数量较多，不适宜集中排列，但在文本中却选择集中排列模式，而排除适用分散排列的模式。二是法律文本中，责任条款设置的排列模式较为混乱，将分散排列与集中排列混合使用。例如《中华人民共和国水法》、《中华人民共和国大气污染防治法》中都设有专门的法律责任章节，但在其文本的分则部分又各自采取了分散排列方式，显得不太严谨，容易造成混乱，在执法与司法实践中，对违反义务性条款的行为，仅从专门的法律责任章节部分查阅责任条款内容，容易将分散排列于其他义务性条款之后的责任条款内容忽视，从而造成执法与司法实践的不利影响。三是在法律文本中集中排列责任条款部分的名称设定与内容不一致，使用较为混乱。一般而言，"法律责任"通常包括刑事责任、民事责任和行政责任；而"罚则"、"处罚"主要指施与行政相对人的行政责任。但目前法律文本中，有的法规、法律责任章下的责任形式与章节名称不一致。主要表现为其一，在只有行政法律责任条款的情况下，使用了"法律责任"的章节名称；其二，在存在民事责任条款乃至刑事责任条款的情况下，使用"罚则"或"处罚"名称等情况。

针对这些问题，在法律责任条款设置排列模式的选择上，应当充分注重实事求是的原则。上述中央层级的立法与地方性立法、行政规章在责任条款设置排列方式的选择上，针对文本中责任条款自身的实际状况，选择与其相适应的排列方式，这就是实事求是原则的体现，应当在责任条款设置时予以坚持。具体讲来，法律责任条款设置的排列模式选择，主要以排列模式便于法律文本适用查阅与表述简洁为标准，合理选择两种排列模式。法律责任条款的集中排列模式与分散排列模式本身并无优劣之区别，采取何种排列模式，主要还应当看这种排列模式是否能够使法律责任条款的设置方式发挥适用查阅与表述简洁的优势，有则采之，无则弃之。一般而言，在义务性规范较多或者法律责任内容各异的情况下，应尽可能采取分散排列方式：一则符合人们的阅读习惯，便于查阅、对照；二则可以清晰展示法律责任与义务性行为的对应关系；三则亦可免去集中排列法律责任时对违法行为的重复描述或者"微调"表述，以求结构更为凝练，内容更趋一致。当法律责任内容可归纳合并的情况下，分散排列就会有失简洁，集中排列方式较为可取。[①] 当然，这也不是绝对的，也要根据法律文本中责任条款设置的具体实际而定，同时在集中排列责任条款时，应当选用较为规范的名称与之相对应，该用"法律责任"的，就不能用"处罚"或"罚则"，一言以蔽之，实事求是，灵活选择，规范适用。

(二) 法律责任条款的表述模式选择

无论采取哪种排列模式，应需要通过语言文字表述出来，这就涉及法律责任条款的具体表述方式，根据对目前法律文本中责任条款设置表述方式的考察分析，可以将目前法律责任条款表述方式归纳为四种模式，分别

[①] 徐向华主编：《地方性法规法律责任的设定——上海市地方性法规的解析》，法律出版社2007年版，第142页。

是条文对应模式、行为归纳模式、综合表述模式以及笼统设定模式，下面具体阐述这几种表述模式。

首先是条文对应模式。法律责任条款的条文对应表述模式是指，先依次引述设定违反义务性条款行为的有关条款序号，表述相应的违反结果或违反情节然后设定相应的法律责任条款内容。这里面有两种具体的情况，一种是在引述设定违反义务性条款行为的有关条款序号之后，直接设定相应的法律责任条款，例如《中华人民共和国刑法》第150条规定"单位犯本节第一百四十条至第一百四十八条规定之罪的，对单位判处罚金，并对其直接负责的主管人员和其他直接责任人员，依照各该条的规定处罚。"《上海市外来流动人员管理条例》第44条规定"违法本条例第三十二条规定的，由劳动行政管理部门依照国家和本市的有关规定予以处罚"等。另一种情况则是在引述设定违反义务性条款行为的有关条款序号之后，表述相应的违反义务性条款的结果或情节，然后再设定相应的法律责任条款内容。例如公安部颁布实施的《保安培训机构管理办法》第34条第1款规定："保安培训机构违反本办法第十条、第十五条或者第二十条规定的，由设区的市级人民政府公安机关处以五千元以上三万元以下罚款。"条文对应模式的表述方式一般适用于法律责任条款的集中排列模式，"这种表述法适用于对单个或者多个条款规定的明确具体的数种违法行为，给予相同种类、幅度的处罚，且众多违法行为难以归纳概括的情况。"① 同时需要指出的是，在适用条文对应方式时，如果所引述的义务性条款设置了不同款项，而这些款项中又包含了兜底条款时，那么对这种兜底条款不宜设定明确的法律责任，如果出现兜底条款的违法行为时，由执法者或司法者依照前列款项所设定的法律责任依法适用。

其次是行为归纳模式。法律责任条款的行为归纳表述模式是指，先归纳或列举概括若干违反义务性条款的行为，然后逐一设置相应的法律责任条款内容。具体的表述一般为："违反本法（或条例或规定）规定，有××（指违法行为归纳表述或者直接表述违法行为）的，由××

---

① 王腊生主编：《地方立法技术的理论与实践》，中国民主法制出版社2007年版，第136页。

(指实施处罚的主体）给予××（指某种具体法律责任内容）"。如《上海市母婴保健条例》第50条规定："从事母婴保健工作的人员违反本条例规定，出具有关虚假医学证明或者进行胎儿性别鉴定的，由医疗保健机构或者卫生行政部门给予行政处分"。根据责任实施主体和具体责任种类的不同，该模式的具体运用有三种情形：① 其一，对不同的违法行为由同一主体实施处罚，且处罚种类、幅度相同的，可以表述为："违反本法规定，有下列情形之一的，由××（实施处罚的主体）给予××（指某种具体法律责任内容）：（一）××（指违法行为）；（二）×××（指违法行为）；……"例如《中华人民共和国刑法》第177条规定："有下列情形之一，伪造、变造金融票证的，处五年以下有期徒刑或者拘役，并处或者单处二万元以上二十万元以下罚金；情节严重的，处五年以上十年以下有期徒刑，并处五万元以上五十万元以下罚金；情节特别严重的，处十年以上有期徒刑或者无期徒刑，并处五万元以上五十万元以下罚金或者没收财产：（一）伪造、变造汇票、本票、支票的；（二）伪造、变造委托收款凭证、汇款凭证、银行存单等其他银行结算凭证的；（三）伪造、变造信用证或者附随的单据、文件的；（四）伪造信用卡的。"其二，对不同的违法行为由同一主体实施处罚，处罚种类、幅度各不相同，可以表述为："违反本法规定，有下列情形之一的，由××（实施处罚的主体）按照下列规定给予处罚：（一）××的（指违法行为），处以××（指某种具体法律责任内容）；（二）×××的（指违法行为），处以×××（指某种具体法律责任内容）；……"其三，对不同的违法行为实施处罚的主体不同，且处罚种类、幅度较复杂，可以在一个条文中统一表述为："违反本法规定，按照下列规定予以处罚：（一）××的（指违法行为），由A（实施处罚的主体）给予××（指某种具体法律责任内容）；（二）×××的（指违法行为），由B（实施处罚的主体）给予×××（指某种具体法律责任内容）；……"需要注意的是，在上述三种情形中，需要对某项违法行为作出特别处理的，一般应当另立一款表述。例如《中华人民共和国

---

① 王腊生主编：《地方立法技术的理论与实践》，中国民主法制出版社2007年版，第133—135页。

刑法》第 177、182、191① 条分别在设定伪造、变造金融票证；操纵证券交易价格，获取不正当利益或者转嫁风险与明知是毒品犯罪、黑社会性质的组织犯罪、走私犯罪的违法所得及其产生的收益，掩饰、隐瞒其来源和性质的不同情形的款项设定之后，又另起一款规定单位犯前述情形的犯罪行为所应当承担的刑罚。这就提醒我们注意，行为归纳的表述模式其前提是行为的可归纳性，如果违反义务性条款的所涉情形无法归纳，那么在具体表述时就应当实事求是的设置不同款项分别予以表述，以防发生歧义或者表述的混乱情形。

再次是综合表述模式。法律责任条款的综合表述模式是指在条文具体中既引述所违反的义务性条款序号，又归纳、概括或者列举违反该义务性条款的行为。一般具体表述为："违反本法（或条例或规定）第×条第×款规定，有××的（指违反义务性条款的行为），由××（实施处罚的主体）给予××（指某种法律责任条款具体内容）。"例如《中华人民共和

---

① 《中华人民共和国刑法》第 177 条规定"有下列情形之一，伪造、变造金融票证的，处五年以下有期徒刑或者拘役，并处或者单处二万元以上二十万元以下罚金；情节严重的，处五年以上十年以下有期徒刑，并处五万元以上五十万元以下罚金；情节特别严重的，处十年以上有期徒刑或者无期徒刑，并处五万元以上五十万元以下罚金或者没收财产：（一）伪造、变造汇票、本票、支票的；（二）伪造、变造委托收款凭证、汇款凭证、银行存单等其他银行结算凭证的；（三）伪造、变造信用证或者附随的单据、文件的；（四）伪造信用卡的。"第 182 条规定："有下列情形之一，操纵证券交易价格，获取不正当利益或者转嫁风险，情节严重的，处五年以下有期徒刑或者拘役，并处或者单处违法所得一倍以上五倍以下罚金：（一）单独或者合谋，集中资金优势、持股优势或者利用信息优势联合或者连续买卖，操纵证券交易价格的；（二）与他人串通，以事先约定的时间、价格和方式相互进行证券交易或者相互买卖并不持有的证券，影响证券交易价格或者证券交易量的；（三）以自己为交易对象，进行不转移证券所有权的自买自卖，影响证券交易价格或者证券交易量的；（四）以其他方法操纵证券交易价格的。单位犯前款罪的，对单位判处罚金，并对其直接负责的主管人员和其他直接责任人员，处五年以下有期徒刑或者拘役。"第 191 条规定："明知是毒品犯罪、黑社会性质的组织犯罪、走私犯罪的违法所得及其产生的收益，为掩饰、隐瞒其来源和性质，有下列行为之一的，没收实施以上犯罪的违法所得及其产生的收益，处五年以下有期徒刑或者拘役，并处或者单处洗钱数额百分之五以上百分之二十以下罚金；情节严重的，处五年以上十年以下有期徒刑，并处洗钱数额百分之五以上百分之二十以下罚金：（一）提供资金账户的；（二）协助将财产转换为现金或者金融票据的；（三）通过转账或者其他结算方式协助资金转移的；（四）协助将资金汇往境外的；（五）以其他方法掩饰、隐瞒犯罪的违法所得及其收益的性质和来源。单位犯前款罪的，对单位判处罚金，并对其直接负责的主管人员和其他直接责任人员，处五年以下有期徒刑或者拘役。"

第三章 法律责任条款设置的理念与模式选择

国水污染防治法》① 第 51 条规定："违反本法第 23 条规定，建设无污染防治措施的小型企业，严重污染水环境的，由所在地的市、县人民政府或者上级人民政府责令关闭。"再如《上海市节约能源条例》第五章"法律责任"部分从第 41 条至第 56 条共 16 个法律责任条款，其中从第 41 条至第 52 条都采取了这种综合表述的方式。② 至于这种综合表述模式的优劣，

---

① 1984 年 5 月 11 日第六届全国人民代表大会常务委员会第五次会议通过《中华人民共和国水污染防治法》，根据 1996 年 5 月 15 日第八届全国人民代表大会常务委员会第十九次会议《关于修改〈中华人民共和国水污染防治法〉的决定》修正　2008 年 2 月 28 日第十届全国人民代表大会常务委员会第三十二次会议修订

② 《上海市节约能源条例》第四十一条　违反本条例第十二条第二款规定，固定资产投资工程项目的设计和建设不遵守合理用能标准和节能设计规范的，由市节能监察中心责令限期改正。违反本条例第十二条第三款规定，固定资产投资工程项目建成后，达不到合理用能标准和节能设计规范要求的，由市节能监察中心责令限期改正；情节严重的，可以提请有关部门追究建设单位、设计单位的责任。第四十二条　生产耗能较高的产品的单位，违反本条例第十四条规定，超过单位产品能耗限额用能，情节严重，经限期治理逾期不治理或者没有达到治理要求的，可以由市或者区、县人民政府节能行政主管部门提出意见，报请同级人民政府按照国务院规定的权限责令停业整顿或者关闭。第四十三条　违反本条例第十八条规定，在本市内环线以内新建燃煤锅炉的，由市节能监察中心责令停止兴建或者停止使用，并按锅炉的每蒸吨处以五千元的罚款。第四十四条　能源生产经营单位违反本条例第二十一条第一款规定，擅自停止或者减少供能，以及供能质量不符合标准的，由市节能监察中心责令限期改正；给用能单位和个人造成损失的，依照有关法律规定由能源生产经营单位承担民事责任。违反合同约定供能的行为，依照有关法律、法规或者按照合同的约定处理。第四十五条　违反本条例第二十二条第二款规定，使用伪造的节能质量认证标志或者冒用节能质量认证标志的，由技术监督部门依法责令公开改正，没收违法所得，可以并处违法所得一倍以上五倍以下的罚款。第四十六条　违反本条例第二十七条第一款规定，新建或者改建锅炉、窑炉，改造或者维修机泵、制冷设备等机械装置未达到规定的技术标准的，由市技术监督部门责令限期改正，并依照有关法律、法规予以处罚。第四十七条　违反本条例第三十二条第二款规定，未在产品说明书和产品标识上注明能耗指标的，由技术监督部门依法责令限期改正，可以处五千元以上五万元以下的罚款。违反本条例第三十二条第二款规定，在产品说明书和产品标识上注明的能耗指标不符合产品的实际情况的，除依照前款规定处罚外，依照有关法律的规定承担民事责任。第四十八条　违反本条例第三十三条第一款规定，设计单位在设计中采用国家明令淘汰的用能产品的，由市节能监察中心责令改正。造成后果的，按照国家有关规定处理。第四十九条　违反本条例第三十三条第二款规定，生产、销售国家明令淘汰的用能产品的，由技术监督部门依法责令停止生产、销售国家明令淘汰的用能产品，没收违法生产、销售的国家明令淘汰的用能产品和违法所得，并处违法所得一倍以上五倍以下的罚款；可以由市或者区、县工商行政管理部门依法吊销营业执照。第五十条　违反本条例第三十三条第二款规定，使用国家明令淘汰的用能设备的，由市或者区、县人民政府节能行政主管部门依法责令停止使用，没收国家明令淘汰的用能设备；情节严重的，市或者区、县人民政府节能行政主管部门可以提出意见，依法报请同级人民政府按照国务院规定的权限责令停业整顿或者关闭。第五（转下页注）

下文将与其他表述模式集中对比分析。

最后是笼统表述模式。法律责任条款的笼统表述模式是指在法律责任条款表述时，只是笼统的概括规定违反义务性条款的行为，而不具体引述被违反的义务性条款序号，也不归纳或列举具体的违反义务性条款的行为，然后设定法律责任。设定的法律责任既可以是具体的，例如文化部颁布实施的《博物馆管理办法》第 31 条第 1 款规定"博物馆违反本办法规定，情节严重的，由所在地省级文物行政部门撤销审核同意意见，由相关行政部门撤销博物馆法人资格"。同时，法律责任条款也可以是较为笼统或原则的规定，例如前文提到的《中华人民共和国水污染防治法》第 90 条规定"违反本法规定，构成违反治安管理行为的，依法给予治安管理处罚；构成犯罪的，依法追究刑事责任"，一般设置笼统性法律责任的情形较为常见。

以上就是法律责任条款表述的四种不同模式，法律责任条款的排列模式本身没有优劣之分，排列模式要结合法律文本中责任条款的具体设置情况，但法律责任条款的表述模式却是有着各自的"长项"与"短板"之别的，"法律责任作为法律运行的保障机制，是法治不可缺少的环节"，[①] 而责任条款的不同表述模式对法律责任功能的发挥是有着重要影响的。在对四种表述模式的优劣长短进行评估之前，我们可以先观察一下，这几种表述模式在立法实践中的情况，以上海市现行有效的 130 部地方立法为例，在这 130 部法律文本的责任条款部分，各自选择的条款表述模式，从表中分布来看，选择条文对应表述模式的数量最多，达到 300 个单位，占条款总数的 53.5%；其次为行为归纳模式与综合表述模式，分别占总数

（接上页注）十一条 违反本条例第三十三条第二款规定，将淘汰的用能设备转让他人使用的，由技术监督部门依法没收违法所得，并处违法所得一倍以上五倍以下的罚款。第五十二条 节能检验测试服务机构违反本条例第二十三条、第三十八条规定，有下列行为之一的，由市节能监察中心予以警告，没收违法所得，可以并处五千元以上五万元以下的罚款：（一）超出核定的节能服务范围或者擅自变更业务的；（二）强制提供服务或者强制扩大服务项目的；（三）伪造、涂改、出借、转让节能检验测试资质证书的；（四）提供虚假检验测试证明的。有前款第（三）项规定行为的，市节能监察中心还应当收缴其伪造、涂改、出借、转让的节能检验测试资质证书。未取得节能检验测试资质证书从事检验测试服务的，由市节能监察中心予以警告，没收违法所得，可以并处一万元以上五万元以下的罚款。

① 张文显：《法哲学范畴研究》，中国政法大学出版社 2001 年版，第 101 页。

的22.4%与13.6%，而笼统表述模式也占到条款总数的10.5%（如表10所示），根据上海市地方立法的实际情况来看，条文对应的表述模式受到绝对的"青睐"，但这能否说明条文对应的表述模式就一定优于其他表述模式呢？显然很难有肯定的回答，我们应当对各种表述模式在法律责任条款设置的具体应用进行理性的评估，准确把握不同表述模式的适用方法、特点与合适场域，避免因运用不当而加重或者放大其固有缺陷，努力追求法律责任条款设置的准确性、合理性、可行性、规范性与有效性。

表10　　　　上海市法规法律责任条款表述模式分布方式　　　　单位:%[①]

表述模式	条文对应	行为归纳	综合表述	笼统设定
数量	300	92	75	59
比例	53.5	22.4	13.6	10.5

其一，条文对应表述模式的适用评估。法律责任条款表述在采用条文模式时，要注重"繁简得当"，最大限度地发挥这种表述的优势，而避免其劣势，扬长避短。一方面，条文对应模式的优势在于"法律责任条款与义务性条款行为的对应关系非常清晰鲜明，不仅行文简洁精练，而且内容严谨一致"；另一方面，其劣势是"往返查阅相关义务性条文和法律责任条文所导致的不便"。[②] 因此，如果遇有法律责任条款设置仅针对一项义务性条款的行为时，原则上不建议采用这种条文模式，这种情形可以直接采用分散排列的方式，使得责任条款设置十分简洁并且也比较直观。由于条文对应表述模式并不在责任条款内容中表述具体违反义务性条款的行为情节或后果，而需要借助其所针对的义务性条款序号进行检索、查阅相应的义务性条款内容之后，才能清晰明了违反义务性条款的实际情况，以及所对应的法律责任内容。而当遇有对违反多个义务性条款的行为，但其都适用于同几种或相同的法律责任条款时，这时

[①] 部分统计数据参见徐向华主编：《地方性法规法律责任的设定——上海市地方性法规的解析》，法律出版社2007年版，第143页。

[②] 徐向华、王晓妹：《法律责任条文设定模式的选择》，载《法学》，2009年第12期。

候条文对应表述模式的优势就发挥出来了，采用该表述方式，可以使得责任条款的内容表述清晰，内容简洁，逻辑层面也较为合理。另外，有一种情况需要谨慎适用，就是当法律责任条款要根据违反义务性条款行为人的主观条件、违法情节、违法后果而作出有针对性的设置时，这时在引述相应的义务性条款序号时要注重法律责任条款设置的周延性，避免因不加区分的引述条文而导致的必要的主观条件、违法情节、违法后果等情形的疏漏。

其二，行为归纳表述模式的适用评估。法律责任条款设置在采用行为归纳表述模式时，应当做到合理节制并且灵活掌握，行为归纳表述模式的其最大的优势在于，便于受众直接了解法律责任所针对的违法行为，而不必在查阅文本中涉及相关义务性条款的具体内容，这就使得法律文本在实施过程中，便于执法者与司法者进行查阅、检索，方便了执法与司法，但从另一方面看，这与立法自身所追求的简洁明了以及条文规范的严谨性之间似乎又南辕北辙了。

行为归纳表述模式具体可分为两个类型，第一，"完全或基本复制型"的违法行为归纳式，即对法律文本中已设定的义务性条款行为作相同或类似的描述之后再设置法律责任条款内容。第二，"全新设定型"的违法行为归纳式，即增加法律文本未设定的新的义务性条款行为之后再设置法律责任条款内容。这两种类型都存在问题，一是既然受众从"完全复制型的违法行为归纳式"的法律责任条款中即能清晰获知何为违法行为，那么，同一部法律文本设定的、位于法律责任条款之前的、内容相同的义务性条款岂不"多此一举"，根本无存在的必要；二是既然"基本复制性的违法行为归纳式"法律责任条款并非完全照抄同一部法律设定的、位于法律责任条款之前的义务性条款而是作"小改小动"的变异，那么，受众则根据不同需要对义务性条款或者法律责任条款作出各自的理解，以致对某一行为违法与否的判定"依法纷争"，从而使义务性条款形同虚设，让守法者莫衷一是而让违法者有机可乘；三是在集中表述法律责任条款的前提下，以"全新设定型的违法行为归纳式"的责任条款对同一部法律在分则中未予以规范的义务性条款设定法律责任，那么，无义务则无责任，暂且不论其会"误导"未细读文本全文的受众，至少文本体系本身便存在义务性条款行为与法律责任条款结构关系上的严重"不对称"。①基于此，我们建议在法律责任条款的具体表述时，应当谨慎选择采用这种表述模式，一旦选择采用这种表述模式，就要注重避免上述的问题，在对违反义务性条款行为的归纳时，做到准确、明了、规范地表述相关义务性条款行为，既不能随意增加义务性条款的内容细节，也不能疏漏义务性条款行为人的主观状态、违法情节或者违法后果等要素，做到"不增不减"、全面客观。

其三，综合表述模式的适用评估。法律责任条款的设置采用综合表述模式时，应注重适用这种表述模式的必要条件，之所以要采用综合表述模式，就是单独采用条文对应表述模式或者行为归纳表述模式都无法克服其自身固有缺陷，因此将两种表述模式综合起来运用。这里的必要条件，一是法律文本中，义务性条款的表述中存在不同情形，针对这些不同情形，在进行责任条款设置时，只需要针对部分违反义务性条款的行为设定责任内容；或者在法律文本中，针对同一义务性条款中不同的违反情节、后果设定内容不同的法律责任条款，这种情形采用条文对应表述模式就使得其缺陷暴露无遗，显得责任内容冗长繁杂，因此不宜采用条文对应的表述模式。二是法律文本中，需要对几种违反义务性条款的行为设置由相同的责任追究主体实施的相同内容的法律责任，但这几种违反义务性条款的行为在构成要件上又存在差异，无法进行归纳，而逐一进行表述又会导致内容冗长，因此也不宜单独采用行为归纳表述模式，当这两个条件同时具备时，就应当采用综合表述模式，避免上述两种表述模式的缺陷，发挥各自的优势与所长，这恰恰也是需要我们注意的，优势的另一面就是劣势，如果运用不当，就会使得引述义务性条款序号之后在重复条款具体内容导致累赘，又因归纳不完全导致义务性行为与责任条款内容的矛盾，因此在采用这种表述模式时，应当以必要为原则，除非具备上述两个条件，否则应当谨慎采用。

其四，笼统表述模式的适用评估。在法律责任条款的设置中，应当尽量摒弃这种笼统的责任表述模式。一般而言，法律责任条款的笼统表述模

---

① 徐向华主编：《地方性法规法律责任的设定——上海市地方性法规的解析》，法律出版社2007年版，第146页。

式设置主要适用于以下几种情况，一是同部法律中部分或全部违法行为的恶性程度较为接近，执法主体与责任内容具有高度同一性；二是对行政主体和行政公务人员的违法行为设定法律责任；三是对违反有关法律和行政法规的行为，按照有关法律和行政法规的规定处理；四是在对部分违法行为设定法律责任后，将"违反本法其他规定的，给予××"作为兜底条款。"这种设定完全背离了法的针对性和操作性的要求，必然导致行为人在行为之前无法预测法律后果，而法的适用过多倚重执法人员的自由裁量，为可能发生的执法和司法的过度自由裁量提供合法的依据。因此，法律责任的设定和表述必须坚持与法定义务规范一一对应的原则，法律责任的表述必须摒弃笼统设定法"[1]，不仅中央层级的立法应当摒弃这种法律责任的笼统表述，地方性立法中，在法律责任条款的表述中也不宜采用原则式的或者兜底式的表述方式，"这种表述方式存在明显的缺点或不足：（一）法律责任条款与义务条款之间对应性不强；（二）由于原则式的或兜底式的表述，一般都比较简洁，致使一些义务条款的行为后果往往被疏漏。因此，这样设定出的法律责任条款一般不够健全和完善，一旦法律、法规在实施中需要运用法律责任条款判断和解决问题时，要么找不到法律依据，要么就会出现行政执法主体的自由裁量的权力过大的局面，容易侵害行政相对人的合法权益。所以，设定法律责任条款不应采用原则式的或兜底式的表述方式"[2]，总而言之，在法律责任条款的具体表述上，应当坚决摒弃这种表述方式，宁可放弃责任条款的设置，也不能以牺牲法律的权威与尊严为代价，作出这种不切实际，无法操作实施的责任条款，同时也应当看到不仅是这种笼统的表述模式乃至法律责任内容本身的笼统设置在法律文本中都是客观存在的，这与我国的具体国情有关，与我国一段时期内"宜粗不宜细"、"宜快不宜慢"的立法指导思想有关，要克服这些问题，需要有一个循序渐进的合理进化过程。

---

[1] 徐向华主编：《地方性法规法律责任的设定——上海市地方性法规的解析》，法律出版社2007年版，第148页。

[2] 王腊生主编：《地方立法技术的理论与实践》，中国民主法制出版社2007年版，第136页。

第四章　法律责任条款设置的原则

法律文本中责任条款设置的规范化、体系化是一个由宏观到微观的系统工程。这个工程中既涵盖了处于意识形态领域中责任条款设置的理念与模式的宏观方面，也包括法律责任条款具体表述规则、技巧以及语言文字、标点符号在内的微观方面。而法律责任条款设置的原则，则发挥着承上启下的重要过渡作用，一方面，设置原则是理念的进一步深化和具体体现；另一方面，设置原则又对法律责任条款具体设置的表述规则与语言规范具有严格的指导作用，统领责任条款设置的具体规则与技巧，因此法律责任条款的设置原则是整个法律责任规范化体系中十分关键的一环，尤为重要。

法律责任条款的设置原则是指在法律责任条款具体设置及语言表述时必须遵循的基本准则。要确立法律责任条款设置的原则，首先需要解决几个前提性的问题，一是应当纠正立法思维理念中轻视法律责任条款设置原则的理念偏差，充分认识到法律责任条款设置原则对于具体条款设计与语言表述的重要统摄功能；二是应当厘清目前理论上将法律责任设置理念与设置原则混为一谈的现状；三是应当结合目前我国推进法治国家、法治政府与法治社会"三位一体"建设的立法工作实际，科学合理地选择、确立目前我们在法律责任设置时应当遵循的基本原则。

首先，必须正视的是我国立法创制过程中一直以来存在的"重实体，轻程序"、"重惩罚，轻预防"、"权大责小"甚至"有权无责"的现象，究其现象背后的思维方式中存在着立法理念的偏差。其中的理念偏差之一就是在法律责任条款设置中，不重视责任设计的理念与原则等较为抽象的意识形态领域或者说已经对长期处于意识形态领域中支配地位的政法管理思维理念形成了路径依赖，思维理念更新迟缓甚至抵触这种新的思维理念方式，以至于形成这种轻视设置理念与原则的情况。对此，我们应当充分认识到这种理念、原则对于责任条款的具体设置表述所发挥的统摄作用，对于规范、约束具体条款，使处于法治源头的立法工作纳入法治化的正常轨道所发挥的保障功能。在法律责任条款设置时，充分重视设置原则所发挥的功能，科学合理的确立法律责任条款设置的具体原则。

其次，应当厘清目前理论上将法律责任条款设置原则与设置理念混为一谈的状况。法律责任条款设置理念是指立法者在法律文本中设置法律责任条款时所应当遵循的价值标准和观念指引，法律责任条款的思维理念对于法律责任条款设置的原则和具体规则具有指导与引领作用。思维理念是指人们对于某一事物或现象的理性认识、理想追求以及所形成的思维与观念体系。而法律责任条款的设置原则是指在法律责任条款具体设置及语言表述时必须遵循的基本准则。法律责任条款的设置原则是处于意识形态领域中的思维理念的进一步深化与具体体现，设置原则是责任条款具体表述时必须遵循的，在法律文本中可以以文字的形式明确所需要遵循的基本原则，而设置理念一般不能形成具体明确的文字，仅存在于立法者的思维意识之中，影响或者约束其立法思维导向。因此，切不可将两者混为一谈。在理论上，存在这种混淆的不在少数。例如，阮荣祥、赵恺认为，法律责任条款的设定原则包括"正当性原则、合法性原则、合理性原则、协调性原则"。[①] 叶传星则认为，法律责任的设定应当遵循社会合理原则、节制性原则、比例原则和统一性原则。[②] 在这两种观点中，就将原本处于意识形态领域中的思维理念混淆为具体的设置原则，例如正当性、合理性理念都被具体化为原则，这就有"矮化"理念的问题，反之，也存在着将一些原本应当是法律责任条款具体设置的原则进行放大，上升到思维理念的层面。例如，在理论界不乏将合法性原则混淆为法律责任条款设置理念的情况，甚至认为合法性是总括性的、根本性的理念，以上种种，都将设置理念与设置原则相混淆，甚至，还有人列出法律责任条款设定的原则包括"责任法定原则、责任自负原则、责任均等原则、禁止株连原则、人

[①] 阮荣祥、赵恺：《地方立法的理论与实践》，社会科学文献出版社2011年版，第424—426页。
[②] 叶传星：《论设定法律责任的一般原则》，载《法律科学》，1999年第2期。

权保障原则、过罚相当原则、惩戒结合原则、增进福利原则、促进发展原则、谨慎节制原则、程序保障原则、保障救济原则"[1]等等。这就又走入另一个误区，原则，是责任条款设置所应当遵循的基本准则，而不是全部准则，准则更类似于责任条款设置的具体规则，更何况即使是规则也无法穷尽所有情况，而原则是基本的准则，相上例中设定出十几个原则，甚至原则本身之间都存在抵牾之处，如何在责任条款具体设置时加以贯彻，着实令人费解，更何况，像诸如禁止株连、责任自负原则已经法治的基本理念与精神所在，也是我国《宪法》与《立法法》基本原则所包含的应有之义，在责任条款设置时，这些原则已经基本失去指导意义与统摄作用，徒劳增加立法成本。

最后，应当科学合理地确立法律责任条款设置的原则。卢曼强调，方法总是和问题相伴而生的，我们要善于根据问题的不同选择合适的研究方法，而不是盲目推崇某一种研究方法，唯其马首是瞻。这个道理对于法律责任条款设置原则的选择确定来说也是相通的，法律责任条款设置的原则有很多，但不一定都适合当下的立法实际状况，因此需要我们科学、合理地确定哪些原则是需要遵循的，哪些原则是应当摈弃的。这里有两个问题需要交代，一是法律责任条款设置的各个原则之间不是彼此孤立的，这些原则是一个有机联系的整体，而且原则与原则在统摄、约束具体的准则上也存在交叉的可能，很难说两个原则的统摄范围就是泾渭分明、界限明晰，但这并不影响其各自发挥的具体指导条款设置表述的功能。二是为什么将节制性原则予以摈弃，这和本文的研究立场与具体语境有关。一方面，本文研究与设定的前提是法律文本中的责任条款设计，这里有一个隐含的前提是应责与可责，因为法律责任条款设置的依据与前提是义务性条款，也就是说，当本文言及责任条款设置时，是在已经存在义务性条款的隐含语境前提下而言的，这个隐含的语境就排除了不应当施以法律责任的情况，而是基于前提存在的义务性条款，应当设置责任条款，也必须设置，否则便有立法不作为的嫌疑。另一方面，节制性原则是在法律文本中设置义务性条款时，所应当重点予以关注的，相对于责任条款设置来讲，是一个前置性的原则，如果将其纳入责任条款设置的原则，很容易与责任

---

[1] 张越：《法律责任设计原理》，中国法制出版社2010年版，第96—116页。

条款设置的对应性、协调性原则相矛盾，究竟是遵循节制性原则少设或者不设责任条款呢，还是应当遵循对应性、协调性原则，设置相对应、相协调的责任条款呢，难以取舍，更何况节制性原则是上文所论及的法律责任条款设置的谦抑性思维理念的体现，有思维理念的宏观引导，已经足够，而将原本是前置的义务性条款设置原则的节制性原则与责任条款设置的原则搅在一起，实不妥当，因此应当摈弃。

在我国全面推进法治国家、法治政府与法治社会"三位一体"建设的法治背景下，用法治思维与法治方式治国理政需要强有力的立法创制的实践支撑与立法理论的智识支撑，结合这种立法需求实际状况与立法学基本原理、方法，本文认为在法律责任条款的设置中，应当确立并坚持遵循合法性原则、对应性原则、协调性原则、可操作原则与规范性原则。

一 责任条款设置的合法性原则

法律责任条款设置的合法性原则，是指在法律文本中责任条款的设定，其行为、种类和幅度，应当与法律文本的层级和效力相协调。"这是保证法规性文件合法的重要原则，也是维护社会主义法制统一的一个重要方面。这一原则包括两个具体的方面，一是法律责任的设立要做到于法有据。二是法律责任的设置要符合宪法原则和法律的精神。"[①] 这也是保障法律文本中责任条款本身合法、有效的重要原则和依据，也是法律责任条款设定所必须恪守的底线原则。徐显明在解读党的十八大报告时指出，法治思维是以合法性为判断起点而以公平正义为判断重点的一种逻辑推理方式。其包含四方面内容并要相统一："合法性思维"，即任何行政措施的采取、任何重大决策的作出都要合乎法律；"程序思维"，要求权力必须在既定程序及法定权限内运行；"权利义务思维"，即以权利义务作为设定人与人关系及人与公共权力关系的准则；"公平正义思维"，即公权力要以追求、维护公平与正义为价值尺度。[②] 合法性是整个法治思维的逻辑

[①] 王飏主编：《实用立法技术》，中国法制出版社 1995 年版，第 151 页。

[②] 参见新华网：《从"法律体系"到"法治体系"——徐显明解读十八大报告依法治国亮点》，载 http://news.xinhuanet.com/politics/2012—11/14/c_113689922.htm，2012 年 12 月 18 日最后访问。

起点，也是不可逾越的底线和原则。

合法性原则在整个法律责任条款设置所应当遵循的原则中，是一个前提性、基础性的原则，也是一个统领性的原则，一方面，法律责任条款本身作为法律文本的重要组成部分必须要满足合法性的底线要求；另一方面，法律责任条款设置的所有原则也应当首先满足合法性的要求，任何原则的统摄范围与合法性原则的统摄范围发生冲突时，其他原则都要让位于合法性原则，这不仅是责任条款设置也是整个立法文本都需要坚持的基本原则。具体而言，合法性原则要求在法律责任条款的设置中应当努力做到以下几点。

第一点，在设置依据上，法律责任条款的设置应当于法有据，这就要求在法律文本中责任条款的设置应当有明确的法律依据，这里的法律依据是从合法性角度审视的，与责任条款设置本身以义务性条款作为直接的前提依据存在区别，不可将二者相混淆。根据我国《宪法》、《立法法》、《行政处罚法》以及相关《行政诉讼法》等法律规定，刑事责任、诉讼责任、绝大多数民事责任和涉及有关对公民政治权利的剥夺，以及限制公民人身自由的行政处罚，只能由法律设定。法律可以设定各种行政处罚。行政法规可以设定除限制人身自由以外的行政处罚。法律对违法行为已经作出行政处罚，行政法规需要作出具体规定的，必须在法律、行政法规规定的给予行政处罚的行为、种类和幅度的范围内规定。国务院各部、委员会、中国人民银行、审计署和具有行政管理职能的直属机构制定的规章可以在法律、行政法规规定的给予行政处罚的行为、种类和幅度的范围内规定。尚未制定法律、行政法规的，国务院各部、委员会、中国人民银行、审计署和具有行政管理职能的直属机构制定的规章对违反行政管理秩序的行为，可以设定警告或者一定警告或者一定数量罚款的行政处罚。罚款的限额由国务院规定。省、自治区、直辖市人民政府和省、自治区人民政府所在地的市人民政府以及经国务院批准的较大的市人民政府制定的规章可以在法律、法规规定的给予行政处罚的行为、种类和幅度的范围内作出具体规定。尚未制定法律、法规的，上述地方政府制定的规章对违反行政管理秩序的行为，可以设定警告或者一定数量罚款的行政处罚。罚款的限额由省、自治区、直辖市人民代表大会常务委员会规定。

《立法法》第73条第2款规定："地方政府规章可以就下列事项作出

规定：为执行法律、行政法规、地方性法规的规定需要制定规章的事项；属于本行政区域的具体行政管理事项"。根据这一规定，地方人大和地方政府根据本行政区域的具体情况和实际需要，所制定的地方性法规和规章，只要不同其上位法相抵触，均属合法有效。这就说明在合法性的判断标准上，需要具体情况具体分析，合法性的直接判断标准当然是以有立法的条款作为明确的依据，有则合法，无则越权违法，但《立法法》第73之规定，为地方立法设定依据作了扩大规定，除了有上位法的明确法律依据外，还可以根据本地区的具体情况和实际需要制定立法，这在理论上有时称之为"事实根据"，根据该条立法原意，这个事实根据是可以作为独立的依据的，而不需要借助法律依据的规定，当然这种事实根据的立法本身也是法律的授权，这应另当别论。因此，在合法性判断标准上，应当坚持两个标准，一是法律规定的明确立法标准，简称为"法律标准"；二是法律没有明确规定，但根据具体情况和实际需要需要制定立法的，这就是"事实标准"，只要法律责任条款设置符合上述这两个标准中的任何一个，都应当推断为符合合法性，两个标准虽有主次之别，但都可以作为独立的立法依据，因此也是判断合法性与否的独立标准。

　　第二点，从设定内容上看，法律责任条款的设置应当遵循法律保留原则。法律保留原则是指宪法及宪法性法律中确定的人民基本权利事项只能通过全国人大及其常委会通过立法进行规定，行政法规等其他效力层级较低的立法无权规定，否则即为越权，立法无效。我国《立法法》第8条规定：下列事项只能制定法律：（一）国家主权的事项；（二）各级人民代表大会、人民政府、人民法院和人民检察院的产生、组织和职权；（三）民族区域自治制度、特别行政区制度、基层群众自治制度；（四）犯罪和刑罚；（五）对公民政治权利的剥夺、限制人身自由的强制措施和处罚；（六）对非国有财产的征收；（七）民事基本制度；（八）基本经济制度以及财政、税收、海关、金融和外贸的基本制度；（九）诉讼和仲裁制度；（十）必须由全国人民代表大会及其常务委员会制定法律的其他事项。第9条也规定，"本法第八条规定的事项尚未制定法律的，全国人民代表大会及其常务委员会有权作出决定，授权国务院可以根据实际需要，对其中的部分事项先制定行政法规，但是有关犯罪和刑罚、对公民政治权利的剥夺和限制人身自由的强制措施和处罚、司法制度等事项除外"。这就从正式立法层面确立了"法律保留"原则,其中《立法法》第8条之规定属于一般法律保留,因为该法第9条接着对这种法律保留事项又作了补充性规定,在法律保留事项还没有制定法律时,可以授权国务院根据实际需要,对其中的相关事项先行制定行政法规,待条件成熟后再制定法律,但对于有关犯罪与刑法、涉及剥夺公民政治权利或者限制人身自由强制措施、处罚以及司法制度等方面只能制定法律,这就再次运用了法律保留原则,这些涉及犯罪与刑法以及公民人身自由、政治权利的事项只能由法律规定,这就是绝对法律保留事项,又称"绝对保留原则"。因此,在设定法律责任条款时,需要根据不同层级的法律,来适当确定法律责任条款的具体种类、范围与幅度,而不能违背法律保留原则的规定。早在1986年我国颁布实施《义务教育法》之后,全国各地方相继制定了贯彻落实《义务教育法》的执行性立法,在这些地方性立法中,个别地方立法,例如福建省的地方性立法,在违反义务教育法规定,阻挠适龄儿童上学的父母,情节严重的,在设定法律责任条款时,直接规定了刑事责任条款,这显然就违背了法律保留原则,也严重违背了法制统一原则的精神与基本要求,因为涉及公民犯罪与刑罚的规定属于绝对法律保留事项,别说是一般的地方性法规,就是国务院行政法规与一般法律也无权规定,这也违反了罪刑法定的基本刑法原则,当然当时立法法还没有出台,但这些基本原则却是一直存在,并贯彻我国立法当中的,因此,在法律责任条款设置时,应当严格遵守法律保留原则的规定。

　　第三点,从设定效力上看,法律责任条款的设定,要保证法律体系的统一性。法律责任条款作为法律文本的重要组成部分,其本质上也是一种法律规范。由于法律体系中存在高低有序的效力位阶,下位法应当服从上位法,因此,设定法律责任首先必须符合宪法原则。必须正确体现我国《宪法》第5条中规定的:"一切法律、行政法规和地方性法规都不得同宪法相抵触。""一切违反宪法和法律的行为,必须予以追究。"这是设定法律责任应当坚持遵循的最高准则。虽然宪法作为国家的根本大法,其条款内容都是较为宏观的设定,需要通过具体的法律体系予以细化,但这里的不得同宪法相抵触,并不仅仅是指宪法文本中的具体条款内容,还包括高度抽象化的宪法理念、原则与精神,法律责任条款的设置也不得同宪法的理念、原则与精神相违背。

其次，法律、行政法规、地方性法规与行政规章的法律责任条款在彼此间应当遵守高低有序的效力位阶，低层次的法律责任条款不能与高层次的法律责任条款相抵触。这就和第一点当中责任条款设置时应当于法有据联系起来。法律文本中的责任条款内容的种类、范围与幅度均一是不能超越法律关于该层级立法责任设置权限的规定，也就是要恪守合法性底线，责任条款设置有明确的法律依据；二是该层级立法关于责任条款内容的种类、范围与幅度的设置也不能超越上位法中对违反相同或近似义务性条款行为的责任条款内容的种类、范围与幅度的具体限度，这也是上位法优于下位法的基本原则在法律责任条款设置中的具体体现与要求，从而使得包括法律责任条款在内的整个法律文本都符合立法创制的规范要求，保持法律体系的统一性与规范性。

二 责任条款设置的对应性原则

立法理论上，认为法律责任条款设置的对应性原则大体是指"法定义务要与法律后果相对应。这是保证法律规范结构完整的重要措施，是设置法律责任的基本原则。对应性原则主要包括以下内容：一是凡是有义务性规范的，都应规定相应的法律责任；二是法律责任的种类要选择得当，与义务性规范的性质相适应，有的违法行为宜科处罚款，而有的则不行；三是法律责任的幅度要与违法行为的危害程度相适应，只需警告的，就不要再科处罚款，仅罚款不足以达到目的的，就要再加上其他处罚。"[①] 这种理论认识是有一定道理的，但也存在瑕疵，例如法定义务不是要与法律后果相对应，而是要与法律责任相对应，传统法理学认为法律后果就是法律责任，因此才将法律规范的逻辑结构归结为"条件假设"、"行为模式"与"法律制裁"，且不说法律制裁与法律责任存在区别，现在的法理学基本形成共识，那就是法律后果包括积极的后果与消极的后果，而只有消极的后果才有可能承担法律责任，积极的法律后果主要是指法律奖励条款内容，因此法定义务性条款与之相对应的应当是法律责任，而不是法律后果，另外，这种理论认识将对应性原则的具体内容上，显得较为凌乱，逻

[①] 王飚主编：《实用立法技术》，中国法制出版社1995年版，第152页。

辑不清晰、层次也不分明。准确地讲，法律责任条款设置的对应性原则是指在法律文本中，责任条款的设置应当与义务性条款相对应的原则。

前文中在对我国法律文本中责任条款设置现状进行考察之后，在梳理、归纳责任条款设置存在的问题时，首先提出来的就是法律责任条款设置的逻辑规范结构问题，主要是责任条款的缺失，即有义务性条款而没有责任与之相对应的情况，同时也存在无因有果的情况，即设置了责任条款，却没有与之对应的义务性条款，这都可以归结为法律责任条款的逻辑规范结构缺失的问题，而责任条款设置的对应性原则主要就是针对这种逻辑结构缺失的问题而言的，通过对应性原则在不同层面上对责任条款的具体设置进行有效统摄与约束，使之能够竭力克服、避免责任条款具体设置时逻辑结构缺失的问题，当然对应性原则并不仅仅只针对这一个问题，其与其他原则形成合力，也力图克服责任条款设置中存在的其他方面的问题。

法律文本中，设定的各项义务性条款，尤其是其中的限制性或者禁止性义务，应当有相应的责任条款与之有效对应，有效对应就是指义务性条款中相应规定有能够保障其实施的责任条款，这些责任条款具有一定的责任张力，能够有机的协调与之相对的义务性条款。首先，为义务性条款的履行，提供以国家强制力为后盾的"责任威慑力"，这是保障义务条款实施的常态，有常态即有非常态。义务性条款的非常态就是指义务性条款的被违反或不被遵守，当出现这种非常态时，能够有相应的责任条款为之提供"责任惩罚力"，来恢复这种非常态，通过不同的责任形式，例如恢复原状、返还原物或者经济赔偿甚至科以刑罚等恢复义务性条款的常态，以此来保障法律的实施。这种对应，并不是简单的条款数量上的对应，而是保障效力上的对应，即使数量不对应，但如果责任条款依然能够为义务性条款的实施提供责任效力上的保障，这种责任设定就依然是有效的。法律责任条款设置的对应性原则，主要包括如下几个层面的要求：

第一，法律文本中义务性条款和责任条款形式应当相对应。法律文本中的义务条款一般都作出明确规定，而义务条款所具有的作用、意义和价值的实现，在一定条件下，要取决于法律责任条款的支持和保障。因此，义务性条款应当与责任条款相对应。从立法技术角度来看，义务性条款一般用"应当"、"必须"、"禁止"、"不得"、"有……的义务""须经……

批准"等语词来表述。但是,在法律责任中对其违反义务性条款所产生的法律后果若未作对应性的规定,一旦出现违反义务性条款规定的法律行为时,就难以得到及时有效处理。据此,有人就认为在法律文本中义务性条款应当与责任条款在数量上相对对应或者大体相对应。这种观点是片面的,诚然,如果义务性条款的数量与责任条款的数量相当,一般说来能够使义务性条款的遵守或履行提供有效的责任保障,但这也不尽然,而且基于责任条款设定模式的不同,因此追求数量的对应并不可取,而应当注重的是效果保障上的对应,当然,如果设定较多的义务性条款而设定极少的责任条款,肯定也无法达到有效保障义务性条款履行的效果。因此,法律责任条款设置的对应性原则首先要求,法律责任条款与义务性条款在形式上应当相对应。

第二,法律责任条款的种类、范围与幅度应当与义务性条款的情节、后果与程度相对应。在法律文本中,法律责任条款的种类、范围与幅度的设定应当与义务性条款的法定情节、危害后果和行为程度相对应。在法律文本中,义务性条款和责任条款都是有一定张力的条款,这就要求在条款设定时,责任条款的张力要大体与义务性条款的张力大体相对应,做到相互衔接、相互协调。法律责任主体违反了义务性条款的行为规定,依据相对应的法律责任条款处理就显得合情合理合法,为公正执法创造有利条件。例如,有的在法律责任条款中规定,"对单位直接负责的主管人员和其他直接责任人员依法给予警告、记过、记大过的处分,情节较重的,依法给予降级、撤职,开除的处分"。显然,这样的法律责任条款设定具有较大的张力,能够满足不同情形下针对责任主体的行政处分,法律责任的种类和违反义务条款的行为相互间对应性较强,一般不会产生明显的处罚不当的情况,这样的责任条款适用性就较强。当然,应当谨慎把握责任条款设置时其内容的张力,责任条款设置既需要有一定的张力,使之能够与义务性条款相对应,同时又需要把握这种张力的合理范围,如果张力过大,很难掌控,一方面为执法与司法实践等法律实施带来责任依据不明确的局面;另一方面也为自由裁量提供了较大的空间,很容易滋生裁量权滥用,权力寻租等腐败现象,因此应当注重把握这种责任条款设置的张力。

为了合理把握法律文本中责任条款设置的张力,责任条款的设置不宜采用原则式的或兜底条款式的方式。这种设置方式存在明显的缺点或不足:"其一,法律责任条款与义务条款之间对应性不强;其二,由于原则式的或兜底式的设置,一般都比较简洁,致使一些义务条款的行为后果往往被疏漏。因此,这样设定出的法律责任条款一般不够健全和完善,一旦法律、法规在实施中需要运用法律责任条款判断和解决问题时,却恰恰找不到法律依据。所以,设定法律责任条款采用原则式的或者兜底式的设置方式,其实际效果不理想。"[①] 这种原则式或兜底式的设置方式,使得法律责任条款的张力过大,无法与义务性条款之间形成有效的对应或协调,也就使责任条款和义务性条款之间出现了不均衡的局面。例如,《失业保险条例》共设六章三十三条,而且大部分条款设定的比较具体实在。但是,第五章罚则共四条,设定的却比较原则,这对保障其他条款的有效实施是不利的。

第三,法律责任条款的表述应当与义务性条款表述相衔接。

设定法律责任条款的主要目的,就是要保障法律文本中的权利性、义务性条款,尤其是带有禁止性或强制性的义务条款的有效实施。因此,就要求法律责任条款的表述应当与文本中的义务性条款的表述相互衔接,相互对应,如此能够有效地保障义务性条款的实施。例如,《农药管理条例》第20条第2款的义务性条款中规定:"剧毒、高毒农药不得用于防治卫生虫害,不得用于蔬菜、瓜果、茶叶盒中草药材。"在第44条的法律责任条款中规定:"违反本条例规定,造成农药中毒、环境污染、药害等事故或者其他经济损失的,应当依法赔偿。"第45条规定:"违反本条例规定,在生产、储存、运输、使用农药过程中发生重大事故,造成严重后果,构成犯罪的,对直接负责的主管人员和其他直接责任人员,依法追究刑事责任;尚不构成犯罪的,依法给予行政处分。"把上述条款和其他禁止性义务条款和法律责任条款相互联系看,彼此间对应和衔接的比较紧密和协调,有利于法规的顺利施行。反之,如果法律责任对违法行为的表述与义务条款的表述对应或衔接得不好,在实施过程中人们往往会由此产生歧义和争论,影响法律、法规的实施效果。

以《中华人民共和国体育法》立法文本为例,该法中用了大量的条款规定了国家、中央政府、中央政府职能部门、地方各级人民政府、地方

---

① 李培传:《论立法》,中国法制出版社2004年版,第420页。

政府职能部门、人民团体、基层群众性自治组织、体育行业协会、体育社团、各类大、中专学校等各类社会主体所应当履行的义务，但在该法第7章所设的法律责任中，仅有6个条文，即第49条至第54条对体育违法行为所应当承担的法律责任作了规定。以仅有的体育法律主体的法律义务、违法情形和设定的法律责任条款的对应为例，可以有一个很充分的说明（具体可对比下表）。

《体育法》中法律义务、违法情形与法律责任对照表

法律义务	违法情形	法律责任
体育竞赛的组织者和运动员、教练员、裁判员应当遵守体育道德，不得弄虚作假、营私舞弊。	体育竞赛的组织者和运动员、教练员、裁判员不遵守体育道德，弄虚作假、营私舞弊的。	在竞技体育中从事弄虚作假等违反纪律和体育规则的行为，由体育社会团体按照章程规定给予处罚；对国家工作人员中的直接责任人员，依法给予行政处分。
在体育运动中严禁使用禁用的药物和方法。禁用药物检测机构应当对禁用的药物和方法进行严格检查。	在体育运动中使用禁用的药物和方法的。禁用药物检测机构没有对禁用的药物和方法进行严格检查的。	在体育运动中使用禁用的药物和方法的，由体育社会团体按照章程规定给予处罚；对国家工作人员中的直接责任人员，依法给予行政处分。
严禁任何组织和个人利用体育竞赛从事赌博活动。	任何组织和个人利用体育竞赛从事赌博活动的。	利用竞技体育从事赌博活动的，由体育行政部门协助公安机关责令停止违法活动，并由公安机关依照治安管理处罚条例的有关规定给予处罚。在竞技体育活动中，有贿赂、诈骗、组织赌博行为，构成犯罪的，依法追究刑事责任。

法律义务	违法情形	法律责任
任何组织和个人不得侵占、破坏公共体育设施。因特殊情况需要临时占用体育设施的，必须经体育行政部门和建设规划部门批准，并及时归还；按照城市规划改变体育场地用途的，应当按照国家有关规定，先行择地新建偿还。	任何组织和个人侵占、破坏公共体育设施的。	侵占、破坏公共体育设施的，由体育行政部门责令限期改正，并依法承担民事责任。有前款所列行为，违反治安管理的，由公安机关依照治安管理处罚条例的有关规定给予处罚；构成犯罪的，依法追究刑事责任。
在体育活动中不得寻衅滋事、扰乱公共秩序（体育法中对此没有明确细致的规定）。	在体育活动中，寻衅滋事、扰乱公共秩序的；违反治安管理的；构成犯罪的。	在体育活动中，寻衅滋事、扰乱公共秩序的，给予批评、教育并予以制止；违反治安管理的，由公安机关依照治安管理处罚条例的规定给予处罚；构成犯罪的，依法追究刑事责任。

由此可见，法律文本中，责任主体的行为模式一般用权利性条款和义务性条款来表述，而其相应的法律后果则主要是通过责任条款来表述，因此对应性原则，究其实质而言，还是强调权利性条款、义务性条款与责任条款的对应与均衡，但主要是义务性条款和责任条款之间的对应。法律文本中，责任条款只有与义务性条款有效对应起来，才能达到比较良好的规范调整功能，在法律实施中才能收到比较好的社会效果。

三 责任条款设置的协调性原则

对于法律责任体系的规范化、体系化，合法性原则是需要遵循的前提与恪守的底线，对应性原则是规范化的条件，而协调性原则则决定着规范化、体系化的程度，因此责任条款设置的协调性原则是这些原则中发挥承上启下作用的关键一环,从宏观上看,协调性原则是法律责任条款设定中"维护社会主义法制的统一和尊严的必然要求,也是建设中国特色社会主义法律体系的必然要求。"[①] 具体来讲,"协调性原则是依法设定理念对设定法律责任的立法相互之间关系提出的要求。立法设定法律责任并非一个孤立的行为,而是整个立法体系的一个组成部分,因而必须尊重立法体系内在的效力位阶关系,维护立法体系整体的协调性和统一性",[②] 因此,应当充分注重法律责任条款设置的协调性原则的贯彻实施。有人认为,"协调性原则是指不同的法规性文件中的法律责任条款相互协调、完整统一,这是整个法律体系对法律责任的要求"。[③] 这种认识显然是片面的,只看到了法律责任条款设置中外部的协调,而忽视了更为重要的责任条款设置内部的协调。法律责任条款设置的协调性原则,是指在法律文本中,责任条款的设定,要遵循相互协调、和谐有序的原则,协调性原则包含了不同层面的协调,既涵盖了宏观层面的不同部门的法律责任条款之间的协调,也涵盖了不同层级的法律责任条款之间的协调与同一层级法律责任条款之间的协调以及较为微观的同一法律文本之中,不同责任条款之间的种类、范围、幅度之间的协调等。

其实,行政立法中也要注意各种法律责任形式的协调,具体要求包括,"一是法律规范中的法律责任体系应当统一协调,法律责任体系应当是完备的,应当没有明显的漏洞或者空白。二是行政责任、民事责任、刑事责任之间应当安排适当的衔接措施,对各种责任竞合应当作出立法的选择与协调。三是行政法规中设定法律责任应当与法律相协调,规章中设定法律责任应当与法律、法规相协调,行政法规、规章内部之间设定法律责任应当相协调。四是法律责任的设定应当与相关联的义务相协调,力求对每一种违反义务的行为,设计出相应的可以操作、适当的法律责任。"[④] 法律责任条款的协调性原则要求,法律责任条款在设置时从宏观到微观,

---

[①] 李培传:《论立法》,中国法制出版社2004年版,第416页。

[②] 国务院法制办政府法制研究中心课题组:《法律责任设定有关问题研究》,载《政府立法中的法律责任设定研究论文集》,中国法制出版社2010年版,第417页。

[③] 王飚主编:《实用立法技术》,中国法制出版社1995年版,第151页。

[④] 陈军、吴斌等:《政府立法中法律责任设定问题研究》,载《政府立法中的法律责任设定研究论文集》,中国法制出版社2010年版,第78页。

具体应当符合以下几点要求。

第一，不同部门的法律文本之间责任条款设置要相互协调。这就要求在法律责任条款设定时，对本法律文本中设定的法律责任条款与其他法律文本中设定的责任条款，要能有效地协调起来，特别是大量的行政法律责任条款的设定时，往往规定了"构成犯罪的，依法追究刑事责任"，这种笼统的责任条款设置时，需要注意到究竟这种行政违法行为超过一定的限度，达到行政犯罪程度时，能够与刑事责任条款有效协调起来，有相应的罪名与其相对应。例如，汪全胜、陈光在分析我国体育法律责任的设置状况时分析指出，[①]《体育法》第51、52、53、54条分别规定：在竞技体育活动中，有贿赂、诈骗、组织赌博行为，构成犯罪的，依法追究刑事责任；侵占、破坏公共体育设施，构成犯罪的，依法追究刑事责任；在体育活动中，寻衅滋事、扰乱公共秩序的，构成犯罪的，依法追究刑事责任；违反国家财政制度、财务制度，挪用、克扣体育资金，构成犯罪的，依法追究刑事责任。从这些规定可以看出《体育法》设定了4种刑事责任。第1种体育刑事责任在现行《刑法》中相对应的条文有第392条的贿赂罪、第266条的诈骗罪、第303条的赌博罪相对应；第2种刑事责任与现行《刑法》第382条的贪污罪相对应，但对破坏公共体育设施能否构成刑事责任，刑法没有明确规定；第3种体育刑事责任与现行《刑法》第291条扰乱公共秩序罪相对应；第4种体育刑事责任与现行《刑法》第272条非法挪用罪相对应，但克扣体育资金是否构成刑事法律责任，《刑法》并无规定。因此，《体育法》4种刑事责任的规定，多数可以找到刑法的根据，但某些刑事责任的设置找不到刑法的根据。根据现代刑事法治确立的"法无明文规定不为罪、法无明文规定不处罚"的罪刑法定原则，很难使上述违法行为承担刑事责任。其实，要做到不同部门的法律文本中责任条款设置的相互协调是一个非常复杂的工程，需要耗费大量的立法资源，但我们所言及的法律体系不能徒有其表，要使之能够称为"体系"，就应当做到协调有序，但就目前情况来看，这种不同部门的法律责任条款之间的有效协调，还很难做到，退而求其次的要求是至少应当做到不同部门的法律责任条款之间不能相互冲突，而能够相互兼容，虽然

---

① 汪全胜、陈光等：《体育法律责任的设定及其完善》，《体育学刊》，2010年第2期。

这离高度有效的协调还有一定的距离，但至少这是一种低限度的协调，这也是目前迫于立法实际而做的让步，但无论如何，不同部门的法律文本中，责任条款设置应当做到不相冲突、不相矛盾，能够相互兼容。

第二，不同层级的法律文本中责任条款的设置要相互协调。不同层级的法律文本，也就意味着不同效力位阶的法律文本中责任条款设置应相互协调，主要是"应当与上位法设定的法律责任条款保持统一，不能突破上位法框定的责任范围随意设定。"[1] 上位法在法律文本中对责任条款设定作出过规定的，下位法就没有必要再作重复性的设定，避免立法资源的浪费。但，这并意味着下位法在法律责任中就不用作相应的设定，根据法定的主体和权限，下位法可以在上位法作出的法律责任条款规定的行为、种类和幅度的范围内，进一步作出具体的规定，下位法设定的法律责任条款应当保持与上位法设定的法律责任条款相统一，不能突破上位法框定的责任范围随意设定。

即使，在同一层级的法律文本中，责任条款的设定，也要考虑到"左邻右舍"，要注意到相互之间的协调，特别是对某些相似或相近的违法行为的法律责任条款的设定过程中，"应当大体保持均衡和相近，不应当过于悬殊，避免导致理论上和实践上难以解释的被动局面，从而为执法创造有利条件。"[2] 这就和责任条款设定的对应性原则联系起来了，前文已作详细论述，此处不做赘述。

第三，同一法律文本中的责任条款设置应当相互协调。同一法律文本之中，责任条款设置的协调，包括两个方面，一方面是责任条款应当与其他条款相互协调，其中包括与权利性条款、义务性条款、奖励性条款、准用性条款、义务性条款等条款之间的协调，特别是与义务性条款之间的协调，显得尤为重要。这是因为，"法律义务条款是设定法律责任条款的基本依据，没有完善的法律义务条款，可能也设定不了完善的法律责任条款。"[3] "法律责任的设定和法律、法规中的义务条款，特别是和带有禁止性或强制性义务条款，应当有机地协调和统一起来。这是法律责任中的一

---

[1] 国务院法制办政府法制研究中心课题组：《法律责任设定有关问题研究》，载《政府立法中的法律责任设定研究论文集》，中国法制出版社 2010 年版，第 417 页。

[2] 李培传：《论立法》，中国法制出版社 2004 年版，第 417 页。

[3] 汪全胜、陈光等：《体育法律责任的设定及其完善》，《体育学刊》，2010 年第 2 期。

个很关键的问题。因为前面义务性条款,特别是带有禁止性或强制性义务条款的设定,往往涉及所制定的法律、法规中的一些重要的或者实质性问题,涉及立法目的和任务需要实现或达到的程度。……这些重要条款需要在法律责任中得到相应的体现,需要有法律责任给予支持和保障。倘若前面义务性条款作了上述重要规定,而在法律责任方面未作相应规定,得不到有力支持和保障,势必影响法律、法规的质量,影响法律、法规的实施效果。"[1] 在同一法律文本中,如果设定了相应的义务性条款,就要力图避免不设责任条款、只对责任条款作出原则性的设置或者设置了相应的责任条款,但这些条款却分散在一些章节的条文中,比较凌乱,不成体系,这也是不可取的,比较恰当的做法应当是设定法律责任专章,对责任条款的设定作出相对集中、统一的设置。

另一方面是同一法律文本中,不同责任条款之间的种类、范围与幅度要相互衔接、相互协调。在责任条款种类衔接上,包括民事责任条款与行政责任条款的衔接、民事责任条款与刑事责任条款之间的衔接、行政责任条款与刑事责任条款之间的衔接;在责任条款幅度衔接上,针对违反义务性条款的不同情节、不同后果,也分布有不同幅度的责任条款与之相协调,而且这些幅度之间也是相衔接的,责任较重,就应当有较重的责任形式与具体制裁手段与之相衔接,责任较轻,就应当有相对较轻的责任形式与具体制裁手段与之相对应;在责任条款范围衔接上,包括有责任与无责任的衔接、是否免责的识别等。

总之,法律文本中,责任条款设置应当严格遵循协调性原则,它不仅关系法律、法规结构形式的健全和完善,更重要的是关系着法律、法规的质量和实施效果,关系着立法目的的实现程度,关系着社会主义法律体系的规范化、有效性程度。

四 责任条款设置的可操作原则

法律责任设置的可操作原则,是立法责任条款设置实践面向的一个基本原则,责任条款存在的价值主要是为了保障立法配置的权利义务得以实

---

[1] 李培传:《论立法》,中国法制出版社2004年版,第417页。

现，使违反义务性条款的行为得以纠正，使被侵害的权利得以恢复，因此责任条款的设置就需要切实考虑其自身的可操作性，有效保障义务性条款的遵守与履行。法律责任条款设置的可操作性原则是指法律文本中责任条款的设定应当符合客观实际、可行和有效的原则。可操作性原则，对保障法律、法规的有效实施，达到立法预期目的具有重要作用。法律、法规只有制定得比较符合实际、比较科学合理，确实具有可操作性，实施起来才能比较顺畅。可操作性原则要求法律责任条款的设定应当注重可行性和有效性两个方面。

第一个方面，法律责任条款的设置应当具有可行性。可行性原则的基本要求"一是法律责任要尽可能量化，要有程度的区别；二是要把违法行为应负的行政处分责任和行政处罚责任区别开来；三是要有明确的责任主体；四是要有明确的追究责任的机关，凡一个违法行为已由有关部门处罚了的，其他部门不能因此再给予同一种处罚；五是在国家尚未制定统一的强制执行的法规性文件时，要考虑追究法律责任受阻时应采取的强制执行措施。"[①] 法律文本中，责任条款的主要功能就是支持和保障法律文本中，权利和义务性条款，在行使权利、履行义务中遇到障碍和困难时提供法律责任方面的支持和保障，以保障其有效实施。这必然要求法律责任条款本身的设定要符合实际、切实可行。因此，法律责任条款设定，不能仅从书面上考虑，还要切实联系，注重这种责任设定在实践中是否切实可行。例如，我国《会计法》第49条规定："违反本法规定，同时违反其他法律规定的，由有关部门在各自职权范围内依法进行处罚。"这种责任设定就没有切实考虑到，如果某一违法行为既违反了会计法，同时又违反了预算法、审计法、税法，应当如何处理，难道说这些有关部门在其职权范围内都要对其进行处罚吗？有关部门若不去处罚，则是违反法律规定，是失职，甚至应当追究其执法责任；有关部门若都要在各自职权范围内依法进行处罚，这也违背了我国行政执法实际中一般遵循一事不二罚原则，即当某一违法行为同时违反两个或两个以上的法律、法规规定时，由最先发现违法行为的有关行政主管部门依法处罚，其他相关部门不再追究其违法责任。这种责任设置在实践中很容易出现执法机关在执法中，如果有利可

[①] 王崛主编：《实用立法技术》，中国法制出版社1995年版，第153页。

图，就会一拥而上，相互扯皮，如果无利可循，就会踢皮球，相互推诿，这同时也为权力寻租提供了生存的土壤空间。因此，法律责任条款的设定应当具有可行性。否则，就没有实际意义。设定的法律责任条款如果缺乏可行性，只能是有害无益，因为它损害了法律本身的严肃性，法律实施起来也会大打折扣。

第二个方面，法律责任条款的设置应当具有有效性。法律责任条款设置的有效性是指法律责任条款应当具有一定的合理的力度，保证法律、法规在实施中具有良好的社会效果。"法律责任具有合理有效的力度，能使法律、法规对其所规范调整的客观事物具有良好的促进和保障作用。法律文本中的法律责任条款应当具有可行性的同时，应当强调其要具有合理的力度，要能收到良好的实施效果，这才是实现立法目的所需要解决的重要问题。"[①] 这个问题并不是在法律文本中都能解决的很好。例如，《科学技术普及法》第32条规定，"擅自将政府财政投资建设的科普场馆改为他用的，由有关主管部门责令限期改正；情节严重的，对负有责任的主管人民和其他直接责任人员依法给予行政处分。"擅自将政府财政投资建设的科普场馆改为他用的，按照合理的推定，一般只能是该科普场馆的负责人或其上级主管部门，或是当地政府，既然是擅自改变，就难免有滥用职权，徇私舞弊问题存在。仅用"责令限期改正"恐怕很难有效解决问题。而且对"情节严重的"，也仅仅只是给予行政处分，如果这种行政违法行为超过一定的限度，触犯刑法，构成犯罪的，难道也仅仅用"给予行政处分"这种行政法律责任条款来替代吗？这和我们的法治理念与精神，以及依法治国的宗旨都是严重相违背的，因此，这种法律责任条款所具有的力度和它的有效性是值得商量的。

法律责任条款设置的可操作性原则所蕴含的可行性与有效性是责任条款设定中所必不可少的要素，需要我们认真对待。根据上述的法律责任条款设置所需要遵循的不同原则，其各自的统摄范围是不同的，其发挥的保障作用也有区别，就此而言，可操作性原则是法律责任条款设置一个具有解构性质的原则，而合法性原则、对应性原则、协调性原则则都是具有建构性质的原则，通过这些原则的引领来建构责任条款的具体设置，其追求

---

① 李培传：《论立法》，中国法制出版社2004年版，第422页。

的是较为理想、完美的责任条款设计，是一种智识主义的导向，而可操作性原则注重的是责任条款设置是否切实可行与有效，需要对理想化的责任条款设置进行带有解构性质的检视，从实践性角度出发来考问这种责任条款设计是否具有可行性，在实践中能否行得通、能否有效发挥其对于义务性条款的保障作用，而且可行性和有效性这两个要素之间有机联系，相互支撑。可操作性原则一方面回应的是责任条款设置现状中存在的问题，例如责任条款逻辑结构缺失的问题、责任条款设置的过于原则或笼统的问题等；另一方面，可操作性原则也是对责任条款设置的合理性思维理念的具体内化与体现。

五　责任条款设置的规范性原则

法律责任条款设置的规范性原则，简单来讲就是指法律责任条款的表述要规范化。[①] 规范性原则是责任条款一系列设置原则的最终落脚点与归宿，在合法性、对应性与协调性原则的理想条款建构与可操作性原则的实践检视之后，最终责任条款设置的朝向是规范化、体系化。这个规范性原则是从立法技术，也就是立法方法论的立场出发而言的，要理解为什么坚持遵循规范性原则，就需要对当下立法与作为立法学问的立法学之转向有一个清醒的认识。

在法律体系基本形成的背景话语下，要完善法律体系——弥合法律体系内部的裂痕、化解法律规范之间的冲突、消除法律条文的看抵牾，从立法方法论的视域理解，立法学要全面转向以立法技术为核心的方法论研究，作为一门独立学科的立法学，是包含着立法总论、立法制度、立法技术等内容的复杂理论体系。但在方法论的视域中，重点关注的是立法的技术面向，特别是立法的表达技术，而立法总论、立法制度，则被作为理解立法技术这一主题的理论背景和学术语境来看待。这便是立法学研究转向的真实背景映照、也是必须正视的——立法已经迈向了"后体系时代"。[②]

[①] 王飚主编：《实用立法技术》，中国法制出版社1995年版，第153页。

[②] 李亮、汪全胜：《论"后体系时代"立法学研究之嬗变——基于立法方法论的考察》，载《江汉学术》，2014年第1期。

在法律创制转向法律实施与宏观法治转向微观法治的理论诉求下，立法学的研究将从立法原理探究为中心的立法认识论转向立法方法论；从立法价值论证为中心的立法价值论转向立法方法论；从立法制度设计为中心的立法本体论转向立法方法论。

作为方法论主体的立法技术是立法原理在立法活动中的贯彻；而立法体制研究立法活动的主体在立法过程中的作用，立法技术研究立法活动的主体发挥立法作用的方法和技巧。基于方法论的视域出发，立法技术主要包括两大部分，一部分是以立法结构为中心的立法表达技术；另一部分是以立法评估为主导的立法评价技术。关于立法表达技术，将国家政治意志与政策目的等价值预设转化为具体法律文本的法律形式就完全有赖于立法表达技术的理论与实践支撑，立法表达技术是以法的结构为载体呈现的，因此立法表达技术在很大程度上体现为法的规范构造技术，这里的规范构造技术又包含形式结构的规范构造技术与实质结构的规范构造技术两个方面。法的形式结构的规范构造技术涵盖了法的总则的规范构造、分则的规范构造、附则的规范构造以及包括法的名称、法的题注、法的目录、法的序言、法的附录等形式结构的规范等。特别是法律文本中处于主体地位的法的总则、分则与附则部分，各自又具有一个带有特殊性的子技术规范系统，各个子系统之间相互协作、相互配合共同支撑着法的形式结构的规范系统结构。法的实质结构的规范构造也是一个由若干子技术规范系统构成的，相对于形式结构的规范系统结构，法的实质结构的规范系统结构更具复杂性，包括法的定义条款技术、立法目的条款技术、立法根据条款技术、立法解释条款技术、权利性条款技术、义务性条款技术、法律责任条款技术、奖励性条款技术、但书条款技术、法的主管机关条款技术、宣示性条款技术、例失型条款技术、视为型条款技术、除外型条款技术、列举型条款技术、参照型条款技术、授权性条款技术等。以及包括权利性条款与义务性条款、义务性条款与责任条款、责任条款与奖励性条款、权利条款与责任条款等实质结构条款之间的衔接技术以及更为广泛的实质结构条款与形式结构条款之间的衔接技术、法律文本之间的衔接技术甚至不同法律部门之间的衔接技术等。而本文研究的主体就是法律文本中重要组成部分的责任条款的规范设置，这是本文研究的理论背景与前提铺垫。

法律责任条款设置的规范性原则，首先体现在责任条款语言表述的准确性、明晰性与简洁性。毫无疑问，法律文本是需要通过语言来表达的，文字是法律的载体，规范性原则要求法律语言文字应当能够准确、明晰而且简洁，从责任条款构成的立法用字、用词、立法语句的选择与组合以及法的结构缺省系统的运用等，都应当规范合理。作为法律责任条款组成部分的法律概念、术语也都是由汉字语词构成，从逻辑学角度看，任何一个概念都有内涵与外延两个方面，概念的内核毫无疑问是清晰的，但概念的外延则往往是模糊的，如果运用不当，很容易造成法律概念外延的混淆，从而使责任条款内容的理解与适用产生歧义，不利于对法律义务性条款的保障与法律本身的实施，因此在责任条款的具体表述时，应当注重责任条款语言表述的准确性、明晰性与简洁性。

其次，责任条款设置的规范性原则具体体现为责任条款实施的可接受性。这是从立法受众的角度而言，责任条款设置的规范性可以从责任条款保障义务性条款的具体实施的可接受程度来看，当然可接受程度不是仅靠规范性原则就能保障的，这里还包括合法性、对应性、协调性与可操作性的隐含前提保障，但可接受性确实是检验责任条款设置的规范性的重要标尺。而提高责任条款设置的可接受性，则需要借助立法修辞方法的支撑。法律责任条款不仅需要保障义务性条款的实施，对违反义务性条款的行为施以责任制裁，而且这种保障与制裁还应当以可接受的方式实现，强调责任条款设置的可接受性，对于确保责任条款在内的整个法律文本的有效实施都具有重要意义，而提高这种可接受性需要借助法律修辞，从宏观意义上，甚至可以"把法律作为修辞"，[①] 因此责任条款的设置也应当充分运用法律修辞技术来提高责任条款本身的可接受性，这里的法律修辞技术主要是立法层面的修辞技术，区别于司法过程的修辞技术，而且这种修辞是一种相对微观意义的修辞，强调责任条款具体设置的修辞技艺与方法的运用。

以上就是有关法律文本中责任条款设置应当坚持的原则，在这些原则的逻辑关系上，合法性原则是责任条款设置应当坚持的前提与恪守的底线，无论在任何情况下，都不能突破这个原则；对应性原则是责任条款设

[①] 陈金钊：《把法律作为修辞——我要给你讲法治》，载《深圳大学学报》（社科版），2013年第6期。

置需要注重把握的基础原则,是责任条款设置规范化、体系化的条件基础;在坚持遵循前提与基础原则的情况下,协调性原则决定着责任条款设置的规范化、体系化程度,其具有承上启下的过渡功能;而可操作原则是从实践面向出发,检视理想化的责任条款设置,使之切实具有可行性与有效性;最后,责任条款设置的落脚点与归宿则回到规范性原则上来,通过责任条款语言表述的准确性、明晰性与间接性,以及借助立法修辞技术提供理论支撑的可接受性标尺验证,以此确保责任条款设置的规范性。这就是责任条款设置各原则之间的逻辑关系,各原则相互联系,形成一个有机的整体共同支撑责任条款设置的规范化。

第五章　法律责任条款设置的规则

　　法律责任条款设置的规则是在设置理念的统领下，在责任条款设置原则的基础上所衍生出的一系列具体规则，以便在责任条款的具体设定中予以运用，使责任条款的具体表述能够更加科学合理、更加明确具体、更加规范，最终使得责任条款能够有效保障义务性条款乃至法律文本本身的有效实施。法律责任条款设置的理念与原则相对而言都是比较宏观的，且主要是存在于立法者的意识形态与具体思维之中，很少是以明确化的文字为载体，这样一来，在具体法律文本的责任条款设计中，很难具体把握，这时候就需要将这些理念与原则加以具体化，在此基础上构建责任条款规范化设置的具体规则，通过这些规则来支撑、保障责任条款设置理念与原则的实现。

　　关于法律责任条款设置的具体规则，在理论界和实务界均存在不同的看法，但有一个宗旨是不变的，就是无论何种规则均服务于责任条款表述的科学合理、明确具体、规范准确。法律责任条款设置的规则总体而言，包括三个层面的规则体系，即逻辑规则体系、语言规则体系、修辞规则体系，而每个层面的规则体系又都是由一系列的具体规则构成，这三个层面的规则密切联系，不可分割。因为，从某种程度上理解，逻辑即是思维的语言表达，而语言是一种形式化的逻辑，逻辑与语言本身又都可以看作是一种宏观意义的法律修辞，甚至可以把法律本身就当作一种修辞，以此来矫正在社会上弥散着的政治修辞与道德修辞。总之，逻辑、语言与修辞规则作为有机联系的一个整体规则体系，不能将其孤立地对待。退一步看，法律责任条款的设置规则也不是孤立的存在，设定规则和责任条款的设定理念、设定原则是密切联系在一起的，其共同作用于法律责任条款的科学化、规范化设置。

一 责任条款设置的逻辑规则

逻辑规则是法律责任条款设置首先应当遵循的规则，逻辑规则既是正当性与谦抑性理念的涵射，也是保障责任条款设置合法性原则的前提与基础。因此，责任条款设置首先应当坚持逻辑规则的指引，这里的逻辑规则是从法律逻辑学研究视角出发的，[①] 区别于一般的逻辑学视角。"逻辑上

---

① 我国法律逻辑学的研究从兴起至今，大致可以分为三个阶段，第一个阶段是20世纪70年代末至90年代初，其研究路径主要是从形式逻辑的角度来研究法律逻辑，采用的研究方法也仅仅是形式逻辑的研究方法。这一阶段的主流观点认为："由于法律逻辑是一门应用性质的形式逻辑分支学科，它的任务在于把形式逻辑一般原理应用于法学和法律工作的实际，探索在法律领域应用形式逻辑的具体特点，因此，法律逻辑学并没有与传统形式逻辑不同的特殊的对象，研究的还是属于思维领域的现象。"即便这一阶段已涉及结合法律的实质内容来研究法律逻辑的学者，也认为真正意义上的法律逻辑"终究不是我们头脑中设想的、传统意义上的逻辑，研究起来也困难得多，复杂得多，甚至可以说，这样的研究远不是逻辑专业工作者所能完成的任务。从逻辑的观点看，完全采用这样的方法来研究似乎并不可取。从我国的实际情况出发，从有利于司法人员的学习和运用来考虑，这里所要讨论的审判逻辑，还只能是属于形式逻辑的范畴。它虽然同法学活动有关，但其研究的着眼点不是法学而是逻辑"。因此，这一阶段的法律逻辑是纯粹的逻辑应用，而且仅仅是形式逻辑的简单应用。第二个阶段是20世纪90年代初至21世纪初，其研究可分为两个方面，一方面，主张从现代逻辑角度来研究法律逻辑。其实，从"逻辑学要现代化"的口号下，早在20世纪80年代初期，就有学者从现代逻辑的角度来研究法律逻辑，但收效甚微，影响也极为有限。另一方面，从法理学、法律方法论等规范法学角度来研究法律逻辑，主要采用法学的方法以及其他非形式的方法，研究的核心问题是法律推理。不少学者主张法律逻辑的研究应与法理学的研究沟通，甚至认为它本身就应归属于法理学的范畴。哲学根据国外对于法律逻辑的研究情况，指出法律逻辑的核心问题就是法律推理问题，而法律推理又是法律适用的一个重要组成部分，即使就形式法律推理而言，其主要问题也不在于它的形式结构，而在于它的大、小前提的建立，这就涉及法律解释、事实认定等诸多方面的问题。这一阶段占主流地位的观点认为，"法律逻辑就是适用法律的逻辑，它是法官、检察官或律师将一般法律规定适用于具体案件过程中，论证判决之所以正当或不正当的一种技术手段，因而是供法学家、特别是供法官完成其任务之用的一些工具、方法论工具或智力手段。""法律适用的逻辑要研究的核心问题是法律推理。""法律逻辑不是形式逻辑的简单应用，也不是单纯的形式逻辑应用。"参见蒋新苗：《法律逻辑学》，湖南人民出版社2008年版，第32—33页。第三个阶段是从21世纪初至今，特别是自2004年以来的十年中，陆续有学者主张，法律逻辑就是研究法律推理和法律论证的科学。"法律逻辑和论证逻辑的互动，应成为推进法与法律逻辑，已成为近年全国法律逻辑学术圈内的一个重要主题。这一阶段的法律逻辑研究所采用的方法主要有法学的方法等实质方法，认为法律逻辑不是形式逻辑的简单应用，也不是单纯的形式逻辑应用的观点已成为当前国内法律逻辑研究的主流观点。

的错误具有比许多人所想象的更大的实践重要性；这些错误使得犯错误的人们能够在每个题目都依次轻松发表意见。"① 包括责任条款设置的整个法律文本设计都需要高度重视逻辑的功能与效用，并在具体条文设计中，尊重并贯彻具体的逻辑规则。考夫曼指出："法律的和法学的逻辑规则不是无关紧要的，有足够的证明显示，法官的判决，由于违背了思维规律，背离了受法律而不受逻辑规则约束是不可想象的这一质朴事实，便产生可上诉性。"②《牛津法律指南》指出：法律研究和适用法律需要大量地依靠逻辑。在法律研究的各个方面，逻辑被用来对法律制度、原理、每个独立法律体系和每个法律部门的原则进行分析和分类；分析法律术语、概念，以及其内涵和结论，它们之间的逻辑关系，……在实际适用法律中，逻辑是与确定某项法律是否可适用于某个问题、试图通过辩论说服他人、或者决定某项争执等相关联的。③ 尽管霍姆斯在《普通法》开篇时就指出："法律的生活不在于逻辑，而在于经验。对时代需要的感知，流行的道德和政治理论，对公共政策的直觉，不管你承认与否，甚至法官和他的同胞所共有的偏见对人们决定是否遵守规则所起的作用都远大于三段论。法律包含了一个民族许多世纪的发展历史。它不能被当作由公理和推论组成的数学书。"④ 后现代法学与法律社会学领域将此论断奉为经典，试图以此放大法律与逻辑之间的裂痕，其实单就此论断而言，并不足以说明"法律的生命在于经验"就可以抛弃逻辑，法律的生命不是逻辑不等于要抛弃逻辑于不顾，恰恰相反，这表明"人们的经验以及基于经验的法律，不是一成不变的公理和推论组成的数学书，它同样需要依靠逻辑的分析、概括与总结，需要接受逻辑的反思与批判，需要服从逻辑的法则，需要接受逻辑的指引。"⑤ 卡多佐就此说道："霍姆斯并没有告诉我们当经验沉默无语时应当忽视逻辑。除非有某些足够的理由（通常是某些历史、习惯、

---

① ［美］波斯纳：《法理学问题》，苏力译，中国政法大学出版社1994年版，第70页。

② ［德］阿图尔·考夫曼等：《当代法哲学和法律理论导论》，郑永流译，法律出版社2002年版，第316页。

③ David M. Walker. The Oxford Companion to Law, Published in the United States of America by Oxford University Press, New York, 1980, p. 1263.

④ O. W. Holmes, The Common Law, ed. M. Howe, Published by Little Brown Press, Boston, 1963, p. 1.

⑤ 王洪：《逻辑的训诫——立法与司法的准则》，北京大学出版社2008年版，第6页。

政策或正义的考虑因素)，……如果没有这样一个理由，那么我就必须符合逻辑，就如同我必须不偏不倚一样，并且要以逻辑这一类东西作为基础。"① 由此而言，无论是立法还是司法，法律实践的每个环节，都离不开逻辑规则的支撑。法律责任条款设置的逻辑规则首先应当符合法律思维的基本逻辑规律，因为法律思维本身就是一种严格的逻辑思维。

(一) 法律思维的基本逻辑规律

法律思维需要有严格的形式逻辑思维的支撑，或者说法律思维本身就可以看作是一种严格的逻辑思维。法律思维的基本规律，是指人们在法律思维活动中，运用概念，作出判断，进行推理和论证时普遍适用的思维规律。"立法必须遵守形式逻辑的基本规律，即：同一律、不矛盾律、排中律和充足理由律。同一律要求立法语言中所用概念须有确定的内涵和外延，而且前后一致。不矛盾律和排中律要求法律不允许出现两个互相反对或互相矛盾的判断，实指法律与法律之间、法律条文之间的协调统一，没有矛盾，如遇例外则以但书形式加以表明。充足理由律要求在思维论证过程中，要确定一个判断是真的，必须要有充足理由，实指由概念和判断组成的法律条文，须经得起逻辑推理，没有漏洞，且不会陷入循环论证。"② 就法律责任条款设置而言，其应当遵循的基本规律包括同一律、不矛盾律与排中律。充足理由律也是法律思维的基本逻辑规律之一，但对于法律文本中，责任条款设置的逻辑规律来讲，必要性不大，因为责任条款设置的依据是义务性条款，其充足理由已经存在，对于义务性条款设置的缘由的论证，并不属于责任条款设置需要解决的问题，因此，本文没有将充足理由律纳入责任条款设置的基本思维规律之中。法律责任条款设置除了要遵循这个形式逻辑的基本思维之外，还应当符合辩证思维基本规律的要求，辩证思维的基本规律是指法律中的条文表述要符合辩证思维基本规律的对立统一律、质量互变思维律、否定之否定思维律以及辩证的充足理由律。下面将重点阐述责任条款设置所应当遵循的基本逻辑思维规律。

---

① [美] 卡多佐：《司法过程的性质》，苏力译，商务印书馆1998年版，第17—18页。
② 莫湘益：《法的价值表达与语言优化——以刑事诉讼法为域》，载《海峡法学》，2011年第6期。

首先是逻辑同一律。同一律是指在同一思维过程中,每一思想的自身都应具有同一性。依据同一律的内容,在法律思维活动中对概念与判断的同一性都有明确的要求。[1] 同一律在概念方面的基本要求是人们在同一思维过程中使用概念时必须保持概念内涵和外延的同一,不能任意变换。具体而言,一是在同一思维过程中,不能故意用另一个不同的概念来代替原来的概念,否则,就会犯"偷换概念"的错误。二是在同一思维过程中,不能将两个不同的概念混淆起来,否则,就会犯"混淆概念"的错误。偷换概念与混淆概念之间是有区别的,"偷换概念是有意把不同概念当作同一概念加以使用,这是一种诡辩的手法,依靠它可以混淆视听,使人陷入困境。混淆概念是无意地把不同概念当作同一概念来使用。它多是由不恰当地使用多义词或近义词引起的,有的则是由于思想模糊,认识不清,没有准确地表达思想造成的。"[2] 同一律在判断方面要求人们在同一思维过程中运用判断和进行推理时,必须保持判断的同一性,不能任意或随便改变、转移。具体而言,一是在同一思维过程中,不能故意将原判断变换成另一个判断,否则,就会违反同一律对判断的基本要求,出现"偷换判断"的逻辑错误。二是在同一思维过程中,也不能无意或不自觉地把两个不同的判断混为一谈,否则,就会违反同一律对判断的基本要求,出现"转移论点"或"转移论题"的逻辑错误。

其次是逻辑不矛盾律。不矛盾律是指在同一思维过程中,相互否定的思想不能同时为真,必有一假。[3] 根据不矛盾律的内容,要求人们在同一思维过程中,即在同一时间、就同一关系而言,对于同一对象所形成的相互反对或相互矛盾的思想,不能承认它们都是真的。不矛盾律在概念方面明确要求,在同一思维过程中,一个概念不能既反映某对象又不反映某对象。否则,就会犯"自相矛盾"的逻辑错误。在判断方面,不矛盾律明确要求:在同一思维过程中,一个判断不能既断定某个对象是什么又断定它不是什么,在相互矛盾或相互反对的判断中,必须承认其中一个是假的。例如,我国《大气污染防治法》第 57 条第 2 款规定:"违反本法第

---

[1] 蒋新苗:《法律逻辑学》,湖南人民出版社 2008 年版,第 42 页。
[2] 王洪主编:《法律逻辑学案例教程》,知识产权出版社 2003 年版,第 165—166 页。
[3] 蒋新苗:《法律逻辑学》,湖南人民出版社 2008 年版,第 43 页。

41条第2款规定，在人口集中地区、机场周围、交通干线附近以及当地人民政府划定的区域内露天焚烧秸秆、落叶等产生烟尘污染的物质的，由所在地县级以上地方人民政府环境保护行政主管部门责令停止违法行为；情节严重的，可以处200元以下罚款"。这一款里的"人口集中地区、机场周围和交通干线附近"，很难进行量化进而作出具体规定。若真要是作出这样或那样的具体规定，却又恰恰违反了立法本身从具体到抽象的一般逻辑理路的要求。如果将这种立法矛盾上升到逻辑层面来看，其就是违背了逻辑的不矛盾律，一方面，应当对"人口集中地区"、"机场周围"、"交通干线"等这种相对模糊的概念进行界定；另一方面，如果对这些概念详尽加以表述，又会违背立法自身的属性，这样一来就会陷入自相矛盾。所以，在有些情况下只能在尊重实际的相对意义上，来认识和把握法律责任条款的合理性。如果完全陷入"理想化"境地设定出的法律责任条款，实际上也是行不通的。

最后是逻辑排中律。排中律，是指在同一思维过程中，两个互相矛盾的思维不能同假，其中必有一个为真。排中律在概念方面明确要求，在同一思维过程中，不能同时对反映同一对象的相互矛盾的概念予以否定。排中律在判断方面明确要求，在同一思维过程中，对于同一对象所作的两个相互矛盾的断定，必须肯定其中有一个是真的。违反排中律的逻辑错误称为"模棱两可"。张大松等指出，[①] 排中律并不要求对两个互相矛盾的命题，必须确定哪一个为真或哪一个为假，而只是要求对两个互相矛盾的命题不能都认定为假。因此，那种认为排中律是要求人们旗帜鲜明、在是非面前必须明确肯定哪一个的说法，是对排中律的误解。如果要求对于赞成什么或反对什么作出一个肯定选择，这也是对排中律的误解。

法律思维的同一律、不矛盾律与排中律等基本规律是密切联系同时又有各自特点的，联系方面，三种规律都是从不同角度表述思维的确定性。"同一律要求思想在同一思维过程中保持自身同一性（同真同假），不矛盾律不允许同一思想既真又不真的自相矛盾存在，它是从思想的一贯性方面来说的。排中律要求一个思想要么真，要么假，排除中间性，它是从思想的明确性而言的。"[②] 区别方面，"不矛盾律和排中律的适用范围、内容

---

① 张大松、蒋新苗主编：《法律逻辑学教程》，高等教育出版社2003年版，第16页。
② 关老健：《法理基础逻辑》，中山大学出版社2005年版，第96页。

与要求均不同；违反不矛盾律与排中律的逻辑错误的表现形式不同，其作用也不同。"① 同一律与不矛盾律和排中律之间的区别是显而易见的，不再赘述。需要指出的是，责任条款设置的基本逻辑思维规律是构建其逻辑规则的主要依据，这些逻辑规则也正是逻辑思维规律的具体呈现，当然，逻辑思维规律与责任条款构建的具体逻辑规律之间并不存在一一对应的关系。

（二）责任条款表述的逻辑完备性

法律责任条款表述的逻辑完备性是逻辑的同一律与排中律的要求与具体呈现。责任条款表述的逻辑完备性，是指在责任条款的具体表述中，其逻辑要素构成完整，不需要添加其他要素或存在逻辑要素缺失，即逻辑结构的完整性。完备性这个概念最早是自然科学的数学与统计学的概念，而后被借鉴到逻辑学、法律逻辑学当中的。"在制定法律时，由于立法者预见力与表达力的有限性，不可能预见和穷尽所有的可能和变化，也不可能完全地表达所有的可能和变化。法律只能是既定的、当时所能预见到和所能表达所有的可能和变化，这是不可避免的客观事实。但法律有可能而且也应当具有相对的完备性或完全性，这种相对的完备性不是指法律的社会完备性和历史完备性，而是指法律的内在完备性或逻辑完备性。倘若是法律应当作出规定而且是法律能够作出规定的，法律作出了规定，法律就具有内在的完备性；否则，法律就没有满足内在的完备性。"② 法律责任条款设置的逻辑完备性也是对前文第一章当中法律责任条款概念中关于法律责任条款的构成要素的回应。法律责任条款的构成要素包括逻辑要素、事实要素与价值要素，其共同支撑起法律责任条款概念的科学性与正当性。当法律责任条款的具体内容表述时也应当符合有关责任条款概念的结构性要素构成，因为只有符合这些结构性要素才会被定义为责任条款。法律责任条款具体表述的逻辑完备性也就包含了结构性要素的完整，包括逻辑因素、事实因素与价值因素。从宏观上看，"一个法治社会需要有严谨的法律体系，而一个严谨的法律体系就应当具有内在的完备性。立法上的分类或划分应当是逻辑完备的，而且在对某一问题进行规定时，对该问题的前

---

① 蒋新苗：《法律逻辑学》，湖南人民出版社 2008 年版，第 42—64 页。
② 王洪：《逻辑的训诫——立法与司法的准则》，北京大学出版社 2008 年版，第 35 页。

提性或先决性问题以及后续性问题应当作出相应规定。倘若法律规定内在不完备，就有可能导致法律适用的混乱，导致法治目标的落空。"① 下面以全国人大常委会的"释法"为例，具体说明之。

全国人民代表大会根据我国《宪法》第 31 条制定了香港特别行政区的《基本法》。《基本法》既是全国性法律，又是香港特别行政区的"宪法"。《基本法》的解释问题涉及香港的司法独立与香港地区的高度自治的问题，因此，这是《基本法》必须解决的一个重要问题。我国内地法律解释体制是立法解释、行政解释、司法解释并存，而以全国人大常委会的立法解释的效力为最高。根据全国人大常委会 1981 年《关于加强法律解释工作的决议》的规定，凡关于法律文本需要进一步明确界限或作补充规定的，由全国人大常委会进行解释或用法令加以规定；凡属于法院审判工作或检察院工作中具体应用法律、法令的问题，分别由最高人民法院和最高人民检察院进行解释，两院解释如有原则分歧，报请全国人大常委会解释或裁定；不属于审判和检察工作中的其他法律、法令如何具体应用的问题，由国务院及主管部门进行解释。

香港法律解释体制采用的是普通法模式，司法解释居于很高的地位。法院在审理案件时有权对案件所涉及的法律进行解释，立法机构如发现司法机关对于某一法律条文的解释有误，可以通过立法程序对有关法律进行修改，或制定新的法律，但不能直接就该法律条文作出解释；而行政机关对法律条文的理解与法院产生不一致时，也以司法解释为准。

根据《基本法》第 158 条②规定，对"关于香港特别行政区自治范围内的条款"香港特别行政区法院有权自行解释，对"关于中央人民政府

---

① 王洪：《逻辑的训诫——立法与司法的准则》，北京大学出版社 2008 年版，第 37 页。
② 《中华人民共和国香港特别行政区基本法》第 158 条规定：全国人民代表大会常务委员会授权香港特别行政区法院在审理案件时对本法关于香港特别行政区自治范围内的条款自行解释。香港特别行政区法院在审理案件时对本法的其他条款也可解释。但如香港特别行政区法院在审理案件时需要对本法关于中央人民政府管理的事务或中央和香港特别行政区关系的条款进行解释，而该条款的解释又影响到案件的判决，在对该案件作出不可上诉的终局判决前，应由香港特别行政区终审法院提请全国人民代表大会常务委员会对有关条款作出解释。如全国人民代表大会常务委员会作出解释，香港特别行政区法院在引用该条款时，应以全国人民代表大会常务委员会的解释为准。但在此以前作出的判决不受影响。全国人民代表大会常务委员会在对本法进行解释前，征询其所属的香港特别行政区基本法委员会的意见。

管理的事务或中央和香港特别行政区关系的条款",则在作出不可上诉的终局判决之前香港终审法院要提请全国人民代表大会常务委员会解释。但是,《基本法》对以下前提性或先决性问题以及后续性问题并未作出相应的规定:

其一,《基本法》的哪些条款属于"关于香港特别行政区自治范围内的条款"?哪些条款属于"关于中央人民政府管理的事务或中央和香港特别行政区关系的条款"(即范围之外的条款)?

其二,谁有权决定哪些条款属于"关于香港特别行政区自治范围内的条款"或者"自行解释的条款"?哪些条款属于"关于中央人民政府管理的事务或中央和香港特别行政区关系的条款"(即范围之外的条款)或"需要提请解释的条款"?

其三,一旦全国人大常委会和香港特别行政区法院各自对《基本法》条文理解不同而发生争议该如何解决?倘若全国人大常委会认为香港特别行政区法院"错误解释"或"越权解释"《基本法》条文时,全国人大常委会又应当以什么程序来补正?

由于《基本法》第158条对上述问题并未完全作出规定,香港法院自然要自己完成对《基本法》有关条款的解释工作,香港终审法院在"居留权"案件中也正是这样做的。

这样一来,香港特别行政区法院和全国人大常委会对有关条文的理解就有分歧而发生争议,如终审法院认为《基本法》第24条[①]是香港特别行政区自治范围内的事务,而全国人大常委会后来的释法行为却表明了它认为这个条文中对"永久性居民"的界定涉及中央和地方的关系。由于

---

① 《中华人民共和国香港特别行政区基本法》第24条规定:"香港特别行政区居民,简称香港居民,包括永久性居民和非永久性居民。香港特别行政区永久性居民为:(一)在香港特别行政区成立以前或以后在香港出生的中国公民;(二)在香港特别行政区成立以前或以后在香港通常居住连续七年以上的中国公民;(三)第(一)、(二)两项所列居民在香港以外所生的中国籍子女;(四)在香港特别行政区成立以前或以后持有效旅行证件进入香港、在香港通常居住连续七年以上并以香港为永久居住地的非中国籍的人;(五)在香港特别行政区成立以前或以后第(四)项所列居民在香港所生的未满二十一周岁的子女;(六)第(一)项至第(五)项所列居民以外在香港特别行政区成立以前只在香港有居留权的人。以上居民在香港特别行政区享有居留权和有资格依照香港特别行政区法律取得载明其居留权的永久性居民身份证。香港特别行政区非永久性居民为:有资格依照香港特别行政区法律取得香港居民身份证,但没有居留权的人。"

《基本法》第158条对此没有明确规定相应的争议解决机制与程序，因此，人们就很难说香港特别行政区通过国务院请求全国人大常委会的此次解释法律行为是遵守了抑或是违背了法定程序。

值得指出的是，《基本法》第158条实际上预设或假定了，香港特别行政区法院和全国人大常委会都了解"自治范围内的条款"和"范围之外的条款"的含义，并且对这些概念有相同的理解，在这两种条款的区分或界定上没有任何分歧。然而，"居留权"案件出现的一系列问题表明这个预设或假定是不成立的，人们在这些基本问题上是有分歧的。既然在《基本法》中为了维护"一国两制"的原则已经明确规定香港法院虽然享有终审权但与终审权有密切联系的法律解释权不是最终而是受限制的，那么问题的关键就不在于讨论香港法院的《基本法》的解释权是否应当受到限制，而在于在《基本法》中应当如何明确地、完备地规定香港法院的解释权应当受到哪些限制，以及规定两种解释制度下的法律解释冲突的解决机制与办法。如何建立既维护全国人大常委会的最终解释权，又维护《基本法》赋予特区高度自治原则下享有独立的司法权的基本法解释制度，这些问题恐怕是《基本法》应当深入研究的问题了。近期，有学者专门就此问题进行了专题研讨，[①] 一方面值得肯定的是这些问题已经基本上被厘清，并作了较为深刻的分析；但另一方面仍然没有意识到产生这些问题的逻辑症结之所在。

法律责任条款设置的逻辑完备性规则是指法律责任条款自身的内在完备性，而不是指条文含义的历史完备性或社会完备性，因为社会生活的事实无时无刻不在变化，通过立法抽象性概括是不可能一劳永逸地解决问题的。而责任条款设计的逻辑完备性规则则是从责任条款设计的自身内在出发，在责任条款的具体内容设计时，应当保持逻辑上的完备，保证逻辑结构的完整。责任条款在与作为其设置依据的义务性条款之间也应当保持逻辑结构上的完备性，这也是从法律规范整体的逻辑结构要求而言的，一个

---

① 具体可参见："一国两制"视野下香港法院适用法律的理论与实践的主题研讨，相关论文包括王振民、孙成：《香港法院适用中国宪法问题研究》，《政治与法律》2014年第4期；祝捷：《香港特别行政区终审法院法规审查的技术实践及其效果》，《政治与法律》2014年第4期；李纬华：《关于香港特别行政区终审法院适用提请释法规则状况的检讨》，《政治与法律》2014年第4期。

法律规范的完整逻辑结构包含条件假定、行为模式与法律后果三个要素，一般而言，行为模式是设定行为人有权或者不得为的某种行为，即是义务性条款的设定；而法律后果包括肯定性法律后果——法律奖励与否定性法律后果——法律责任。因此，从法律规范的逻辑结构本身来看，也要求法律责任条款设置应当与义务性条款设置相对应，保持逻辑上的完备性，而从责任条款内在方面来说，责任条款应当基于义务性条款设定的不同主体、情节、后果等不同因素设置相对应的责任条款内容，保持责任条款内在的张力，尽可能地做到逻辑上的完备性。客观而言，责任条款设置的逻辑完备性在实践中是一个重要问题，也是很难把握的一个问题，由于这种问题是隐含在责任条款具体内容之中的，只有分析其具体内容，有时还需要与相关的义务性条款进行对比方能发现判别其是否存在逻辑完备性方面的问题，因此在责任条款设置时需要特别注意把握条款在内的逻辑完备性。

（三）责任条款表述的逻辑明确性

法律责任条款表述的逻辑明确性可以看作是逻辑排中律的要求与具体呈现。责任条款表述的逻辑明确性是指责任条款的内容表述能够经得起逻辑上的推敲，逻辑结构清晰、层次分明即具有逻辑可靠性。美国法学家富勒提出的法治八大原则中，也包含有法律的明确性原则。法律应当清楚明了、内部逻辑一致并且没有要求人们为不可能之事。[①] 孟德斯鸠指出："在法律已经把各种观念很明确地加以规定之后，就不应当再回头使用含糊笼统的措辞。路易十四的刑事法令，在精确地列举了和国王有直接关系的讼案之后，又加上一句'以及一切向来都由国王的法庭审理的讼案'。人们刚刚走出专制独断的境地，可是又被这句话退回去了。"[②] 因此，不得用含糊或宽泛的语言表述法律，要求法律必须得到清楚表述，要防止产生"源自于法律本身的损害"。正是在这个意义上说："法律作为以正义价值为自身价值内核的规则，必然以确定性作为自身追求的目标和表

---

① ［美］富勒：《法律的道德性》，郑戈译，商务印书馆2005年版，第44页。
② ［法］孟德斯鸠：《论法的精神》（下册），张雁深译，商务印书馆1997年版，第297页。

现形式。"① 法律责任条款设置的逻辑明确性包括两个层面的要求，一是责任条款设置的逻辑前提明确；二是责任条款的具体内容表述结构清晰、层次分明。

首先，法律责任条款设置的逻辑明确性要求责任条款设置的逻辑前提明确，逻辑明确性有一个隐含的意思就是逻辑上的可靠性，要保障逻辑上的可靠性，就要责任条款设置的依据来源正当、合法，有明确的设置依据。这就不得不回到义务性条款的设置中来，义务性条款由于对行为人设定了法律义务，因此，应当对这种义务设定的正当性与合法性、合理性等方面作出较为充分的立法论证，确保这种义务行为的设定本身合法合理，而当义务性条款的行为一旦设定之后，责任条款的任务就是要通过具体内容设计来保障这种义务性条款的实施，使得义务主体能够履行义务，一旦违反义务性条款设定的行为，就会启动法律责任的追究制裁机制，使义务主体承担相应的法律责任。而如果义务性条款规定的不明确，模棱两可、似是而非，可能设定了义务行为，也可能没有设定义务行为，可能设定了这种义务行为，也可能设定了那种义务行为，如此这般就会使得责任条款的设定无从下手，究竟设不设定法律责任，设定何种法律责任就成了难题，这种责任条款设置表述的不明确，含糊不清就是由于作为前提的义务性条款设置模棱两可所造成的。因此，责任条款设置的逻辑明确性首先要求法律责任条款设置依据的义务性条款的内容表述在逻辑上应当具有明确性，如此才能设定与之相对应的逻辑上具有明确性的责任条款内容。这里的明确性指的是逻辑上的明确性，而并不是条文本身语词的明确性，语词的明确性是语言规则要规范的范畴，与逻辑上的明确性应当区别开来。

其次，法律责任条款设置的逻辑明确性要求责任条款的具体内容表述结构清晰、层次分明。法律责任条款的设置模式与具体表述方式从某种程度上也是为了解决责任条款的具体内容表述的逻辑明确性问题。法律责任体系的科学化、规范化必然要求责任条款设置的具体内容在表述逻辑上，结构清晰、层次分明，具有明确性。同时，责任条款表述内容逻辑上的明确性也促使责任条款内容本身的明确性。责任条款内容本身的明确性也是对执法与司法领域中自由裁判权的必要限制。例如，在刑事法律领域中，

---

① 沈敏荣：《法律的不确定性——反垄断法规则分析》，法律出版社 2001 年版，第 86 页。

如果法律规定自身不明确或不确定，法官的自由裁量权就缺乏必要的限制，司法刑罚权就缺乏明确的界限，就为法官任意解释和适用法律、滥用自由裁量权、甚至肆无忌惮地"合法地践踏法律"开辟了道路，司法刑罚权的滥用就不可能得到法律的阻止。这样一来，就不可能实现"法律之治"或"规则之治"，就从根本上放弃了罪刑法定原则。因此，不明确的或不确定的法律就是一种"恶法"。[①] 反之，如果注重责任条款表述的逻辑明确性与合理性，对于发挥责任条款维护和保障其他义务性条款实施乃至维护法律实施都具有重要的作用。但这种逻辑性与合理性背后也是有其规律可循的。例如《政府信息公开条例》第 23 条规定，行政机关认为申请公开的政府信息涉及商业秘密、个人隐私，公开后可能损害第三方合法权益的，应当书面征求第三方意见。但没有规定第三方未答复意见时，能否公开该信息。这时候如第三方超过期限不答复，将影响整个信息公开的流程。如果法律要进一步界定第三方不答复的后果，则需要考虑信息公开的流程。如果法律要进一步界定第三方不答复的后果，则需要考虑信息公开申请的成本。申请人为生产生活需要申请信息公开，如未获得信息，则其生产生活受到影响，此为其支付的成本；行政机关调查取证似乎为行政机关服务民众的体现，但面对众多的申请人，如都因第三方不答复而需调查取证，弄清第三方的真实意图，则行政机关将不堪重负，造成成本过于巨大；而第三方将同意公开或者不同意公开的意见反馈给行政机关，其支付的成本极小。因此，从支出的成本考虑，将答复作为一种义务界定给第三方，意味着社会以最小的成本保证了信息公开流程的顺畅。这种义务和责任的分配背后就有充分的理性选择理论的支撑，也是和经济学的"理性人"假设是一脉相承的。在此基础上，当第三方超过期限不答复时，应当将不答复的不利后果赋予第三方，即视为第三方同意公开该信息，以保证整个信息公开流程顺畅。不管是法律中的不利后果或者是法律责任，其设定都应当遵循一定的逻辑明确性与合理性。

如果将法律责任条款的内容与结构分解开来，其至少包括法律责任追

[①] ［德］阿图尔·考夫曼等：《当代法哲学和法律理论导论》，郑永流译，法律出版社 2002 年版，第 71—72 页。

究主体条款、责任承担主体条款、责任依据条款、责任具体形式条款、责任程序条款、责任归责条款等。这些具体的条款内容要根据条文具体表述进行排列组合的优化，其内容将是较为复杂的，即使根据法的结构缺省系统，有些条款内容要素可以省略，但多数条款内容要素还是需要明确的，因此在具体表述时就应当做到表述的结构清晰、层次分明，避免出现表述结构混乱，层次不明，从而引起理解上的误解与歧义。

（四）责任条款表述的逻辑一致性

法律责任条款表述的逻辑一致性可以看作是逻辑思维的不矛盾律与同一律的要求与具体呈现。法律责任条款表述的逻辑一致性是指责任条款设置时，其内容表述在逻辑上应保持一致，避免出现逻辑矛盾或含混不清。古希腊思想家苏格拉底早就告诫人们：你要表达就必须尊重逻辑法则。无矛盾性或一致性法则也是立法的一项基本准则。立法可以持有不同的价值理念，可以制定出不同的法律规范，但是，立法不得自相矛盾，法律应当是一个前后一致的、首尾一贯的、内部相容的、整体协调或融贯的规范体系。[①] 法律责任条款表述的逻辑一致性包含三个层面的要求。

首先，法律责任条款设置的原则之间在逻辑上应当保持一致性，通过前文的分析，法律责任条款的设置原则包括合法性原则、对应性原则、可操作性原则与规范性原则。在这些原则的逻辑关系上，合法性原则是责任条款设置应当坚持的前提与恪守的底线，无论在任何情况下，都不能突破这个原则；对应性原则是责任条款设置需要注重把握的基础原则，是责任条款设置规范化、体系化的条件基础；在坚持遵循前提与基础原则的情况下，协调性原则决定着责任条款设置的规范化、体系化程度，其具有承上启下的过渡功能；而可操作原则是从实践面向出发，检视理想化的责任条款设置，使之切实具有可行性与有效性；责任条款设置的落脚点与归宿则回到规范性原则上来，通过责任条款语言表述的准确性、明晰性与间接性，以及借助立法修辞技术提供理论支撑的可接受性标尺验证，以此确保责任条款设置的规范性。这就是责任条款设置各原则之间的逻辑关系，其

[①] 王洪：《逻辑的训诫——立法与司法的准则》，北京大学出版社2008年版，第19页。

不仅在逻辑上保持了一致性，而且各原则相互联系，形成一个有机的整体共同支撑责任条款设置的规范化。

其次，法律责任条款设置的规则之间在逻辑上也应当保持一致，责任条款设置的逻辑规则是整个责任条款设置规则体系中居于前提性和基础性地位的规则；而语言规则承担着规范引导整个责任条款的具体内容表述的任务，所有的责任条款与整个法律文本都是由语言文字构成的，而修辞规则的功能是使得责任条款的内容表述以可实施、可接受的方式呈现出来。三个规则体系在各自不同层面上发挥着保障责任条款设置科学化、合理化与规范化的功能。其在逻辑上，遵循了逻辑一致性的规则，并且三个规则逻辑结构完整、层次分明，也符合了法律责任设置的基本逻辑思维规律。

最后，法律责任条款设置的原则与规则之间应当保持逻辑上的一致性。原则与规则之间保持逻辑上的一致性，要求原则和规则之间至少应当是能够兼容的、连贯的。具体而言，从正当性理念到合法性原则再到逻辑性规则，从设置理念、设置原则到设置的具体规则都是一脉相承的，合法性原则、对应性原则衍生到具体的设置规则上就主要表现为逻辑性规则，通过严格的形式逻辑规则来保障责任条款内容设置的合法性，其在逻辑上肯定是具体一致性的，而可操作性原则、规范性原则则衍生出逻辑的明确性、完备性规则以及具体的语言规则与修辞规则，其在逻辑上也保持了内在的一致性。从宏观上看，整个法律文本的设计"与法律意图、法律目的及法律价值取向之间应当具有内在一致性，法律规定一旦实施以后所产生的结果与立法意图、立法目的与立法价值取向之间具有内在一致性，法律规定应当倾向于实现法律的意图、达到法律目的、贯彻立法的价值取向。法律体系之间也应当是协调的、兼容的、和谐的。"① 自相矛盾的法律是对法律自身的损害，是对法治的摧毁，是一种"恶法"。

倘若法律条款作出了相互抵触、冲突、矛盾的规定，就会导致法律适用的困难与混乱。例如我国《合同法》一方面在委托合同第402、403

---

① 王洪：《逻辑的训诫——立法与司法的准则》，北京大学出版社2008年版，第19—20页。

条①规定中引进了英美法本人身份不公开的代理制度；另一方面在第421条②行纪合同规定中又引进了大陆法系行纪合同制度。英美法系的"不公开本人身份的代理"是"两个合同、两方当事人"的法律结构，即尽管代理人是以自己的名义与第三人进行法律行为，但是合同的相对性原则几乎不被考虑，本人可以通过"介入权"直接起诉第三人，第三人也可以通过"选择权"直接起诉本人。而大陆法系的"行纪"是"两个合同、三方当事人"的法律结构，即坚持合同的相对性原理，行纪人以自己的名义与第三人进行法律行为，行纪人对第三人享有权利、承担义务，除非基于权利转移，原则上背后的本人与第三人无任何法律关系。英美法系的代理制度和大陆法系的行纪制度是两种不同的、不一致的法律制度，这两种制度将某些相同的行为视为不同的法律关系、规定了不同的法律责任和法律后果。这样一来，一旦产生纠纷，司法裁判者可能会无所适从，他会发现对以自己的名义、为他人的利益所进行的民事法律行为，既可以适用委托合同第402、403条的规定，也可以适用行纪合同第421条有关的规定，但其法律适用的结果却是完全不同的。

因此，不仅法律责任条款表述应当遵循逻辑一致性，"一个好的法律体系总是在逻辑上具有自身的内在一致性或协调性，并因此具有严密性或严谨性。追求法律的内在一致性，以遏制人们激情的泛滥与价值的疯狂，使人们对直觉与本能保持应有的警惕，对任何思想或理论保持应有的清醒和冷静。维护法律的严肃性、权威性和公正性，这应当是立法

---

① 《合同法》第402条规定："受托人以自己的名义，在委托人的授权范围内与第三人订立的合同，第三人在订立合同时知道受托人与委托人之间的代理关系的，该合同直接约束委托人和第三人，但有确切证据证明该合同只约束受托人和第三人的除外。"第403条规定："受托人以自己的名义与第三人订立合同时，第三人不知道受托人与委托人之间的代理关系的，受托人因第三人的原因对委托人不履行义务，受托人应当向委托人披露第三人，委托人因此可以行使受托人对第三人的权利，但第三人与受托人订立合同时如果知道该委托人就不会订立合同的除外。受托人因委托人的原因对第三人不履行义务，受托人应当向第三人披露委托人，第三人因此可以选择受托人或者委托人作为相对人主张其权利，但第三人不得变更选定的相对人。委托人行使受托人对第三人的权利的，第三人可以向委托人主张其对受托人的抗辩。第三人选定委托人作为其相对人的，委托人可以向第三人主张其对受托人的抗辩以及受托人对第三人的抗辩。"

② 《合同法》第421条规定："行纪人与第三人订立合同的，行纪人对该合同直接享有权利、承担义务。第三人不履行义务致使委托人受到损害的，行纪人应当承担损害赔偿责任，但行纪人与委托人另有约定的除外。"

的使命"。① 反之，如果法律责任条款表述在违背了逻辑的一致性，就使得责任条款在具体实施时容易发生歧义或产生误解，甚至使得整个法律文本都显得极为不协调。当然，法律文本中，其他条款内容的表述也应当遵循逻辑的一致性，否则就显得格格不入，例如《食品安全法》第13条②的规定共有四款，第1款表述国家建立食品安全风险评估制度；第2款表述由谁来评估；第3款则表述非食品类的农药等安全性评估应该有第2款中的食品安全风险评估专家委员会的专家参加；第4款又表述食品安全风险怎样评估。根据本条内容表述，其主要是规定了食品安全评估制度的构建与实施，同时涉及对农药、肥料、生长调节剂、兽药、饲料和饲料添加剂等的安全性评估的规定。从逻辑一致性的角度看，第3款的规定就显得不太协调，与第2款、第4款的内容无法衔接，违背了逻辑的一致性，较为恰当的表述方式应当是将原第4款的内容前移至第3款，而将原第3款的内容变更为第4款，这样一来就显得较为协调，前三款内容在逻辑上保持了一致性，都是涉及食品安全评估制度构建的内容，第4款补充规定与此相关的对农药、肥料、生长调节剂、兽药、饲料和饲料添加剂等的安全性评估的规定。

以上即是法律责任条款设置所应当坚持遵循的逻辑性规则，包括逻辑的完备性、逻辑的明确性与逻辑的一致性，三个具体逻辑规则也都体现了法律责任条款设计的基本逻辑思维规律的内化与呈现。三个具体规则构成了法律责任条款设置的逻辑性规则的整体，共同引导规范责任条款内容的具体表述。

二 责任条款设置的语言规则

包括法律责任条款在内的整个法律文本都是通过立法语言的形式呈现

---

① 王洪：《逻辑的训诫——立法与司法的准则》，北京大学出版社2008年版，第34—35页。
② 《中华人民共和国食品安全法》第13条规定："国家建立食品安全风险评估制度，对食品、食品添加剂中生物性、化学性和物理性危害进行风险评估。国务院卫生行政部门负责组织食品安全风险评估工作，成立由医学、农业、食品、营养等方面的专家组成的食品安全风险评估专家委员会进行食品安全风险评估。对农药、肥料、生长调节剂、兽药、饲料和饲料添加剂等的安全性评估，应当有食品安全风险评估专家委员会的专家参加。食品安全风险评估应当运用科学方法，根据食品安全风险监测信息、科学数据以及其他有关信息进行。"

出来的，以文字作为载体。因此，法律责任条款设置的语言规则具有十分重要的地位，发挥着规范引导责任条款具体内容表述的功能。立法语言文字是立法主体按照一定的规则表述立法意图、设定法的规范、形成规范性法律文件的一种专门语言文字，是一定的意志或利益得以表现为成文法或法的规范的专门载体。① 法律语言有时又称为法言法语，其特点主要表现为："第一，法律语言在用词上，追求词义的准确性和普适性；第二，法律语言在形式上，力求简练、清晰、明了。第三，法律语言在走向上，强调相对稳定性和专用性。"② 一切法律规范都必须以作为"法律语句"的语句形式表达出来。可以说，语言之外不存在法。法和语言间的不可分割的紧密联系同时也表明语言对法的制定和适用产生的影响：法的优劣直接取决于表达并传播法的语言的优劣。③ 通过前文有关我国法律文本中责任条款设置现状与问题的分析，可以发现目前在法律文本中，仍然存在着语言表述的失范问题，"法律语言的失范可以分为表述过度、表述不足、表述不当和表述不美四类。"④ 因此，责任条款设置时应当高度重视语言表述问题，竭力避免语言失范问题。

之所以说，竭力避免而不能杜绝语言失范问题，因为语言表述的内容并非永恒不变。语词和文本的内容在群体或个人的语言发展这个永恒流淌着的河流中不断变化。人们可以这样形象地说：概念就像挂衣钩，不同的时代挂上由时代精神所设计的不同的"时装"。语词的表面含义（等于挂衣钩）是持久的，但潮流（概念内容）在不断变化。⑤ 但是，这里要说明的是之所以语词的表面含义是持久的，是因为语词乃至于由语词构成的法律具体条文背后都隐含着相应的语言规则的保障。正是由于这些语言规则实时地在规范着法律文本具体条款的含义，退一步看，不仅是立法，司法实践中对于法律文本的解释，虽然会随着时代而发生法律文本具体条款语词含义的流变，但出于语词概念内核的含义始终是不会改变的，这就是语

---

① 周旺生：《立法学》，法律出版社2004年版，第354页。
② 蒋新苗：《法律逻辑学》，湖南人民出版社2008年版，第9—10页。
③ ［德］伯恩·魏德士：《法理学》，丁小春、吴越译，法律出版社2003年版，第73—74页。
④ 宋北平：《法律语言规范化研究》，法律出版社2011年版，第64—72页。
⑤ ［德］伯恩·魏德士：《法理学》，丁小春、吴越译，法律出版社2003年版，第80页。

言规则在发挥着保障功能。而处于概念外延的语词含义就会随着时代的变化而发生含义的流变,这是由法律语言自身的模糊属性所决定的,无法避免,也不应避免,因为正是由于概念外延含义的流变,才使得法律文本能够保持一定的张力,通过解释与释法行为,将纷繁复杂的社会生活事实纳入到相对稳定、抽象的法律条文规则当中。

(一) 立法语言的模糊性

构成法律文本内容的是一个个的具体条款,而构成具体条款的则是语言文字——法言法语,虽然作为法言法语的立法语言具有自身的特殊性,但不可否认的是,"法律语言是不自足的,它以自然语言为载体,建立在自然语言的基础之上,依赖于自然语言,离不开自然语言。大多数法律语言,在法律预警中并未特别加以解释和界定,因而不为法律所独有,还需要运用自然语言界定和解释其意义。即使只在法律语境中才有意义的法律语言,如法人、诉讼代理等,最终也离不开运用自然语言界定和解释其含义。这样一来,自然语言的不确定性自然就会传递到法律语言之中,使法律概念的含混或模糊成为可能。"[①] 本文首先明确地肯定,模糊性是立法语言的基本属性之一,我们应当客观看待立法语言的模糊性,模糊性并不是百害而无一利,立法语言的模糊性与语言的模棱两可、含混不清不可混淆对待。立法语言的模糊性不可避免也不能避免。

立法语言模糊性的原因是多元的,德国法学家魏德士指出:"法律调整的生活事实多种多样,无法穷尽。反之,出于各种原因,法律条文和法律信条的数量则尽可能精简而且具备条理性。法律所调整的事实的无限性与法律规范数量的有限性要求之间的辩证关系或者说矛盾必然在语言上产生如下结果:成文法规范必须包含普遍的、一般化的评价标准。尤其是在需要调整大范围的生活事实或者案件类型时,上述矛盾就更加明显。解决上述矛盾的手段很多,例如使用不确定的法律概念,又如使用一般条款,如重大事由、诚实信用、善良风俗、公平裁量等。可见,在立法过程中必须有计划地使用不确定的法律概念和一般条款,换言之,概念的不确定性是预料之中的事。通过这种方式,就能够为相应的法律规则确立比较大的

[①] 王洪:《逻辑的训诫——立法与司法的准则》,北京大学出版社2008年版,第10页。

适用范围和裁量空间，法律也因此具备了灵活性。借助于法律概念的这种开放性和不确定性，既可以将法律适用于新的事实，又可以适用于新的社会与政治的价值观。"① 由于法律概念本身的不确定性与开放性，使得立法语言的模糊性不可避免，同时也需要这种模糊属性来保持法律文本本身的张力。姜廷惠指出，"法学意义上的立法语言模糊性的原因包括规范缺失、法律规范的不协调性、位阶原则的适用所导致的漏洞、法律概念自身的模糊性、对未来和边缘事实的相对无知、立法目的的模糊性等"。② 由于法律必须用语词表达，语词有一个不确定的半影地带，因此它必然会导致一些边际情形的出现。所有的语词毫无疑问都是可以在一定的区域范围内予以归属的，但是在半影的范围之内，其可否归属则存在质疑，而在半影的范围之外，它们又再次明显不可被归属。模糊性以及因模糊性而产生的不确定性是立法的基本特征。③ 恩迪科特的这种论断似乎又过分夸大了模糊性以及由此产生的不确定性对于立法的影响，甚至将不确定性视为立法的基本特征，这种论断值得商榷，从立法学的视角来看，这种看法是不恰当的。

郭道晖指出，"与立法要求概念的内涵必须明确、外延必须穷尽相反，有时候，为了表述上的方便和适用上的伸缩性，立法者还要有意识地使用一些模糊概念。模糊概念与概念含混不同，它不是模棱两可，而是有一定质和量的范围界限，但又不是十分确定，具有一定的概括性和伸缩性。"④ 模糊概念在立法中的使用有其存在的根据和特定的条件：⑤ 首先，法在时间与空间上广泛的适用性，决定了立法中需要使用一些模糊概念。法本身应力求具体、明确，越具体、越明确、越易于遵守和执行。但是，法所规范的行为是从一般行为中抽象出来的，它不能够反映具体行为的所有特征。其次，人们对客观事物感觉认识的不确定性，决定了立法中不可

---

① [德] 伯恩·魏德士：《法理学》，丁小春、吴越译，法律出版社2003年版，第88页。
② 姜廷惠：《立法语言的模糊性研究——兼及对〈中华人民共和国刑法〉语言表述的解读》，中国政法大学出版社2013年版，第118—134页。
③ [英] 蒂莫西·恩迪科特：《法律中的模糊性》，程朝阳译，北京大学出版社2010年版，第11页。
④ 郭道晖总主编：《当代中国立法》（上、下卷），中国民主法制出版社1998年版，第1357页。
⑤ 同上书，第1358—1359页。

避免地要使用一些模糊概念。从认识论来说，人们对具体事物的认识总是有限的，或多或少带有一些不确定性。最后，人的思想、思维和人的心理活动等一些抽象的东西，也是立法中适用模糊概念的概括。例如，情节恶劣、显失公平等。模糊概念在立法中加以适当运用，对于便利适用者因地因时制宜有一定的弹性，正确处理立法中原则性与灵活性的结合，有很大用处。

立法语言模糊性的类型包括单维模糊与多维模糊；主动模糊与被动模糊；内部模糊与外部模糊；潜在模糊与实际模糊；外延模糊与内涵模糊；绝对模糊与相对模糊等。[1] 比克斯解释指出，"模糊性指的是意义上的不精确性，常在应用某个词的边界时出现。模糊性在其最狭义的哲学意义上讲，指的是那些边界不确定的词，但其核心意义在使用时常常是相当确定的"。[2] 例如发生在北京动物园动物伤害的案件中，关于"野生动物"的理解就发生了争议。野生动物究竟是指处于野生状态的动物呢，还是指具有野性的动物呢？甚至有人认为，如果是野生动物园，就应当认定为野生动物，如果不是野生动物园则不应当认定为野生动物。其实，一般我们提及"野生动物"这个概念时都不会发生争议，因为野生动物这个语词概念的内核是比较清晰明确的，但当野生动物被放置于动物园之内进行人工喂养，供人参观、游览时，这时的野生动物还能否被认定为"野生动物"呢？当出现特定条件、特定情境、特定语境时，原本清晰的语词概念含义即发生争议，这是因为当出现特定情况时，使得"野生动物"这个语词的概念含义发生流变，从概念内核过渡到概念边缘，从而引起争议。

本文认为模糊性是立法语言的基本属性之一，这是应当客观看待的，立法语言的模糊性不可与模棱两可、概念歧义混为一谈，前者与后者是有本质区别的，立法语言的模糊性是语言的基本属性之一，而语言表述的模棱两可、概念混淆、歧义等都属于立法语言表述失范的问题表现，是需要加以避免并杜绝的问题。立法语言模糊性的原因，主要包括三个方面，一是语言本身的模糊性，由此不可避免地带来立法语言的模糊性；二是法律

---

[1] 姜廷惠：《立法语言的模糊性研究——兼及对〈中华人民共和国刑法〉语言表述的解读》，中国政法大学出版社2013年版，第96—112页。

[2] [美] 布莱恩·比克斯：《牛津法律理论词典》，邱昭继等译，法律出版社2007年版，第237页。

文本中概念自身内涵与外延的不确定性所导致的模糊性；三是立法调整、规范社会事实的客观需求也使得立法者在条文表述时使用特定的模糊性表述，以此保持法律文本自身的张力与解释力。

模糊性作为立法语言的基本属性，就像一个硬币的两面，有其有益的一面，但同时也存在弊端，通过法律责任条款设置的语言规则能够最大限度地克服由于立法语言模糊性所带来的对于法律责任条款乃至整个法律文本的有效、准确实施的困扰，下文将从语言表述的准确性规则、简洁性规则与规范性规则三个层面来规范责任条款的语言表述问题。

（二）责任条款语言表述的准确性

责任条款设置第一个层面的语言规则是语言表述的准确性，立法语言应当准确地反映出其所指，但同时我们必须承认的是语言具有复杂性。现代语言学创造人索绪尔第一个注意到语言的复杂性。语言是一个社会约定的符号系统（system of signs）。这里所谓的符号，就是形式和意义的联合，索绪尔称之为能指（the signifier）和所指（the signified）。语言的基本特征，是形式和意义的自由结合，以任意性为基础的语言符号系统使语言的能指与其所代表的世界之间没有必然、固有的联系，由此，语言可以灵活自如地表达，具有无限的创造力。哈特的理论认为语言自身具有"开放结构"，语言的任意性是相对的，语言是有其"意义中心"的。模糊性、歧义、不完全性、不可通约性是语言不确定性的渊源。模糊性是指一个词适用范围的不确定性。立法者制定法律的时候常常使用模糊的法律概念。语词的模糊性与法律解释理论密切相关。法律的模糊性会导致法律的不确定性。如果法律文本或法律话语有歧义，那么它们的意义便不明确。语言的歧义是可以消除的。一些有歧义的句子放在一定的语境中并不会产生误解。由于语言的歧义而导致的不确定性不是彻底的不确定性。语言的不完全性意味着：人类语言所能做出的任何定义，都是不完备的。法律的不完全性意味着法律无法决定案件的结果。法律的不完全性并不必然导致法律的不确定性，因为法律方法一定程度上可以消除法律的不完全性。不可通约性是指两个行为、选择或价值不能被放到同一标尺上衡量。不可通约性是实践推理的一个重要特征。有时法律问题具有几个不可通约的答案，因而法律具有不确定性。[①] 立法语言的复杂性主要根源就是来自于自身的不确定性，"对法律认知而言，有一个很重要的问题：如果词语内容不清晰，词语、句子或文本的含义的准确性就会受到限制"。[②] 观察分析现行有效的法律文本中普遍存在的语言表述上的问题，较明显地体现为"语言的冲突、语言逻辑的错误、语言内部结构的不规范和语体风格的误区。解决这些问题须从立法技术理论的高度予以全面的框范"。[③] 仔细分析，可以发现这些普遍存在的问题都或多或少地与立法语言表述的不准确有关联，因此从整个法律文本设计以及责任条款的具体语言表述来看，都需要高度重视语言表述的准确性问题，有效把握语言表述的科学性与准确性。

李培传认为立法语言的准确性应当重点把握以下几个方面，[④] 一是法律用语使用的概念要准确；二是法律用语应当有明确的时间概念；三是法律用语应当有适当的数字概念；四是法律用语应当体现对规范调整的客观事物的质和量的界限。这个认识将法律文本中的具体条文要素进行分解，从中选择较为关键的要素进行分析有一定道理，但如果就法律文本中，责任条款的设置而言，这几个方面就显得针对性不强，本文认为，针对法律文本中，责任条款设置的具体语言表述，其准确性从主要从如下几个方面来把握。

首先是语言表述应当明确、肯定。所谓明确、肯定，就是指责任条款的具体构成要素，例如责任主体、责任形式、责任程序等要用清楚的、具体的、明白无误的语言文字来规范表述。以责任主体表述为例，应当将责任主体明确、肯定地予以确定，而尽量不用"国家"、"政府"、"县级以上人民政府"、"县级以上人民政府行政主管部门"等这种较为含糊、笼统，甚至模棱两可的措辞作为责任主体，对于确有必要使用此种表述的也应当明确由哪个政府行政主管部门作为责任主体，例如对于市场秩序的管理，就应当明确由工商管理行政部门作为具体责任追究主体。"明确、肯定的立法语言文字是有其标志的。要做到明确、肯定，就要做到清晰、

[①] 邱昭继：《语言的性质与法律的不确定性》，《西部法学评论》2012年第4期。
[②] ［德］伯恩·魏德士：《法理学》，丁小春、吴越译，法律出版社2003年版，第79页。
[③] 刘红缨：《立法技术中的几种语言表述问题》，载《语言文字应用》，2002年第3期。
[④] 李培传：《论立法》，中国法制出版社2004年版，第394页。

确定。"① 通常情况下无须专家作专门解释便可以让人们把握其要旨；就要尽可能避免使用"符号化文字"。台湾学者罗传贤指出："所谓符号化文字，指以文字符号代表某些思想体系，用之解释其复杂抽象的理论思想。例如，社会主义、民主政治、新闻自由等语词皆属之，这些语词在人们接受与认知作用时，由于每个人的参考架构的殊异，经验范围的不同，以及未谙符号的内在意义，以致在符号认知过程中产生曲解或误解。例如，民主一词在今日已成为世界上一种流行之迷思，广为世人知晓，然而在其内涵真义，不同的人们则有不同的解释。"② 关于此问题，下文还会专门论及，在此不作赘述。

其次是语言表述中，语词的一致性。在不同的法律文本中，责任条款设置时应当坚持法律语言、法律词汇使用的一致性。语词的一致性主要表现为：第一，责任条款的语言表述的具体语词确定应当采纳社会公众普遍认可的语词，立法者不宜独辟蹊径，创造新词；第二，上位法中责任条款语言表述时已经采纳的合理使用的语词，下位法不得任意改变，应当与其保持一致；第三，上位法在修订时，对于下位法中责任条款语言表述时已经为社会普遍认可的语词，也要积极地予以接受，而不必创造新词。第四，在其他部门法中责任条款语言表述时已经合理使用的语词，在本部门法中也应采用。从宏观上讲，由于不同的语言和文化，不同国家的法律体系，甚至一国内部的法律体系都各不相同。在法律移植和法律继承时，立法者应当正确使用语词，努力保持语义的准确完整。

再次是语言表述的严谨性。严谨是指立法语言文字的使用应当严密、周详，逻辑合理，无懈可击。③ 严谨性同时也是立法语言文字的一个基本规则，严谨性对于责任条款的语言表述来讲尤为重要，因为责任条款的内容主要是对义务性条款行为的违反主体施以法律制裁，这种制裁可能涉及责任主体的人身自由等身体权利，也可能涉及责任主体的财产剥夺或赔偿，抑或涉及责任主体的政治权利等其他方面的权利，甚至是责任主体的生命权等。因此，对待责任条款的内容表述不得不谨慎，在语言表述时应

---

① 周旺生：《立法学》，法律出版社 2004 年版，第 357 页。
② 罗传贤：《立法程序与技术》，台北五南图书出版公司 2002 年版，第 161 页。
③ 周旺生：《立法学》，法律出版社 2004 年版，第 358 页。

当恪守语言严谨性,用词准确、规范,避免产生误解或发生歧义。严谨性要求语言表述要较为周延,不能出现语言表述的疏漏,这种周延不仅仅是指概念的周延性,而是指整个责任条款的语言都应当比较周详,防止出现法律漏洞,使责任主体逃避法律制裁或承担本不应当承担的法律责任。

最后是语言表述的准确性要求责任条款的语言表述中使用标点符号也应当准确、合理。李培传指出,"在法律条文中,如果使用标点符号不当,该法律条文的内容和含义就难以得到正确表述,可能会由此把其内容和含义弄得模糊或混乱起来,有的甚至会把其含义弄成相反的结果。一个标点符号虽小,但它在法律文本中所起的作用往往很大。一个法律文本需要有正确的立法思路,合理的总体设计,准确的使用概念,法律条文表述要有恰当的遣词造句,这一切都离不开对标点符号的正确使用。所以,标点符号在法律用语中所起的作用十分重要,不可疏忽大意或掉以轻心。立法实践表明,有时在一个法律文本中的某一条文里的某一个标点符号使用的正确与否,对法律条文的原意影响很大"。[①] 对于责任条款的表述而言,就更是如此,有时一个标点符号就可能决定责任主体是承担并列的法律责任还是选择性地承担法律责任,例如,在两种具体的责任承担形式之间如果注明顿号,那么一般就会承担顿号前后并列的两种责任,而如果是分号或者是其他标点符号抑或是没有标点符号的话,可能责任形式就会发生另一番结果,因此,对于责任条款语言表述中的标点符号也应当保持准确、合理,从而使得整个责任条款的语言表述都朝着规范化的方向发展。

(三) 责任条款语言表述的简洁性

法律责任条款设置第二个层面的语言规则是简洁性。法学家孜孜以求的探索法言法语的精确,"精"即是指精练、简洁,"确"指的是准确、明确。虽然"精"在"确"之前,但法律文本表述,尤其是责任条款的语言表述首先还是要做到准确,在语言表述准确的前提下力求语言表述的简洁性。法律、法规和其他规范性法律文件,要起到为人们的行为提供标准和指明方向的作用,就要易于为人们理解和掌握,其语言文字就要通俗、简洁。这里所谓通俗,主要是说能使一般人有效地理解,通常不发生

[①] 李培传:《论立法》,中国法制出版社 2004 年版,第 394 页。

理解上的障碍。所谓简洁，主要是说言简意赅、要言不烦、切中要害。①"一般文章之写作，须讲求文字优美，修辞华丽，对同一观念或意见之表达，则尽量避免重复出现相同之词语，使文章结构显得有变化而不单调。但法规条文之撰拟则讲求用字用词的一贯和统一。同一文字在同一个法里必须表示同一观念或意思；在同一个法里，若运用不同词语，在法规解释上应代表不同含义。否则，便容易造成观念和意思的混淆。职是之故，为了法规用词含义之正确性与稳定性，宁可牺牲文词之美，放弃华丽之修辞，以免以辞害意。"② 这种看法有一定道理，正确把握了法律责任条款设置的各语言规则之间的位次与逻辑顺序，首先应当注重的是责任条款设置的语言准确性规则，在保障准确性规则的前提下再追求语言表述的简洁性，为了保持语言表述的准确性与简洁性，宁可牺牲语言文字之美感、华丽的修辞。同时，这一看法也有不可取之处，诚然语言表述的准确性与简洁性十分重要，相对之下应当舍弃文字的修辞，但文字的修辞之美与语言的准确性与简洁性之间并不是截然对立的，该看法似乎将两者对立起来，以为两者不能兼容，其实不然，法律文本的条款表述，尤其是责任条款的表述，除了注重语言表述的准确性、简洁性之外，还应当注重语言的修辞规则的功能发挥，准确性、简洁性与修辞性是可以做到相兼容的。

关于法律责任条款语言表述简洁性的要求，孟德斯鸠从四个方面强调了法律语言的简洁性要求："首先，直截了当的表述总比深沉冗长的辞句易懂；其次，不使用含糊笼统的措辞；再次，法律不要精微玄奥，而应向一个家庭父亲的简单平易的推理；最后，尽量避免可能的节外生枝的语句。"③ 但另一方面需要我们警惕的是，法律用语讲究简洁，必须尊重科学、尊重对所规范调整对象的内在联系和运行规律。要在充分体现法律规范的准确与完善的前提下，积极探索和研究用语简洁问题，绝不能不顾正确表述法律的实际内容以及法律规范完整性的要求，而片面地去追求所谓法律用语简洁。否则，有可能会削弱或损害立法原意和效果，与立法目的相悖，从而会失去法律用语应当简洁的真实意义。因此，在设计或修改法

---

① 周旺生：《立法学》，法律出版社 2004 年版，第 357 页。
② 李建聪：《立法技术与法制作业》，三民书局 2000 年版，第 169—170 页。
③ ［法］孟德斯鸠：《论法的精神》，张雁深译，商务印书馆 1963 年版，第 296—298 页。

律条文时，在法律用语的遣词造句上，需要采用和坚持实事求是的科学态度和做法。① 本文认为，对于法律文本中责任条款表述的语言简洁性方面的要求，主要应从以下几个方面来把握。

首先，法律文本的结构设计应当科学、合理，法律文本的结构包括形式结构的科学合理，如标题、序言、题注、总则、分则、附则等的科学、合理设计；实质结构的科学、合理，例如定义条款、立法目的条款、立法任务条款、过渡性条款、授权性条款以及与责任条款相对的奖励性条款等的科学、合理设计。法律文本整体结构的科学、合理的设计，能够为责任条款语言表述的简洁性创造有利条件。

其次，责任条款设计的简洁性要以义务性条款设计的科学、合理、简洁为前提，如果义务性条款设计的杂乱无章，结构混乱、层次不明，那么，无论责任条款设计的如何精良，都很难做到自身的简洁性，反之，如果义务性条款设计的科学、合理，条款表述逻辑结构清晰、层次分明，具有良好的简洁性，那么责任条款的表述就会自然而然的沿着义务性条款的表述逻辑展开，使自身注重简洁性。

再次，法律责任条款语言表述的简洁性要注重合理运用责任条款的设置模式与具体语言表述方式。通过前文对现行法律文本中，责任条款设置模式与表述方式的各自优、劣势以及具体应用条件与限制的分析，责任条款语言表述的简洁性很大程度上即体现为设置模式与具体条款内容表述方式的合理运用，通过合理运用，能够使得责任条款的语言表述科学合理、结构严谨、层次分明，责任条款自然就具有了简洁、明确的特性。特别需要注意的是，法律责任条款的语言表述在采用条文对应模式时，要注重"繁简得当"，最大限度地发挥这种表述的优势，而避免其劣势，扬长避短；在采用行为归纳表述模式时，应当做到合理节制并且灵活掌握，行为归纳表述模式最大的优势在于，便于受众直接了解法律责任所针对的违法行为，而不必在查阅文本中涉及相关义务性条款的具体内容，这就使得法律文本在实施过程中，便于执法者与司法者进行查阅、检索，方便了执法与司法，但从另一方面看，这与立法自身所追求的简洁明了以及条文规范的严谨性之间似乎又南辕北辙了；采用综合表述模式时，应注重适用这种

---

① 李培传：《论立法》，中国法制出版社2004年版，第373页。

表述模式的必要条件，之所以要采用综合表述模式，就是单独采用条文对应表述模式或者行为归纳表述模式都无法克服其自身固有缺陷，因此将两种表述模式综合起来运用；最后应当尽量摈弃笼统的责任表述模式。

最后，法律责任条款语言表述的简洁性要求责任设计的遣词造句也应当简洁。语言表述的简洁性离不开立法用词以及语句的简洁性。在责任条款表述的用词上，应当尽可能做到语词的严谨、精练、通俗，没有歧义，不会产生误解等。对立法语句要求，一是尽可能采用并列结构，使语言表述较为精练、简洁，包括词语并列，例如我国《刑事诉讼法》第 64 条[①]之规定，采用了词语并列，即行为主体并列、行为对象并列和行为方式并列；短语并列，例如我国《宪法》第 21 条[②]之规定；复句中的分句或单句并列，例如我国《刑事诉讼法》第 110 条[③]之规定。二是合理使用主动句与被动句。[④] 所谓主动句，是动词的主语是该动词动作的执行者的句子；与此相对应，动词的立法是动词动作的承受者的句子，就是被动句。在立法中，如果表达某一意思，主动句和被动句都能表达，则应考虑使用主动句为原则，被动句为例外的规则。从立法实践看，规定某一主体的某种违法行为的法律责任时，一般用被动句。法律责任都是针对某一主体的某种违法行为规定的责任，通常都将处罚的对象作为主语表述，因而法律责任的条文多数都是被动句。例如，《刑法》102 条规定："勾结外国，危害中华人民共和国主权、领土完整和安全的，处无期徒刑、或者 10 年以上有期徒刑。"该条中，谓语"处"带出的实际上是双宾语，恢复主动句结构是："处勾结外国，危害中华人民共和国的主权、领土完整和安全者

---

① 《中华人民共和国刑事诉讼法》第 64 条规定："人民法院、人民检察院和公安机关根据案件情况，对犯罪嫌疑人、被告人可以拘传、取保候审或者监视居住。"

② 《中华人民共和国宪法》第 21 条规定："国家发展医疗卫生事业，发展现代医药和我国传统医药，鼓励和支持农村集体经济组织、国家企业事业组织和街道组织举办各种医疗卫生设施，开展群众性的卫生活动，保护人民健康。国家发展体育事业，开展群众性的体育活动，增强人民体质。"

③ 《中华人民共和国刑事诉讼法》第 110 条规定："人民法院、人民检察院或者公安机关对于报案、控告、举报和自首的材料，应当按照管辖范围，迅速进行审查，认为有犯罪事实需要追究刑事责任的时候，应当立案；认为没有犯罪事实，或者犯罪事实显著轻微，不需要追究刑事责任的时候，不予立案，并且将不立案的原因通知控告人。控告人如果不服，可以申请复议。"

④ 周旺生、张建华主编：《立法技术手册》，中国法制出版社 1999 年版，第 435—437 页。

无期徒刑或者10年以上有期徒刑。"很显然，这样的法律责任条款如果运用主动句而没有主语，则承担法律责任的主体不明的，远不如采用被动句的效果。

（四）责任条款语言表述的规范性

法律责任条款语言表述第三个层面的规则是规范性，既包括语言自身的规范性也包括语词概念、定义的规范性。周旺生认为，"规范则指立法语言文字应当符合常规，在必要时虽然也可以适度超出常规使用语言文字表述法的内容，但要严格控制"。① 余绪新等人也指出，"立法语言文字应准确、简洁、清楚、通俗、严谨、规范和庄重。"② 法律责任条款语言表述的规范化，是指法律责任条款语言表述，包括章的名称和具体条款的设定都应当从实际出发，注重表述的标准化、一致性。法律责任条款表述语言的规范化作为整个法律文本语言表述规则的重要组成部分，对于推进整个法的结构规范化乃至深入我国社会主义法治进程都具有重要意义。而且，法律责任条款表述语言的规范化是我们在立法中能够努力做到的。当然，此处的语言表述的规范性作为一项具体的语言表述规则与整个法律责任体系的规范化虽然有联系，但不能相混淆，两者是在不同层面与语境中来使用的，应当注意界分。法律责任条款语言表述的规范性主要有以下几个方面的要求。

首先，法律责任条款的章节名称表述应当注重规范性，做到责任条款章节表述的标准化、一致性。大多数法律文本中，把法律责任条款专章的名称规定为"法律责任"。这是比较规范的称谓。但是，也有不少的法律文本，把法律责任条款专章的名称规定的较为混乱，例如，"争议的解决和法律责任"、"奖励与惩罚"、"救助措施与法律责任"、"惩罚"、"惩处"、"惩戒"、"罚则"、"法律责任和执法措施"、"监督与处罚"、"强制措施和法律责任"、"监督与惩处"等，不一枚举。从上述这些极为混乱的称谓中，至少有两个方面的问题需要改进，"一是把不同性质的条款和

---

① 周旺生：《立法学》，法律出版社2004年版，第357页。
② 余绪新、周旺生、李小娟：《地方立法质量研究》，湖南大学出版社2002年版，第167页。

法律责任条款混在一起不科学，降低了法律责任条款的清晰度，会影响法律责任条款的严肃性和实施效果；二是使用各种各样的不同称谓有损法律责任本身的严肃性和权威性。"① 这种说法是有道理的，本文持赞同的态度。基于此，我们建议，应当将法律责任条款的相关规定设专章予以表述。这样，既能使整个法律、法规的章、节结构布局和法律条款位置安排更加合理、线条分明，又能使法律责任的条款集中、清晰，显得既严肃规范，在司法适用时，又方便查找适用。

其次，在法律责任条款的具体内容表述上应当注重规范性，力求表述内容的统一性。但目前法律文本中，仍然存在着表述内容相同，但表述方式却五花八门，很不统一，显得不够规范。如，"未构成犯罪的"、"不构成犯罪的"、"尚不构成犯罪的"、"尚未构成犯罪的"、"尚不够刑事处罚的"、"达不到构成犯罪标准的"、"不够犯罪的"。又如，可以并处罚款的表述也是多种多样，"可以并处"、"并处"、"处"、"处以"、"并处以"、"单处或者并处"、"并处或者单处"，等等。有的在同一部法的法律责任条款表述不一致。如，政府采购法的法律责任中关于给予行政处分的表述就有："依法给予行政处分"、"依法给予处分"、"给予行政处分"。

最后，在法律责任条款的具体内容表述时，应当注重内容的纯粹性，不能把本不属于责任条款的内容纳入其中。把没有必要写的内容或是不属于法律责任的内容，写进了法律责任中，显得法律责任的内容既零乱又不规范。如我国体育立法中，就将法律责任与体育社会团体的纪律处分混合在一起。《体育法》第49条规定："在竞技体育中从事弄虚作假等违反纪律和体育规则的行为，由体育社会团体按照章程规定给予处罚。" 第50条规定："在体育运动中使用禁用的药物和方法的，由体育社会团体按照章程规定给予处罚。""《体育法》作出这样的规定既不合逻辑，也容易造成错误的理解，将体育社会团体的纪律处分而承担的责任理解为也是一种法律责任的承担方式，也会出现国家法律对体育社会团体纪律处分的不适当的干预。"② 再如，《音像制品管理条例》第48条规定："依照本条例的

---

① 李培传：《论立法》，中国法制出版社2004年版，第426页。
② 汪全胜、陈光等：《体育法律责任的设定及其完善》，《体育学刊》2010年第2期。

规定实施罚款的行政处罚，应当依照有关法律、行政法规的规定，实行罚款决定和罚款收缴分离；收缴的罚款必须全部上缴国库。"其实，在该条例实施之前，国务院于1997年11月17日发布的《罚款决定与罚款收缴分离实施办法》对上述问题均已作出明确规定。因此，该罚则没有必要写上第48条的内容。《文物保护法》第69条中规定："历史文化名城的布局、环境、历史风貌等遭到严重破坏的，由国务院撤销其历史文化名城的称号；历史文化城镇、街道、村庄的布局、环境、历史风貌等遭到严重破坏的，由省、自治区、直辖市人民政府撤销其历史文化街区、村镇称号……"上述内容是对历史文化名城、城镇、街道、村庄的布局、环境和历史风貌等遭到严重破坏后，如何按照法律规定撤销其原称号的规定，它不属法律责任的范畴。另外，条文中前面的"城镇、街道、村庄"和后面的"街区、村镇"也对应不上。《社会保险费征缴暂行条例》第25条规定："缴费单位和缴费个人对劳动保障行政部门或者税务机关的处罚决定不服的，可以依法申请复议；对复议决定不服的，可以依法提起诉讼。"上述规定不属于法律责任的内容，如果认为这些内容非写不可，把这些内容放在其他相关的章节里，比放在法律责任里效果更好。

以上是法律责任条款设置时应当坚持遵循的语言规则，包括语言表述的准确性规则、简洁性规则与规范性规则，立法语言的模糊性作为语言的基本属性之一，应当客观看待，我们既无法彻底消除模糊性，也不应彻底消除语言的模糊性。从法律责任条款设置规则的整体来看，语言规则在整个责任条款设置规则体系中具有承上启下的过渡功能，一方面，语言规则连接着作为基础规则与前提规则的逻辑规则；另一方面，语言规则又衔接着保障责任条款实施程度与可接受程度的修辞规则，下面详细阐述责任条款设置的修辞规则。

三 责任条款设置的修辞规则

修辞规则也应当成为法律责任条款表述时需要坚持遵循的规则。责任条款设置的修辞规则至少需要回答什么是修辞规则、为什么要坚持遵循修辞规则、如何坚持遵循修辞规则这三个问题。

（一）什么是责任条款设置的修辞规则

第一个问题是什么是修辞规则。首先，修辞学存在两种不同的修辞地位，一是作为言语论辩技巧的语言修辞；一是作为为论题提供说服力与对象可接受性的论证修辞。[1] 本文所论及的修辞是在后一种意义上使用修辞这个概念的。法律修辞在客观上是广泛存在的，佩雷尔曼在《修辞学的范围》中指出，"一旦沟通意图影响某人或某些人、引导他人思考、激发或平静他人情绪、引导他人行动，这一沟通便属于修辞学的范围。"[2]

法律修辞学的目的就是揭示修辞在法律语言，进而在法律生活中所表现的特点和作用，寻求修辞对人们法律生活产生积极影响的一系列运用方法，促使法律语言更有效地为人们在法律生活中的交际服务。法律修辞具有改变观念态度的功能；修辞还有传递信息的功能，因为修辞的媒介是语言，语言是信息传递的工具；修辞有维系调节社会关系的功能；修辞有强化法律意识的功能。[3] 进而陈金钊认为"要把法律作为修辞"，并指出[4]，一是把法律作为修辞对法治文化的形成至关重要；二是把法律作为修辞强化了思维中的法律因素和法律规范思维的功能；三是把法律作为修辞可以在一定程度上恢复修辞的声誉；四是把法律作为修辞可以充分发挥法律的功能，弥补逻辑方法之不足。

要搞清楚法律修辞规则是什么还必须理解并把握修辞结构、语言环境

---

[1] 前一种修辞定位讲究语言的修饰，以达到情感上的煽动、言说的征服。这与法治的和平理性所追求的简洁、平实、严谨的论说风格相背离，人们甚至担忧过多地强调法庭论辩等场合的修辞技巧有可能造成法律的不公正，所以，对于这种意义上的修辞，虽然不能忽视其重要意义，但往往带有戒备、批判的意味。后者是以佩雷尔曼的新修辞学为代表的论证的一种基本形式，它们通过对传统所认为的论证的基本形式——演绎推理的局限性的批判，强调言词论辩在法律论证中的重要作用。在他们看来，可接受性是评判论证的根本标准之一，而要达到该标准的要求修辞方法的应用不可缺少。由于对修辞的内涵、外延的界定不同，事实上大家讨论的往往不是同一个论题，虽然都使用了同一个术语。因此，在论及任何关于修辞学的论题之前，起码在很容易混淆的语境下，都必须对所言谈的是哪一类修辞学作出明确的界定。参见张传新：《法律修辞与逻辑》，《求是学刊》2012 年第 3 期。

[2] Chaim Perelman, *The Realm of Rhetoric*, University of Notre Dame Press, 1982, p. 162.

[3] 杜金榜：《法律语言学》，上海外语教育出版社 2004 年版，第 114—119 页。

[4] 焦宝乾等：《法律修辞学导论——司法视角的探讨》，山东人民出版社 2012 年版，第 58—64 页。

与修辞的主体要素即修辞的参与者。所谓修辞结构,就是一种组织话语和运用话语的整体策略。修辞结构也可以叫作"交际策略"。修辞结构既有个性,也有共性。统一的交际效果可以分为"表达效果"和"接收效果"。表达效果是话语本身所隐藏的,是文本意义和会话含义在常规情况下的必然的产物。接受效果是在交际活动中听读者所实际获得的效果,它当然是建立在话语的基础之上的,但是也可能超出话语之外,可以是文本意义和会话含义的实现形式,也可能是针对文本含义和会话含义的一种歪曲。① 语言环境的匹配功能包含两种意思,第一,语言材料本身大多数是多义的,需要语言环境来加以区分和定位;第二,语言环境要求特定的语言材料同它相配合。语言的本质特点是运用有限的符号来表达无限的对象和意义,这就导致了语言材料的多义性、模糊性和随意性。② 语言环境可以分为语言内环境和语言外环境,语言内的环境就是平时所说的上下文,语言外环境就是交际场景。语言内的环境,是由语言符号的相互结合而成,其实就是话语中在上一级单位中下一级单位之间的关联和搭配状况。这种组合之所以能够实现,是因为语言符号之间存在者两种最重要的功能,一种是相连功能,一种是相离功能。具有相连功能的语言单位可以组合而成为一个新的更大的单位(结构体)。③ 具备相离功能的单位之间则是相互排斥的,是不能构成一个新的更大的单位,如果硬性将它们组合在一起,则是不规范的用法,是一种语法错误,在常规情况下交际对方将拒绝接受。语言外的环境,其实就是话语同话语之外的种种因素的联系状况。有三个层面:第一是物理语境:包括场景(setting)、参与者(participants)和媒介(instrumentalities)。第二是文化世界。第三是心理世界。

参与者包括表达者(addressor)和接受者(addressee)。表达者和接受者是交际活动中的一对矛盾,相互对立相互依存相互转化。正式表达者和接受者之间的关系制约着交际活动中语言材料的选择活动和交际效果的获得。话语虽然是表达者制造的,然而却又在某种程度上是由接受者所制约的,这是因为一切话语都是为了接受者而生产出来的,交际的主体表达

---

① 王希杰:《修辞学导论》,浙江教育出版社2000年版,第45页。
② 同上书,第67页。
③ 同上书,第68页。

者其实是为了他人——交际活动的客体接受者而说话的。交际双方都是一定文化的人，交际活动是一种文化行为。人类的交际活动是交际双方的一种特定的双向心理活动。交际双方的心理层面又分为自觉的意识、不自觉地潜意识和无意识。① 在充分把握修辞结构、语言环境与修辞主体参与者的基础之上，本文认为，法律责任条款坚持遵循的修辞规则是指在责任条款的设置时，能够强化语言表述的论证说服效果，强化责任条款的可实施性与可接受性效果的规则。

（二）为什么遵循责任条款设置的修辞规则

第二问题是为什么要坚持遵循责任条款设置的修辞规则。首先，在立法的"后体系时代"理论与实践背景下，坚持遵循责任条款设置的修辞规则是有其宏大的理论与实践背景的。即包括责任条款在内的整个法律文本的设计都朝着规范化的方向发展是因为法律体系正在逐步转向法治体系的理论诉求。具体而言，有两个方面的具体呈现。②

一方面是法律创制转向法律实施的理论诉求。尽管中国的法治实践中，还存在着立法层面的有待科学化、民主化，立法的可操作性不强、立法质量有瑕疵等问题；执法层面的不规范、不作为、乱作为等问题以及更为明显的司法层面的冤假错案、司法不公正、司法权威性不足等问题，但不可否认的是，在中国存在着一个以宪法为统帅，以法律为主干，以行政法规、地方性法规为重要组成部分，涵盖宪法相关法、民法商法、行政法、经济法、社会法、刑法、诉讼与非诉讼程序法等多个法律部门的统一整体，从数量上看，我国拥有法律243部、行政法规700多部、地方性法规8600多部，涵盖社会关系的各个方面。目前，在中国的法治进程中，基本形成了有法可依的局面，法律创制阶段的任务从某种程度上讲，已经部分完成，目前立法工作逐步从创制向修改、废止、评估等方面转变，而在此当中，尤为重要的则是法律的实施问题。法律创制转向法律实施，这里有一个前提性的问题，即法律可实施，或者最大限度地追求法律的可实

---

① 王希杰：《修辞学导论》，浙江教育出版社2000年版，第70页。
② 参见李亮、汪全胜：《论"后体系时代"立法学研究之嬗变——基于立法方法论的考察》，《江汉学术》2014年第2期。

施，这就对法律文本的可操作、立法的科学性等方面提出了诉求，按照周旺生所说，"中国法之不行或难行的根源，差不多存在于中国法制和法治的各个基本环节，但首先是存在于立法环节，立法环节的种种症状造成了法的先天不足，使法难以实行，甚至无法实行。"① 在当下，"但是，'有法必依、执法必严、违法必究'的问题还没有完全解决。"徐显明指出，"法律的实施特别是法律准确、有效、全面、统一的实施就成为法治建设新的主要矛盾。中国建设法治国家已进入攻坚时期。"② 对于立法学而言，在立法的创制、修改、废止环节中都要从方法论的视角来检讨立法文本中的技术问题，注重立法的可操作性，可实施性，这就需要纠正主流方法论理论中只关注"如何获得正确的法律判决"而将置于前提性的"如何获得正确的法律"问题抛之不顾。当下，我们必须正视这个问题，运用方法论检视法律文本，提高立法质量，尤其注重立法的可操作性、可实施性、可行性。

在阿尔伯特·迈纳看来，方法论即方法学说，讨论的是科学而非实用的方法，即"以获得科学认识为目的的方法"，方法论与人类的活动相关，"它给人某种行动指示，说明人应怎样树立自己的认识目的，应该使用哪些辅助手段，以便能够有效地获得科学认识"。③ 而克里斯托夫·西格瓦特将方法论定义为："方法论的任务是说明这样一种方法，凭借这种方法，从我们的想象和认识的某一给定对象出发，应用天然供我们使用的思维活动，就能完全地、即通过完全确定的概念和得到完善论证的判断来达到人的思维为自己树立的目的。"④ 在目前国内的法学方法论研究中，大多都偏向学术思维训练或者法律适用、应用过程，而对"法律如何产生"这一前提性的问题有较少的关注。只有少数立法学教材讨论法律创

---

① 周旺生：《论法之难行之源》，载《法制与社会发展》，2003 年第 3 期，第 16—28 页。
② 徐显明：《从"法律体系"到"法治体系"》，载新华网：法学家、山东大学校长徐显明解读十八大报告依法治国亮点，网址 http://news.xinhuanet.com/politics/2012—11/14/c_113689922.htm，最后访问日期：2013 年 4 月 1 日。
③ [德] 阿尔伯特·迈纳：《方法论导论》，王路译，生活·读书·新知三联书店 1991 年版，第 6—7 页。
④ 转引自 [德] 迈纳：《方法论导论》，王路译，生活·读书·新知三联书店 1991 年版，第 7 页。

制即立法的方法,且多为原则性探讨,并未上升到方法论的层面之上。①但是,作为法学方法论,不仅要关注可接受的司法推理与论证过程、也不仅仅要寻求具体个案的优化判决方案,也需要关注法律规范体系如何产生的问题。魏德士也认为,"法学作为一种实践性的学科,并不能全部按照认识论的模式来展开,法学方法论不能成为经院性的注释方法体系,同时,并不是任何法律都可以顺理成章地获得正当的效力,法学更加要认识正确的法律,法学方法论也不能完全还原为法律实践方法论,即如何按照法律展开司法审判活动。"② 而"立法程序显示出与法律适用程序可以比较的结构……在法律创制和法律适用之间存在着一种显著的'互补性'。"③ 目前,主流的法学方法论研究,主要关注的是"如何获得正确的法律判决,而不是正确的法律"。如果从语词上看,"每个词都有一个含义;含义与语词一一对应;含义即语词所代表的对象,语词是对象的名称。"④ 目前的法学方法论的学术标签与研究对象、范围而言是名不副实的,准确地说应当是一种司法方法论或者审判方法论,"基于对法律方法的基本属性、主要功能的理论预设,在看待立法方法与法律方法的关系,特别是法律方法是否包括立法方法的问题时,法学界的主流观点无视或轻视立法方法,刻意构建、维持着一种只有审判方法的法律方法体系。"⑤ 这种研究进路假定了法律体系本身是不成问题的,从而将立法问题排除在方法论的研究范围之外。但与克服裁判者的恣意一样,克服立法者的恣意同样对法治建设有着不可忽视的作用。立法方法论就将立法过程中体现的各类伦理、政治意志转化为价值,并着力考察立法价值的安排与实现,最终回答了"如何获得正确的法律"的问题。⑥ 作为克服立法肆意、提高立

---

① 参见周旺生:《立法学》,法律出版社2004年版,第261—273页。
② [德]伯恩·魏德士:《法理学》,丁小春、吴越译,法律出版社2003年版,第301页。
③ [德]阿图尔·考夫曼:《法哲学的问题史》,[德]考夫曼、哈斯默尔编:《当代法哲学和法律理论导论》,郑永流译,法律出版社2002年版,第155页。
④ [英]维特根斯坦:《哲学研究》,陈嘉映译,上海人民出版社2001年版,第4页。
⑤ 刘风景:《法律方法体系的反思与重构——以立法方法纳入法律方法体系之设想为中心》,载《"法律方法与社会矛盾化解"研讨会暨山东省法律方法研究会第三届年会论文集》,第46页。
⑥ 朱志昊:《从价值预设到法律形式:立法方法论基础初探》,载《河南大学学报》,2011年第4期。

法可操作性、有效保障法律实施的立法方法论,相较于处于后置位置的司法裁判方法而言,更具原初意义,即使从司法三段论推理看来,如果作为大前提的法律是错误的,无论有一套多么丰富、完善的司法裁判方法体系也无法得出正确、可接受的司法判决,基于此我们应当纠正目前主流方法论将法律创制——立法过程中的方法技术问题排除在方法论体系之外。相反,应当充分运用立法方法论为法律创制转向法律实施的过程提供理论支援。

另一方面是宏观法治转向微观法治的理论诉求。"中国要实现真正的法治具有复杂性、艰巨性、长期性,它绝不是急功近利的产物,也并非一蹴而就的事情,它需要理论的准备和证成,除此之外的任何观点和看法都势必具有方法论上缺憾——或多或少的先期热情和神秘忠诚,否则就是智识上的盲点。法治不能缺少理论的准备与证成,唯其如此,方才能摆脱方法论上的缺陷,并进而真正凸现法治的本来面貌。"[1] 美国学者昂格尔认为,法治产生于西方而非中国的主要原因是中国没有形成现代型法的秩序的历史条件——集团的多元主义、自然法理论及其超越性宗教的基础。[2] 这似乎是昂格尔对中国文化传统的一种误解,至少法治没在中国产生的主要原因并不像昂格尔所认为的那样。"传统之于中国人,并非死了的过去,而是活着的现在。"[3] 特别是文化传统与法治内在要求的规则属性的契合度对中国推进法治往往起着十分重要的作用。因为"人们往往根据自己的经历、文化传统来理解和接受法治,这就决定了在中国践行法治不可能摆脱传统积淀的影响。换句话说,中国法治践行的独特使命必须是以传统资源的松动并逐渐更新为前提的。"[4] 诚如苏力所强调的那样,具体的适合一个国家的法治并不是一套抽象的无背景的原则和规则,而涉及到一个知识体系。[5] 因此,我们在法治的深入推行时就不得不考量乃至需要

---

[1] 杜宴林:《现代化进程中的中国法治——方法论的检讨与重整》,载《法制与社会发展》,2001年第6期。

[2] [美]昂格尔:《现代社会中的法律》,吴玉章等译,中国政法大学出版社1994年版,第2页。

[3] 梁治平:《新波斯人的信札》,中国法制出版社2000年版,第6页。

[4] 同上。

[5] 苏力:《法治及其本土资源》,中国政法大学出版社1996年版,第17页。

认真对待文化传统或者习惯性的传统思维路径对法治实践的影响。"当下中国法治低层次的原因和关键所在,表面看来是因为法治在中国刚刚践行,时间较短,但更不容忽视的潜在的病灶则在于其方法论上的缺陷。"①从法治实践上看,我国的法治一直是立法式样的,从法治理论上看,我们的法治理论似乎仅停留在引介与移植西方理论上,很少反思这些移植来的法治理论的对于中国法治之实践的现实意义,同时也缺乏对中国传统治国方略的客观认识与评价。

中国人一直习惯于整体性的宏观思维方式,在中国推行法治的思维路径上也是如此。如果按照中国所处的社会主义初级阶段的定位来看的话,目前的法治也是一种处于"初级阶段"的法治,更确切地说是一种简陋的法治,因此不需要细腻的法治理论。这种细腻理论的缺失在法治的"初级阶段"并不为人所察觉,即使察觉到了也不被人所重视。②但当法治开始从价值论证转向具体实施,从宏观法治转向微观法治,从简陋法治迈向细腻法治的时候,日益察觉到细腻的法治所需要的理论不足乃至缺失。

法律体系基本形成的过程中,照应的是一个粗放型法治形态,而当法律体系开始向法治体系过渡之时及转变到法治体系之后,一个粗放型的法治形态是显然不足以支撑这个法治体系的,需要一个更为精良的细腻型法治来支撑。法律文本的规范化设计就是回应细腻法治所需要的理论与智识支撑,通过立法技术为主导的立法方法论的研究,为细腻法治所需求的精良、细致的立法供给,进行"精耕细作"式的立法作业,通过立法技术的支撑,在立法环节最大限度地保障法律文本的质量,使法律规范切实具有可实施性,提高立法的可操作性。经过立法方法论检视、验证之后的立法供给能够较好地满足细腻法治对于"良法"的需求,与此同时,无形之中,立法方法论就构成了对细腻法治的理论支援,也构成了包括责任条款在内的整个法律文本规范设置的一个生动脚注。

另外,责任条款设置坚持遵循修辞规则更为直截了当的原因则在于:

---

① 杜宴林:《现代化进程中的中国法治——方法论的检讨与重整》,载《法制与社会发展》,2001年第6期。

② 参见李亮:《法治缘何迈向方法论时代——基于法律方法论学术报告的考察(2002—2010年)》,载《时代法学》,2011年第3期。

一是修辞规则可以强化责任条款语言表述的说服与论证效果；二是修辞规则可以提高责任条款内容的可实施性即可行性；三是修辞规则可以强化责任条款内容的可接受性效果。因此，无论从宏观的理论与实践背景，还是就责任条款设置自身角度来看，都应当坚持遵循修辞规则。

（三）如何坚持责任条款设置的修辞规则

坚持遵循责任条款设置的修辞规则，要求在责任条款的设置要注重两个方面的问题，一方面是表述内容的可实施性；另一方面是表述语言的可接受性。虽然内容也是通过语言呈现的，语言也表达内容，但侧重有所不同，从修辞规则出发，要注重责任条款表述内容的可实施性，主要是指内容的可实施性，而以何种语言方式表述则是可接受性要把握的问题，可接受性要求内容表述应当切实科学合理、具有可行性，更为重要的是这些合理、可行的内容也应当以可接受的语言表述方式来呈现，而不能仅关注内容本身或语言本身而忽略另一方面。下面具体阐述如何把握这两个方面。

法律责任条款设置的可实施性首先主要体现在对责任表述的事物的质和量上有比较符合理性与实际的恰当界定。法律责任条款的设定如果离开了这一重要之点，就很难具有可实施性。有的法律责任条款，从其内容表述上看，主要规定的就是罚款，而且有的条款规定的罚款内容和金额也不尽合理。例如，我国水污染防治法的法律责任共有十三条，其中绝大部分条款规定的是罚款事项。水污染防治法实施细则的法律责任共有十一条，每条都有罚款内容，而且对向水体排放剧毒废液、含有病原体的污水、船舶的残油、废油、向水体倾倒含有汞、氰化物、黄磷等可溶性剧毒废液、放射性固体废弃物、工业废渣、城市生活垃圾、船舶垃圾等，都是规定以罚款了事。《细则》第39条第4项中规定，向水体排放、倾倒工业废渣、城市生活垃圾，可以处1万元以下的罚款。从法律责任的总体上或是具体条款的规定上看，缺少应有的力度，显得不够合理。这样的法律责任条款难以达到防治水污染的立法目的。

其次，法律责任条款设置的可实施性体现为表述的科学合理性。法律责任条款表述的科学合理性，是指法律责任条款的表述，应当符合客观实际，符合事物自身的运用和发展规律。这是法律责任条款是否真正具有权威和生命力的关键所在。"法律责任条款在某种意义上讲，是行政执法和司法部门及其工作人员用来判断、衡量和处置是否违法和犯罪行为的标尺，它起着准绳的作用。"[1] 因此，法律责任的条款表述应当具有科学合理性。从总结经验改进立法工作和提高立法质量的角度看，我国有的法律、法规的法律责任条款在表述方面存在不科学合理的弊端。例如，我国《气象法》第39条中规定："违反本法规定，不具备各省、自治区、直辖市气象主管机构规定的资格条件实施人工影响天气作业的，或者实施人工影响天气作业使用不符合国务院气象主管机构要求的技术标准的作业设备的，由有关气象主管机构按照权限责令改正，给予警告，可以并处十万元以下的罚款；……"其中，"可以并处十万元以下的罚款"的责任设定就是很不科学的。因为责任条款设定的张力太大，即处罚幅度过大，首先，"可以并处"，也就是说有关气象主管机构按照权限责令改正，对责任主体给予警告处罚后，可以并处十万元以下的罚款，也可以不罚款。因此，要不要给予十万元的罚款处罚，就在气象主管机构的有关人员认为是罚或不罚一念之间，而且对此也没有相应的监督制度约束，这种自由裁量权显得过大。其次，"十万元以下的罚款"，以下下到何种程度？对此没有作进一步的设定，没有底线，把一项罚款设定在十万元以下这样大的幅度内，执行起来就很容易出现随意性，造成同样情节，不同处罚，甚至出现畸轻畸重的局面，显然这种责任条款的设定方式是不科学的。再如，我国《草原法》第67条规定："在荒漠、半荒漠和严重退化、沙化、盐碱化、石漠化、水土流失的草原，以及生态脆弱的草原上采完植物或者从事破坏草原植被的其他活动的，由县级以上地方人民政府草原行政主管部门依据职权责令停止违法行为，没收非法财物和违法所得，可以并处违法所得一倍以上五倍以下的罚款；没有违法所得的，可以并处五万元以下的罚款；给草原所有者或者使用者造成损失的，依法承担赔偿责任"。在草原上采挖植物跟从事破坏草原植被的其他活动，显然，两者的问题性质和危害程度上显然是不同的，其法律后果应该是很不相同的，但却采用相同的处罚，这也是很不科学的，难以起到有效的保护草原的作用。我国《国防教育法》第33条规定："国家机关、社会团体、企业事业组织以及其他社会组织违反本法规定，拒不开展国防教育活动的，由人民政府有关部门

---

[1] 李培传：《论立法》，中国法制出版社2004年版，第423页。

或者上级机关给予批评教育,并责令限期改正;拒不改正,造成恶劣影响的,对负有直接责任的主管人员依法给予行政处分"。但是,国防教育法在其总则等各章里对什么是国防教育并未作出明确具体规定,"国防教育"一词的法律用语含义指的是些什么,在该法里未作界定。因此,如何判断某一机关、团体、单位和社会组织是否开展国防教育活动,首先就会碰到什么是"国防教育"这一不可回避的问题,并由此对国防教育的含义会产生歧义和争论,无疑这对国防教育法的有效实施是不利的。

法律责任条款的设定的科学性,对立法者提出了较高的要求,从立法技术上看,非常关键的一点就是要准确把握不同责任类型、不同责任形式、不同责任幅度、不同责任情形之间转化的"程度",也即量变上升到质变的程度。能够准确把握这个转化程度,就能对责任条款的设定作出符合科学性的表述,反之则会和科学性背道而驰,造成不科学、不合理的表述情况。例如,《出版管理条例》第63条规定:"印刷或者复制、批发、零售、出租、散发含有本条例第二十六条、第二十七条禁止内容的出版社或者其他非法出版物的,当事人对非法出版物的来源作出说明、指认,经查证属实的,没收出版物、违法所得,可以减轻或者免除其他行政处罚"。这里值得注意的是本《条例》第26条规定禁止的内容有:"违反宪法确定的基本原则的;危害国家统一、主权和领土完整的;泄露国家机密、危害国家安全或者损害国家荣誉和利益的,煽动民族仇恨、民族歧视,破坏民族团结,或者侵害民族风俗、习惯的;宣扬邪教、迷信的;扰乱社会秩序,破坏社会稳定的……"仅从上述部分内容足以看出问题的严重性,难道当事人只要对非法出版的来源作出说明、指认,经查证属实后,只要对其没收非法出版物、违法所得,就可以减轻或者免除其他行政处罚吗?减轻处罚是可以的,但是免除其他行政处罚,就离开了当事人的违法事实。这就没有合理的"度"的概念了,法律责任条款一旦失之为宽或者失之为过严,就难以具有科学性。应当指出的是,法律责任条款设置的不科学、不合理是立法中的禁忌,破坏了责任条款表述的修辞效果,也影响着整个法律文本的实施效果。

法律责任条款设置的可接受性要求立法者在进行责任条款设计时,应当转换视角,从义务性条款的行为主体或责任主体的视角来看待,这种责任条款的设置表述是否合理、可行,能否被接受,达到心服口服的效果,甚至实现"不战而屈人之兵"的效果——义务性条款的行为人不是因为受到责任条款的制裁功能威慑而被动地履行义务、遵守法律，而是基于责任条款的内容与表述科学合理，使得义务性条款的行为人积极履行义务或者即使因为违背义务行为而需要承担法律责任时，心服口服地积极主动承担法律责任。例如，在法律责任条款设定中，一般很少见"从重处罚"的规定，要不要写"从重处罚"，从立法技术或者立法规范化的角度看，没有必要。例如，《中华人民共和国药品管理法实施条例》第79条中规定："违反《药品管理法》和本条例的规定，有下列行为之一的，由药品监督管理部门在《药品管理法》和本条例规定的处罚幅度内从重处罚；……"《禁止使用童工规定》第6条中规定："在使用有毒物品的作业场所使用童工的，按照《使用有毒物品作业场所劳动保护条例》规定的罚款幅度，或者按照每使用一名童工每月处五千元罚款的标准，从重处罚。"既然前者是在处罚幅度内给予处罚，根本就不存在从重的可能性。后者处罚标准本身已体现从重含义，何必再写"从重处罚"？所以写上"从重处罚"看上去很抢眼，实际上很不科学，既无意义也无必要。

当然，注重责任条款语言表述的可接受性对立法者来说需要具有语言学与修辞学的知识背景，因而对立法者提出了很高的要求，也是一种挑战，虽然是一种挑战，但我们也应当积极应对，提高立法技术，进行科学、精良的"立法作业"是目前的大势所趋，是规范性法律文本的必然要求。

以上就是法律责任条款设置所应当坚持遵循的规则，或者更准确地说是一个规则体系，包括逻辑规则、语言规则与修辞规则，这三个层面的规则共同支撑着整个责任条款设置的规则体系，成为一个整体，其中逻辑规则是整个规则中居于前提和基础的地位，而语言规则是整个规则体系的关键和重要构成，并且发挥着承上启下的过渡功能，修辞规则则是基于逻辑规则与语言规则之后，为了强化责任条款表述的说服、论证效果，强化责任条款内容的可实施性与语言表述的可接受性而需要遵循的规则。至此，法律责任条款的规范化建构的主体已经完成，从责任条款设置在意识形态领域应当坚持的宏观理念，到责任条款设置应当选择的模式与表述方式，再到责任条款设置应当注重把握的原则与本部分所论述的责任条款设置需要具体遵循的规则，构成一个体系化、规范化的责任条款设置机制，最后还应当注重的一个方面就是责任条款设置的衔接问题。

第六章 法律责任条款设置的衔接

　　法律文本的规范化、科学化设计离不开责任条款的科学、规范设置，在法律责任条款规范体系设计中，除了建构性的设置理念、模式、原则与规则之外，还需要责任条款设置的有效衔接与协调，包括法律责任条款的外部衔接与内部衔接。如此才能是整个法律文本发挥最大的优势，保障法律自身的有效实施。

　　法律文本中责任条款设置的衔接具体而言，以责任条款设置衔接自身为划分依据，包括两个大的方面，一方面是责任条款的外部衔接，包含着不同法律文本层面，责任条款与上位法中责任条款之间的衔接、与下位法中责任条款之间的衔接以及与同位阶的其他法律文本中责任条款之间的衔接；同一法律文本中，责任条款与义务性条款、奖励条款、救济性条款、权利性条款以及与定义条款、准用性条款等之间的衔接。另一方面则是法律责任条款内部的衔接，包括责任条款中不同责任要素之间的优化排列组合；不同责任类型之间的衔接，从类型化角度看，法律责任条款由民事责任条款、行政责任条款、刑事责任条款、宪法责任条款、诉讼责任条款以及国家赔偿责任条款等构成，其中绝对主要的则是由民事责任条款、行政责任条款和刑事责任条款构成，因此责任类型之间的衔接主要是民事责任条款与刑事责任条款、民事责任条款与行政责任条款以及行政责任条款与刑事责任条款之间的衔接；不同责任形式之间的衔接，责任形式主要包括申诫罚、财产罚、人身自由罚、资格罚以及刑罚中最为严厉的生命罚，即死刑。虽然从不同角度分析责任条款设置的有效衔接，但任何视角的分析都应当服从于责任条款设置规范化、科学化这个归宿与落脚点，同时总体上符合法律文本整体设计这个总系统的最优化配置，效用最大化发挥的目标。

一 法律责任条款设置的外部衔接

要使得法律责任条款设置实现有效衔接与协调的目标,首先应当注重的是法律责任条款设置的外部衔接与协调,具体来讲,责任条款的外部衔接也是比较复杂的,既包括同一法律文本中责任条款与其他条款的衔接,也包括责任条款与不同法律文本中的责任条款之间的衔接与协调,而要做到衔接有序、和谐一致并不是件容易的事,法律责任条款设置的外部衔接又具体包括两个层面的衔接,第一个层面是不同法律文本中责任条款设置的衔接;第二个层面是同一法律文本中,责任条款与文本中其他条款设置的衔接,下面具体阐述之。

(一) 不同法律文本中责任条款设置的衔接

从前文的叙述交代可以发现,本部分的阐述是沿着从宏观到微观的逻辑思路进行的,最为宏观意义的衔接,当属不同法律文本中责任条款设置的衔接,也可以称之为责任体系的衔接。不同法律文本中责任条款设置的衔接与全文的论述视角是有区别的,本文论述是从责任条款自身设置出发,以同一法律文本为前提,以责任条款为中心来建构整个规范化体系,包括下文中责任条款与义务性条款、奖励条款等都是如此,但本节内容基于论述的需要,则需要跳出同一法律文本的隐含前提,从整个法律责任体系甚至从整个法律体系的高度来审视责任条款的衔接设计,从责任体系出发,法律文本中责任条款的设置衔接包括责任条款与上位法中责任条款的衔接、与同位阶法律文本中责任条款的衔接以及与下位法中责任条款的衔接等。

首先,责任条款设置应当注重与上位法中责任条款之间的有效衔接。责任条款与上位法责任条款之间的衔接是法制统一原则的基本立法原则的要求,也是我国《宪法》、《立法法》等法律的明确规定。根据我国"一元两级多层次"的立法体制,下位法应当服从上位法,一般来讲,下位法较为常见的是一些地方性立法,包括两种类型,一是执行性立法,即为贯彻、落实、执行上位法而进行的立法,执行性立法的法律文本中,一般上位法已经就相关的义务性条款的保障设置了相应的责任条款,在具体的二次立法中，其一，应当尊重这些已经存在的责任条款，其二，在这些已经存在的责任条款基础之上，在法律规定的权限与程序内，根据本地方或本部门的实际情况，可以就责任条款的有效实施规定更加具体、有针对性的责任条款，以配合上位法的责任条款的实施。对于上位法中一些不合时宜或者不合理的规定，应当通过法律规定的正当立法程序提出法律修改意见或建议，推动上位法的修改，但在上位法还没有明确修改之前，下位法在法律责任条款设置时，绝不能突破上位法的明确规定。如果上位法在法律责任条款中没有明确规定，而相关责任条款的设置又不违背我国立法体制规定的立法权限与正当程序，那么在法律文本中可以就相关义务性条款的有效保障、落实设置相应的责任条款，在法律生效实施后，根据立法实施的状况进行评估，如果效果良好则继续保留，甚至可以待上位法修改时，以更高位阶的立法效力予以默认或明确规定，吸纳进上位法立法；反之如果实施效果不佳，则在本法进行修改时及时予以修正。执行性立法由于上位法已经就相关义务性条款设置了责任条款，基本的责任体系框架已经完成，责任主体、种类、幅度、范围等都有了明确的规定，本法进行二次立法时可以变动的余地不大，但对于创制性立法而言，由于没有上位法相应的立法，因此在法律文本中，进行责任条款设置时，需要更加谨慎，责任条款的设置一要遵循我国《宪法》、《立法法》有关法律保留的规定；二要遵循法律明确规定的责任条款设置权限；三要遵循正当立法程序。这几点都是法律责任条款设置时需要坚持的前提与基础，同时责任条款的设置应当做好法律检索工作，分析上位法关于相同或相关义务性条款的具体责任条款设置，在本法律文本中，责任条款的设置应当充分注重与上位法中具体责任条款的有效衔接，做到相兼容、相协调，和谐有序，保持一致性，不能出现与上位法中责任条款规定的相抵触或相矛盾。

其次，责任条款设置应当注重与同位阶法律中责任条款之间的有效衔接。同位阶法律文本中，责任条款之间的矛盾或冲突问题是最为严重的。原因有二，一是由于立法本身都处于相同层级，从法律效力上，由于不存在上位法效力绝对优于下位法效力之分，法律效力基本处于相同或近似地位；二是由于同一层级立法分属不同立法调整领域或者不同法律部门立法，各法律文本的设计缺乏有效沟通与联系，在法律文本中责任条款的设置时，主要从本法律文本出发或者从本部门、本领域出发，而较少顾及其他部门或领域已经存在的立法，虽然立法有调整领域之别，不同法律部门之分，但这些都是人为的划分或者是理论上的学术标签，所调整的社会关系并不会因此而变得泾渭分明、界限明确，由于上述两个方面的原因，同一层级的不同立法中，对于同一个违反义务性条款的行为经常规定不同甚至风格迥异的责任条款内容，使得责任主体无所适从。因此，责任条款的设置，也应当充分注重与同一层级的其他法律文本中责任条款的有效衔接，对于各自文本中主要调整的法律义务关系一般不会发生重叠，但对于调整相交叉的领域，责任条款的设置应当做到相兼容，保持和谐有序。在执法或者司法活动中，一旦出现同一层级的法律文本中，责任条款之间的矛盾或抵触时，应当根据我国《立法法》确定的适用规则——新法优于旧法、特殊法优于一般法进行适用，而如果出现新的一般法与旧的特殊法之间的冲突时，根据现有的法律适用规则无法有效解决这种矛盾或冲突时，则应当由相冲突的两个法律文本的相关立法部门提请共同的上级立法机关进行裁决或者依据法律规定的正当法律程序提请有权立法机关进行立法解释，解决责任条款之间的矛盾或冲突问题。

最后，责任条款设置也应当注重与下位法中责任条款之间的有效衔接。责任条款设置与下位法中责任条款之间进行衔接，其隐含的一个前提是本法律文本在效力层级上处于较高位置，属于上位法。这时候，会产生一个疑问，如果说本法律文本的责任条款设置需要注重与上位法中责任条款的衔接、与同位阶法律中责任条款之间的衔接，是因为本法律处于下位法或同层级的地位，不能违背上位法，也应当与同层级的法律责任条款相兼容、相协调。但与下位法中责任条款的衔接是否有必要呢？通过上文的分析，根据我国的立法体制设计，下位法是不能与上位法相冲突或相抵触的，否则无效。那么为什么还要注重与下位法中责任条款设置的衔接呢，一方面是因为要实现整个法律文本的系统最优化配置、实现法律责任体系的规范化设置势必包括上位法与下位法的和谐有序、衔接一致；另一方面在上位法进行创制或修改时，注重与下位法之间的有效衔接，能够使下位法中一些经过实践检验的良好责任条款设计吸纳到上位法的立法中来，通过更高层级的上位法的立法确认，使原本经过验证的精良的责任条款内容设计能够更好地发挥其保障义务性条款乃至整个法律文本有效实施的功能。这是从实质层面来讲，从形式上看，也实现了上位法与下位法的良性互动,有助于整个法律体系的不断完善。例如,我国关于政府信息公开方面的立法,早在2001年,广州市就在全国率先制定了《广州市政府信息公开条例》,之后的上海、山东、四川、北京、河南、江苏、云南等全国十几个省份、地市都相继制定了政府信息公开方面的立法,虽然政府信息公开方面的立法早就纳入到国际立法规划中,但由于没有经验可供借鉴,制定起来困难较大,所以一直搁浅,但从2001年开始,全国各地方立法机关陆续制定了本地区的政府信息公开方面的立法,为国家层面的同一立法提供了有益的经验与借鉴,尤其是在责任条款的设计上,广州市的很多立法责任条款设计都为国际立法所吸收,国家层面的《政府信息公开条例》于2007年4月24日公布,2008年5月1日起正式生效实施,虽然从目前来看,政府信息公开条例的实施还有很多问题,[①]但应当承认,这一条例的出台,对于我国法治进程来说,都具有里程碑式的重要意义,这部立法的创制过程充分诠释了上位法与下位法的良性互动、有效衔接。因此,在法律文本中,责任条款的设置也应当充分注重与下位法中责任条款之间的有效衔接。

(二) 责任条款与义务条款的衔接

在同一法律文本中,责任条款的外部衔接主要表现为责任条款与义务性条款、奖励条款之间的衔接。首先是责任条款与义务性条款之间的衔接,义务性条款是责任条款设置的依据。从立法理论上,立法根据有两个,一个是法律;一个是实际情况。彭真同志也曾经指出:"立法需要两个根据,一是实际情况;二是宪法"。从立法实践看,为适应和保障经济发展和社会进步的需要,我国适时制定了一些法规和规章,其中有些法规和规章的制定,没有直接的立法上的依据。但是,立法依据并不是仅仅限于法律上依据,社会生活的实际情况也是立法依据。我国《立法法》第63条规定:"省、自治区、直辖市的人民代表大会及其常委会根据本行政区域的具体情况和实际需要,在不同宪法、法律、行政法规相抵触的前提下,可以制定地方性法规。较大的市的人民代表大会及其常务委员会根据

---

① 李亮、汪全胜:《我国政府信息公开立法绩效评估报告——基于皖北农村与胶东城市的实证考察》,《中国青年政治学院学报》2012年第2期。

本市的具体情况和实际需要,在不同宪法、法律、行政法规和本省、自治区的地方性法规相抵触的前提下,可以制定地方性法规,报省、自治区的人民代表大会常务委员会批准后施行。"《立法法》第73条第二款规定:"地方政府规章可以就下列事项作出规定:'为执行法律、行政法规、地方性法规的规定需要制定规章的事项'"属于本行政区域的具体行政管理事项'"。根据上述规定,地方人大和地方政府根据本行政区域的具体情况和实际需要,所制定的地方性法规和规章,只要不同其上位法相抵触,均属合法有效。例如,经过几十年的实践看,根据《全国人民代表大会关于授权国务院在经济体制改革和对外开放方面可以制定暂行的规定或者条例的决定》[①]的授权,国务院制定的每一件行政法规与经济体制改革和对外开放方面的问题,有着紧密的直接或间接关联。这些行政法规对促进和保障我国改革开放和社会主义现代化建设健康发展,起了十分重要的作用。

　　这是我们通常所讲的立法依据问题,那么法律责任条款的设置作为设计法律规范的一项立法活动是否也遵循这个立法依据呢,在这个依据的基础上是否还有进一步的针对责任条款设定的依据呢,这是我们需要加以解决的问题。立法技术上来讲,法律责任的设定依据主要是法律文本中的义务条款,"建立法律责任与义务性条款的对应关系,法律罚则中的法律责任条款应当与法律条文中的义务性条款完全对应起来,不能出现义务性条款与法律责任的脱节现象。"[②] 基于此,"法律义务条款是设定法律责任条款的基本依据,没有完善的法律义务条款,可能也设定不了完善的法律责任条款。构建完整、全面的法律责任条款,必须要依据法律文本中的法律

---

① 1985年4月10日六届全国人大三次会议通过了《全国人民代表大会关于授权国务院在经济体制改革和对外开放方面可以制定暂行的规定或者条例的决定》,决定指出:"为了保障经济体制改革和对外开放工作的顺利进行,第六届全国人民代表大会第三次会议决定:授权国务院对于有关经济体制改革和对外开放方面的问题,必要时可以根据宪法,在同有关法律和全国人民代表大会及其常务委员会的有关决定的基本原则不相抵的前提下,制定暂行的规定或者条例,颁布实施,并报全国人民代表大会常务委员会备案。经过实践检验,条件成熟时由全国人民代表大会或者全国人民代表大会常务委员会制定法律"。

② 汤唯、毕克志等:《地方立法的民主化与科学化构想》,北京大学出版社2002年版,第356页。

义务条款。"① 本文所指的法律责任条款的设定根据是从这种意义上来理解的。

通过上文的阐述，我们讲立法学上的法律责任条款的设定依据主要是法律文本中的义务性条款，因此，构建完整、全面的法律责任条款，必须要依据法律文本中的义务性条款。"关于法律责任规定的完善决定于两个因素；一是法律义务条款的规定全面、完整；二是法律责任与法律义务条款的全面对应。如果这两个因素达不到，都可以认为法律责任规定不完善。"② 基于此，法律责任条款与义务性条款之间的有效衔接包括两个层面的因素：

第一个层面，法律文本中责任条款设置的规范、科学的前提是义务性条款设定的合理可行。法律责任条款设定的规范化、科学化水平主要取决于义务性条款设定的合理可行。李培传也指出，"法律、法规责任条款的设定的合理可行，有赖于义务条款设定的合理可行，而且与义务性条款的表述要相互衔接和对应。这样，不仅能使法律、法规结构上严谨，能提高法律、法规质量，而且更重要的是能保障法律、法规的有效实施，收到良好的立法社会效果。"③ 因此，在立法过程中，首先应对义务性条款作出明确具体的规定，这包括所涉及的法律关系中权利义务主体要明确、权利和义务的内容要清晰等。

但在立法实践中，这些规则往往不被重视，从而导致义务性条款的设定存在瑕疵，主要体现在，"一是部门职责协调不清晰全面。为了法律的尽快出台，在条文中经常用有关部门、相关部门等这种笼统性称谓来表述，以期在实践中根据法律适用情况进一步厘清部门职责，再对法律进行修改。但职责主体不明晰，将导致法律责任无从适用，或者是找不到责任主体，或者是职责主体太多而变得法不责众。二是法律的内容不清晰。法律的内容不明确，法律关系中的权利义务主体将无所适从，相应的法律责任要么太弱要么无法操作，制度设置的目的落空。三是由于相关问题的复杂性，需要另行研究或者需要行政机关根据实际情况不断予以调整的，在相关条

---

① 汪全胜、陈光等：《体育法律责任的设定及其完善》，《体育学刊》2010 年第 2 期。
② 汪全胜、陈光等：《体育法律责任的设定及其完善》，《体育学刊》2010 年第 2 期。
③ 李培传：《论立法》，中国法制出版社 2004 年版，第 420 页。

文表述上体现为由国务院另行制定、由省政府另行制定、由市政府另行制定等，……但由于种种原因，很多需要行政机关配套制定的行为规范并没有出台，导致法律的相关规定没有落实。"[①] 例如《道路交通安全法》第17条规定，设立道路交通事故社会救助基金，具体办法由国务院制定。但国务院至今未出台相关规定，不利于对事故受害人的救济。再如，《国防教育法》第33条规定："国家机关、社会团体、企业事业组织以及其他社会组织违反本法规定，拒不开展国防教育活动的，由人民政府有关部门或者上级机关给予批评教育，并责令限期改正；拒不改正，造成恶劣影响的，对负有直接责任的主管人员依法给予行政处分。"但是，在国防教育法的文本中，对什么是国防教育的义务本身并没有作出明确的界定，因此，如何判断某一机关、团体、单位和社会组织是否开展国防教育活动，首先就会碰到什么是"国防教育"这一不可回避的问题，并由此对国防教育的含义会产生歧义和争论，无疑这对国防教育法的有效实施是不利的。因此，对于在法律责任条款设定中居于前提地位的义务性条款的设定中，其法律关系主体和权利义务的内容应当明确具体，同时具有可操作性。

第二个层面，法律责任条款的设置应当与义务性条款中的情节、后果、条件等具体要素做到有效衔接，协调对应。法律文本中，设定的各项义务性条款，尤其是其中的限制性或者禁止性义务，应当有相应的责任条款与之有效对应，有效对应就是指义务性条款中相应规定有能够保障其实施的责任条款，这些责任条款具有一定的责任张力，能够有机地协调与之相对的义务性条款。首先，为义务性条款的履行，提供以国家强制力为后盾的"责任威慑力"，这是保障义务条款实施的常态，有常态即有非常态。义务性条款的非常态就是指义务性条款的被违反或不被遵守，当出现这种非常态时，能够有相应的责任条款为之提供"责任惩罚力"，来恢复这种非常态，通过不同的责任形式，例如恢复原状、返还原物或者经济赔偿甚至科以刑罚等恢复义务性条款的常态，以此来保障法律的实施。这种对应，并不是简单的条款数量上的对应，而是保障效力上的对应，即使数量不对应，但如果责任条款依然能够为义务性条款的实施提供责任效力上

---

① 廖志斌：《浅谈立法过程中法律责任设定的几个问题》，载《政府立法中的法律责任设定研究论文集》，中国法制出版社2010年版，第56—57页。

的保障,这种责任设定就依然是有效的。

以 2007 年新修订的《律师法》为例,该法中共使用了 14 个条款集中规定了律师和律师事务所的义务,与此对应,在法律责任一章中,共设 7 个条款规定律师和律师事务所实施违法行为后所应当承担的法律责任。虽然义务性条款和责任条款在数量上不对应,但依然起到了良好的保障义务性条款的有效实施。以律师法义务、违法情形和设定的法律责任条款为例,可以有一个很充分的说明(具体可对比表 11)。

表 11　　2007 年《律师法》中律师法律义务、违法情形与法律责任对照表

法律义务	违法情形	法律责任
律师只能在一个律师事务所执业。	同时在两个以上律师事务所执业的。	给予警告,可以处五千元以下的罚款;有违法所得的,没收违法所得;情节严重的,给予停止执业三个月以下的处罚。
律师事务所和律师不得以诋毁其他律师事务所、律师或者支付介绍费等不正当手段承揽业务。	(律师)以不正当手段承揽业务的。	给予警告,可以处五千元以下的罚款;有违法所得的,没收违法所得;情节严重的,给予停止执业三个月以下的处罚。
律师应当保守在执业活动中知悉的国家秘密、商业秘密,不得泄露当事人的隐私;律师对在执业活动中知悉的委托人和其他人不愿泄露的情况和信息,应当予以保密。	泄露商业秘密或者个人隐私的。	给予警告,可以处一万元以下的罚款;有违法所得的,没收违法所得;情节严重的,给予停止执业三个月以上六个月以下的处罚。
	泄露国家秘密的。	给予停止执业六个月以上一年以下的处罚,可以处五万元以下的罚款;有违法所得的,没收违法所得;情节严重的,吊销其律师执业证书;构成犯罪的,依法追究刑事责任。

续表

法律义务	违法情形	法律责任
(律师不得)从人民法院、人民检察院离任后二年内担任诉讼代理人或者辩护人的。	从人民法院、人民检察院离任后二年内担任诉讼代理人或者辩护人的。	给予警告,可以处五千元以下的罚款;有违法所得的,没收违法所得;情节严重的,给予停止执业三个月以下的处罚。
律师不得在同一案件中为双方当事人担任代理人,不得代理与本人或者其近亲属有利益冲突的法律事务。	在同一案件中为双方当事人担任代理人,不得代理与本人或者其近亲属有利益冲突的法律事务。	给予警告,可以处五千元以下的罚款;有违法所得的,没收违法所得;情节严重的,给予停止执业三个月以下的处罚。
(律师不得)私自接受委托、收取费用,接受委托人的财物或者其他利益。	私自接受委托、收取费用,接受委托人的财物或者其他利益。	给予警告,可以处一万元以下的罚款;有违法所得的,没收违法所得;情节严重的,给予停止执业三个月以上六个月以下的处罚。
(律师不得)利用提供法律服务的便利牟取当事人争议的权益。	利用提供法律服务的便利牟取当事人争议的权益。	给予警告,可以处一万元以下的罚款;有违法所得的,没收违法所得;情节严重的,给予停止执业三个月以上六个月以下的处罚。
(律师不得)接受对方当事人的财物或者其他利益,与对方当事人或者第三人恶意串通,侵害委托人的权益。	接受对方当事人的财物或者其他利益,与对方当事人或者第三人恶意串通,侵害委托人的权益。	给予警告,可以处一万元以下的罚款;有违法所得的,没收违法所得;情节严重的,给予停止执业三个月以上六个月以下的处罚。

续表

法律义务	违法情形	法律责任
（律师不得）违反规定会见法官、检察官、仲裁员以及其他有关工作人员。	违反规定会见法官、检察官、仲裁员以及其他有关工作人员。	给予停止执业六个月以上一年以下的处罚，可以处五万元以下的罚款；有违法所得的，没收违法所得；情节严重的，吊销其律师执业证书；构成犯罪的，依法追究刑事责任。
（律师不得）向法官、检察官、仲裁员以及其他有关工作人员行贿，介绍贿赂或者指使、诱导当事人行贿，或者以其他不正当方式影响法官、检察官、仲裁员以及其他有关工作人员依法办理案件。	向法官、检察官、仲裁员以及其他有关工作人员行贿，介绍贿赂或者指使、诱导当事人行贿，或者以其他不正当方式影响法官、检察官、仲裁员以及其他有关工作人员依法办理案件。	给予停止执业六个月以上一年以下的处罚，可以处五万元以下的罚款；有违法所得的，没收违法所得；情节严重的，吊销其律师执业证书；构成犯罪的，依法追究刑事责任。
（律师不得）故意提供虚假证据或者威胁、利诱他人提供虚假证据，妨碍对方当事人合法取得证据。	故意提供虚假证据或者威胁、利诱他人提供虚假证据，妨碍对方当事人合法取得证据。	给予停止执业六个月以上一年以下的处罚，可以处五万元以下的罚款；有违法所得的，没收违法所得；情节严重的，吊销其律师执业证书；构成犯罪的，依法追究刑事责任。
（律师不得）煽动、教唆当事人采取扰乱公共秩序、危害公共安全等非法手段解决争议。	煽动、教唆当事人采取扰乱公共秩序、危害公共安全等非法手段解决争议。	给予停止执业六个月以上一年以下的处罚，可以处五万元以下的罚款；有违法所得的，没收违法所得；情节严重的，吊销其律师执业证书；构成犯罪的，依法追究刑事责任。

续表

法律义务	违法情形	法律责任
（律师不得）扰乱法庭、仲裁庭秩序，干扰诉讼、仲裁活动的正常进行；发表危害国家安全、恶意诽谤他人、严重扰乱法庭秩序的言论的；向司法行政部门提供虚假材料或者有其他弄虚作假的行为。	扰乱法庭、仲裁庭秩序，干扰诉讼、仲裁活动的正常进行；发表危害国家安全、恶意诽谤他人、严重扰乱法庭秩序的言论的；向司法行政部门提供虚假材料或者有其他弄虚作假的行为。	给予停止执业六个月以上一年以下的处罚，可以处五万元以下的罚款；有违法所得的，没收违法所得；情节严重的，吊销其律师执业证书；构成犯罪的，依法追究刑事责任。

（三）责任条款与奖励条款的衔接

同一法律文本中，责任条款的外部衔接另一个重要方面就是责任条款与奖励条款之间的衔接。法律规范的逻辑结构包括条件假设、行为模式与法律后果三个部分。其中的法律后果包括肯定性的法律后果与否定性的法律后果，否定性的法律后果就是法律责任，对应的是法律制裁，也可以称之为消极意义的法律后果，而肯定性的法律后果就是法律奖励，也可以称之为积极意义的法律后果。客观来讲，在法律文本中，奖励条款的数量较少甚至没有，但这在很大程度上与法律本身的特点、与立法意识形态中的思维理念以及与我国的现实国情都是密切相关的，但这些都不能构成我们轻视责任条款与奖励条款有效衔接的理由，况且这些客观状况随着我国法治进程的推进，正在逐步地改善。

首先，我们应当正视法律文本中奖励条款设置的客观状况。在我国现行法律文本中，有专门规定奖励制度的法律、法规、规章，如《科学技术进步奖励条例》、《自然科学奖励条例》、《教学成果奖励条例》、《发明奖励条例》、《合理化建议与技术改进奖励条例》、《北京市科学技术奖励办法》、《广西壮族自治区见义勇为奖励与保护办法》等，但是大量的法律文本中仅有一条或两条的奖励性条款的规定，如《森林法》只有在第10条[①]作了规定；《体育法》在第8条和第28条作了规定。在专门规定奖

[①] 《中华人民共和国森林法》第10条规定："在植树造林、保护森林以及森林管理等方面成绩显著的单位或个人，由各级人民政府给予精神的或物质的奖励。"

励制度的法律、法规、规章中,奖励性条款能够构成完整的奖励性规范,但在仅有一条或两条奖励性条款的法律文本中,则多数时候不构成法律规范。① 对此,弗里德曼评论道:"表面上看,法律制度似乎使用惩罚比奖赏多。"② 应该说法不单纯有惩罚、处罚、处理、教育的功能,也应该有奖励、鼓励、激励功能,为什么会出现法律只重视责任、制裁制度的设计,而忽视奖励、激励的制度设计,有学者作了归纳,"法的奖励功能自古有之,后因法的异化而逐步削弱,致使法学在创设法律对社会的调整机制时,更多地着眼于通过法律为公民设定义务并以国家强制力保障履行这一方式,将公民的行为纳入规范的轨道;从而建立和维护法律秩序,实现法律的目的。"③ 另外,法律文本中,奖励条款的这种现状,也和长期主导我国立法意识形态中管理式、政法式的思维理念有密切关系,但不可否认,这也是由于我国现实国情所导致的客观结果。

从法律制度的经济学角度理解,法律本身就是一种"公共产品"——进行社会资源的法定化配置——针对社会主体设定权利义务关系并以国家强制力作后盾的责任机制予以保障。因此,法律制度可以被看作是一种激励机制,法律责任通过施以惩罚引导人们的行为,这是一种负面激励机制,而法律奖励通过物质和精神层面的鼓励引导人们的行为,这是正面激励机制,两者都是一种激励机制,而只是人们习惯了这种负面的激励机制。法律文本中应当设计奖励条款,从而更好地与法律责任条款结合起来,发挥法律的社会功能。如果缺失奖励性条款,则该法律文本中关于法律后果的设计是不完善的。特别是在我国"权利本位"立法价值观指导下,更应不断确立奖励性制度,完善奖励性条款的制度设计。汪全胜总结认为,④ 目前我国法律文本中奖励性条款设置技术的缺陷与不足主要包括,首先,奖励性条款没有作为法律文本的必备条款。其次,奖励性条款在法律文本中设置的位置不统一、不规范。再次,奖励性条款构成要素设置技术上的缺陷与不足,一是授奖主体的立法缺陷与不足,包括未规定

---

① 汪全胜:《法律文本中的奖励性条款设置论析》,载《法治研究》,2013 年第 12 期。
② [美]劳伦斯·弗里德曼:《法律制度》,李琼英、林欣译,中国政法大学出版社 1994 年版,第 91 页。
③ 傅红伟:《行政奖励研究》,北京大学出版社 2003 年版,第 5 页。
④ 汪全胜:《法律文本中的奖励性条款设置论析》,载《法治研究》,2013 年第 12 期。

授奖主体；规定授奖主体为"国家"或县级以上人民政府，缺乏具体授奖者；规定多个授奖主体，在实践中不好操作。二是授奖条件模糊，可操作性差。三是授奖的程序缺失或不规范、不统一。四是奖励的种类、标准设计存在混乱。"奖励名目过多、过滥，甚至徒有虚名。其表现是：一是任意设奖励，奖励名称繁多，种类各异。二是随意授奖，奖励无标准，审查不严，致使该奖不奖、不该奖而奖、该重奖轻奖、该轻奖重奖问题时有发生。"[①] 最后，奖励性条款设置的不配套、不协调甚至冲突。以上就是法律文本中奖励条款设置的客观现状以及目前奖励条款设置中存在的缺陷与不足。针对法律文本中奖励条款设置的客观现实状况，责任条款设置应当注重与奖励条款的衔接。

首先，在立法意识形态的思维理念中，应当充分重视奖励条款的设置。在法律文本的具体设计中，将奖励条款与责任条款有效衔接起来，在章节名称中，改变过去"只罚不奖"的局面，在章节名称上设置"奖励与处罚"或"奖励与责任"的名称，如果责任条款内容只涉及行政责任条款，则章节名称以"奖励与处罚"为宜；如果责任条款内容涉及两种或两种以上的种类，则章节名称以"奖励与责任"为宜，其他的名称尽量不用使用，尽量做到章节名称的规范化设置。当然，这里有个前提问题，就是法律文本中必须有具体的奖励性条款的内容，如果没有具体的奖励性条款内容，则在名称上不能加上"奖励"字样，要做到名实相符，因为，就目前的客观状况而言，奖励条款的数量确实较少。对此，汪全胜指出，现行制度设计可以有一个循序渐进的过程，先在法律文本中补充"奖励性条款"，逐渐在法律文本中增加"奖励性条款"设置的数量，并将"奖励性条款"与法律文本中的有关条款相对应，最终实现在数量上与法律责任条款相当或超越法律责任条款的数量。[②] 笔者认为这种看法是有道理的，但并不一定要"实现在数量上与法律责任条款相当或超越法律责任条款的数量。"这个说法有些过于绝对，奖励条款的数量多少应当根据法律文本本身具体调整的社会关系领域的特点来决定，如果是有关奖励方面的立法，那法律文本中的奖励性条款肯定要超过责任条款，但如果

---

① 傅红伟：《行政奖励研究》，北京大学出版社2003年版，第159页。
② 汪全胜：《法律文本中的奖励性条款设置论析》，载《法治研究》，2013年第12期。

是责任方面的立法，例如《侵权责任法》，那法律文本中的奖励性条款肯定要少于责任条款，退一步讲，如果不涉及具体条款的内容，仅从条款数量上对比责任条款与奖励条款的功能与价值，其意义有限。当然，这种理论思路还是值得肯定的。

其次，在责任条款与奖励条款的具体位置上，奖励性条款在法律文本中的位置应当与责任条款相衔接。目前，法律文本中，责任条款一般位于分则部分，且处于分则中靠后的位置，因为主要的权利与义务性条款也都是规定在分则中，只有设定了具体的权利义务性条款，才能设置相应的法律责任条款与之相对应、相衔接，同样，奖励条款作为一种肯定性的法律后果，也应当规定在具体的权利义务性条款之后，根据需要，设置有针对性的奖励条款，但目前法律文本中，奖励条款的设置一是数量较少；二是位置不恰当，一般位于法律文本中的总则部分，例如前文的《森林法》关于奖励性条款的规定，这两个原因相互影响，正是由于奖励性条款的数量较少，森林法仅规定了一条奖励条款，如果将其与责任条款并列起来，显得极不协调，因此将奖励条款设置在总则部分。但这显然也是极不恰当的，将奖励条款设置于具体的权利义务性条款之前，从法律规范的逻辑结构上讲，将作为法律后果的奖励条款置于条件假设与具体行为模式之前，在逻辑结构上也讲不通。因此，在法律文本中，应当将奖励条款与责任条款并列在一起，共同设置于分则部分靠后的位置，作为法律后果的两个不同层面。

再次，责任条款应当与奖励条款的具体内容要素相衔接。奖励条款的具体内容要素包括主体要素、种类要素、条件要素、程序与标准要素等。责任条款与奖励的衔接，要求责任条款的具体内容设计应当注重与奖励条款的具体内容要素有效衔接，相互协调，有序对应。在奖励条款的具体立法设计时，"在立法中根据受奖行为对社会侵害的可能性和程度大小如物质奖励的数额、奖励方式、奖励范围等，将受奖行为区分为法定的受奖行为和裁定的受奖行为，对前者的奖励要基于明确的法律规定，而对后者的奖励则仅需要在法律原则规定的情况下作出。"[1] 这是对行为提供的一种正面的激励机制，反之，对于一种中性的行为，从负面的激励机制出发，

---

[1] 陈士林：《论行政奖励的立法规制》，载《江苏大学学报》（社科版），2007年第4期。

设计相应的法律责任条款时，也应当注重具体责任要素的设置。另外，针对一种行为，是设定为义务性条款行为，再设定相应的负面的激励机制——法律责任条款保障其实施为宜，还是设定为一种倡导性或者权利性行为，然后设定相应的正面激励机制——法律奖励条款为妥，这是需要立法者认真考虑的一个问题。从目前我国的"人本"法治观出发，能够设定正面激励机制的，尽量不要设置负面激励机制，这也是"权利本位"主义立法观的体现。

最后，在责任条款与奖励条款的具体语言表述上，也应当注重表述的衔接与协调。基于前文，对于责任条款的表述已经论述的较为充分，此处不再赘述。对于奖励条款的具体表述，参照我国现行法律文本的表述，结合奖励性条款的构成要件，规范性的表述方式可以有以下两种:①

1. ×××（奖励行为或被奖励者），由×××（奖励者）给予×××（奖励的种类与数量等）。奖励的具体办法，由×××（有关主管机关或奖励者）制定。

2. 有下列情形之一的，可由×××（奖励者）给予奖励：

（一）×××；

（二）×××；

（三）×××；

前款规定的具体奖励办法，由×××（有关主管机关或奖励者）制定。

（四）法律责任条款与其他条款的衔接

法律责任条款的外部衔接中，除了主要与义务性条款、奖励条款的有效衔接之外，与法律文本中其他条款之间的有效衔接也实属必要，只有做到整个法律文本中各条款之间的有效衔接与协调，整个法律文本的优势才能得到最大限度的发挥。法律责任条款与文本中其他条款的衔接主要包括以下几点。

首先是法律责任条款与定义条款之间的衔接。任何一个法律文本中，

---

① 参见汪全胜：《法律文本中的奖励性条款设置论析》，载《法治研究》，2013年第12期；王云奇主编：《地方立法技术手册》，中国民主法制出版社2004年版，第116页。

要使得责任条款能够有效保障义务性条款的遵守或履行，有一个必不可少的前提是要清楚保障的对象是什么，如果连责任主体、要保障实施的义务性条款对象都不清楚的话，那么保障也就无从谈起。这就涉及责任条款与法律文本中定义条款之间的衔接，以《国防教育法》的法律文本为例，国防教育无论从国家层面还是社会、公民个人层面都具有十分重要的意义，因此国家制定实施《国防教育法》，通过考察该法律文本，可以发现，整个文本中均没有对国防教育是什么给出一个明确的定义，该法第33条规定："国家机关、社会团体、企业事业组织以及其他社会组织违反本法规定，拒不开展国防教育活动的，由人民政府有关部门或者上级机关给予批评教育，并责令限期改正；拒不改正，造成恶劣影响的，对负有直接责任的主管人员依法给予行政处分"。由于该法中没有对何为国防教育给出明确的界定，导致类似第33条这种责任条款设置实施起来存在较大困难，很容易会出现对国防教育本身含义的歧义或争论，同时由于缺乏定义条款，对于国防教育的义务是什么也不明确，既然义务不明确，那又该如何确定责任呢，这样一来，就使得整个法律文本的实施效果大打折扣。因此，看似简单的一个定义条款，但却是整个法律文本设计的逻辑起点，只有首先明确了整个法律文本所调整对象是什么，才能对调整对象的权利义务边界作出明确、清晰的立法设置，才能设置相对应、相衔接的法律责任条款，因此责任条款的设置需要保持与定义条款的衔接。

责任条款与定义条款的有效衔接要求，一是法律文本中，如果调整对象是比较明确的，即使不设置明确的定义条款，一般也不会发生歧义或争论，则可以不设置定义条款，除此特殊情况外，一般法律文本中都应当设置定义条款，以明确调整对象的具体内涵与外延边界，从而使得权利性条款、义务性条款与责任条款都以此作为依据进行内容设置。二是责任条款的设置一方面以义务性条款作为其设置的直接依据；另一方面责任条款的设置也应当与定义条款中调整对象的概念外延边界相衔接，不能超出调整对象的概念外延，因为义务性条款的设置也是以调整对象的概念外延作为其设置的依据，因而调整对象的概念外延也可以看作是责任条款设置的间接依据，所以责任条款也应当与定义条款的概念外延等相衔接，保持协调、和谐、相一致。

其次是责任条款与职权性条款的衔接。这里的职权性条款是指一般的公权力条款,即赋予国家机关及其工作人员相应权力的条款。对于公权力而言,"有权比有责、用权受监督"应当成为一个基本常态,公权力的行使,必然需要有相应的责任条款与之相对应,来约束、监督公权力的行使。一般我们讲的义务条款是不包括权力条款在内的,但诚如本文前文的交代,本文中的义务性条款,既包括一般的"应当"为的义务条款、"禁止"为的义务条款,也包括职权义务条款,统称为"义务性条款",本文的界定是职权条款。一方面可以看作是立法赋予政府机关及其工作人员的权力;另一方面也是立法赋予政府机关及其工作的法定职责与义务,因此,政府机关及其工作人员超越法定的权限与程序行使公权力的违法行为,也是违反其自身法定职责与义务的行为,因此前文所论述的责任条款与义务性条款的衔接中,就包含了对于责任条款与超越法定的权限与程序行使权力所引起的违反法定职务与义务的行为的衔接,具体衔接要求不再赘述,此处仅交代清楚责任条款和职权性条款的衔接与义务性条款衔接的内在逻辑关系问题。

最后是责任条款与法律文本中委任性条款、准用性条款之间的衔接。法律文本中,从条款设立方式上看,可以分为确定性条款、委任性条款、准用性条款。委任性条款是指法律文本中的条款没有明确设置法律的所有内容,而授权其他主体加以具体设定的条款。准用性条款则是指法律文本中的条款没有明确设定法律的所有内容,但明确规定可以援引其他法律文件设定的责任内容的条款。法律文本中责任条款与委任性条款、准用性条款之间的衔接主要表现为委任性责任条款与准用性责任条款的设置。

从法律责任条款的设置来看,确定性责任条款由于其在条款中明确设置了法律责任的所有内容要素,而使得其具有了较强的可操作性,因此实施起来较为容易,其对于法律权利义务的落实乃至法律的有效实施起到了直接的保障与潜在的威慑功能。相对而言,委任性责任条款没有明确设置责任条款所具备的所有要素,需要借助其他授权主体来具体设置相应的责任条款要素,这样就会使得法律责任条款的实施效果大打折扣,因为此时法律责任的实施程度主要取决于授权主体的立法结果,如果立法规定明确具体,则可使得原责任条款的设置具体可操作性,实施起来就较为顺利,如果授权立法规定的含糊不清,甚至就没有出台相应立法的话,那这一责任条款本身所能起到的作用就有很大疑问了。而准用性责任条款则完全依赖于其依照的其他法律文本中责任条款设置的科学、完整程度而决定责任条款本身的保障功能。

　　责任条款与委任性条款、准用性条款之间的衔接提醒我们在法律责任条款设计时，要充分考量责任条款的可操作性，在综合考量各种立法因素的前提下，应当尽可能地设定确定性的责任条款，退而求其次则是设定委任性的责任条款，对于授权性责任条款的设定，则应当谨慎。从可行性的角度出发，确定性的责任条款具有较强的可操作性，委任性责任条款，如果援引的责任条款也是确定性责任条款，则可操作性方面尚可，如果援引的也是委任性责任条款或者授权性责任条款则其可操作性就会大打折扣，因此对于委任性责任条款中援引的责任条款应当有所限制，一般限定援引确定性条款为宜，而对于授权性责任条款则应当谨慎设定，如果设定，应当充分保障其可行性，否则这种责任条款的设定只能注定停留在文本上，而无法践行。

二　法律责任条款设置的内部衔接

　　法律责任条款设置的内部衔接，主要是指责任条款自身内部责任条款内容要素的优化排列组合，以及较为主要的责任类型之间的衔接与责任形式之间的衔接。根据唯物辩证法的基本原理，外因是事物变化发展的条件，而内因则是事物变化发展的根据，外因作用于内因，内因起决定作用。法律责任条款设置的外部衔接是实现责任条款有效衔接的外部条件，但责任条款的内部衔接对整个责任条款的功能发挥起着决定性的作用，因此应尤其重视责任条款设置的内部衔接。具体言之，责任条款设置的内部衔接，分为三个方面，分别是责任条款内容要素的优化排列组合、不同责任类型之间的衔接与不同责任形式之间的衔接，需要明确的是这三个方面的衔接，在逻辑上并不是递进关系，而是一种统合关系，即责任条款内容要素的优化排列组合中包括了责任类型与责任形式之间的衔接，但在所有这些优化排列组合中，较为重要的是责任类型之间的衔接与责任形式之间的衔接，这种逻辑关系与责任条款的外部衔接所采用的从宏观到微观的逻辑递进关系是不同的，需要加以区别。

(一) 责任条款内容要素的优化组合

法律责任条款内部的衔接设置主要就是责任条款分解之后,各内容要素之间的优化排列组合问题。这里又不可避免地牵涉到法律规范与法律条文之间的关系问题。"在立法活动中,法律规范总是依赖于一定的形式表现出来,从而为人所知并获得法律上的效力。其中,这种形式的最重要成分,就是通过立法程序所确定的法律条文。因此,法律规范与法律条文之间是一种内容和形式的关系。法律规范的性质,决定着法律条文的表现形式,而法律条文安排的妥当与否,又直接影响着法律规范的表述。"[1] "规范性条文是直接表述法律规范(法律规则或法律原则)的条文;非规范性条文是指那些不直接规定法律规范,而是规定某些法律技术内容(如专门法律术语的界定、公布机关和时间、法律生效日期)的条文。"[2] 在立法实践中,法律规范与法律条文的关系类型归纳为以下几种:第一,法律条文仅规定法律规范的某个要素或若干个要素;第二,一个完整的法律规范通常是由数个法律条文来表述;第三,一个法律规范各要素的内容也可以分别由不同规范性法律文件中的法律条文来表述;第四,一个法律条文可以表述不同的法律规范或其某一或某些要素。[3] 基于法律规范与法律条文之间的逻辑关系,为了论述方便,本部分的叙述中对于法律责任条款与具体条款的内容要素除特殊说明外,均不作严格的条文形式与条文内容的区分。

法律责任条款的内容要素与前文第一章中所阐述的责任条款的结构性要素之间是从不同视角出发而论的,不可将内容要素与结构性要素相混淆,一般而言,一个完整的法律责任条款包括的内容要素有:责任主体要素、责任类型要素、责任程序要素、责任幅度要素、责任归责要素与责任救济要素等。

其中,责任主体要素又包括责任追究主体与责任承担主体,而责任承担主体包括应当承担责任的主体与实际承担责任的主体,因为在责任实现

---

[1] 徐承敏、张洪儒、杨继明等:《立法理论与立法技术》,法律出版社1989年版,第100页。
[2] 刘晓兵:《法哲学思考》,知识产权出版社2005年版,第121页。
[3] 汪全胜:《法律文本中的奖励性条款设置论析》,载《法治研究》,2013年第12期。

的过程中，根据现行立法的规定，有时会发生责任承担主体不适格的情况，这时候就会出现责任承担主体的转移，例如对于未成年人侵犯他人合法权益的行为，理应由侵害人本人承担侵权责任，但由于其未成年，因此在具体的责任承担时，就由其法定监护人承担侵权赔偿责任。责任类型要素根据法律文本所调整的领域与对象，主要责任类型相对固定，例如刑法中的主要责任类型是刑事责任，而合同法中的违约行为与侵权行为法中的侵权行为则主要承担民事责任，行政处罚领域的立法则主要承担行政法律责任，但也存在主要责任类型与其他责任类型的交叉与衔接问题，下文将会着重论述。责任程度要素是指法律文本中，对于责任条款的启动与实现过程中所应当遵循的法定、正当的步骤与方法。正当法律程序作为整个立法的一项基本准则，对于责任条款的实现过程中也应当坚持遵循，对于任何责任对象的制裁或惩罚都必须严格遵守法律规定的正当程序，不能突破法律程序的规定。责任幅度要素，是指法律责任条款的设置，应当根据与之相对应的义务性条款的情节、后果、条件设置一一对应的责任幅度内容。责任幅度条款是保持责任条款与义务性条款的有效衔接与协调，以及保持责任条款自身张力的重要保障。责任归责条款是在责任条款的具体实现过程中，责任对象如何依法承担责任的主要依据。根据归责原则的类型，主要有过错责任原则、无过错责任原则，过错责任又可以分为故意与过失两类，无过错责任原则也称之为公平责任原则。责任救济条款是指当责任程序适用不当或具体责任内容承担有失公允等责任实现的过程中，对于侵犯责任对象合法权益的如何救济的内容。责任对象也即责任承担主体只需要对自身的违反义务性条款的行为依法承担相应的法律责任，而不能承担过度的责任，法律面前人人平等，责任承担主体的合法权益也是受法律保护的，尤其是在刑法领域，对于犯罪嫌疑人或者犯罪行为人的权益保护一直是刑法学领域关注的重点问题，因此当责任承担主体认为其在责任承担过程中，如果自身合法权益受到侵犯，可以依据责任救济条款维护自身合法权益。

  法律责任条款的完整结构虽然包含着上述这些内容要素，如果任何一个法律责任条款都面面俱到，将上述这些内容要素条款都明确规定出来的话，那么整个法律责任条款会显得相当烦琐，不可能也没有必要将所有内容要素都堆砌在一起，何况"法律规范的逻辑结构在具体法律条文的表述上，由于受立法中法律规范的表述应该简约等原则的制约而表现出灵活性，也就是在具体的法律条文甚至某一部门规范性法律文件中可以而且也应该省去在其他法律条文或其他部门规范性法律文件中已作出的关于该法律规范的逻辑结构的某一要素的规定，在具体实施法律时可以'参引'该规定执行。不能因为某一具体法律条文中没有直接给出法律规范的某一逻辑要素而指责其结构欠缺"。[①] 另外，根据法的结构缺省系统理论，也支持在法律责任条款的具体表述时，可以合理地将某些责任内容要素予以省略，如此不仅不会导致法律责任条款逻辑结构的缺失，而且会基于责任条款内容要素的合理组合、详略得当而显得条款严谨、简约。

法律责任条款的内容要素之间的有效衔接主要表现为责任内容要素之间的优化排列组合，对于应当省略的内容要素，在责任条款的具体表述时，应当予以省略。另外，还有些责任条款的内容要素是规定在总则部分的，或者在上位法或同位阶的一般法已经就相关责任条款的内容要素作了明确规定，那么在本法律文本中，相关的责任条款内容要素就可以不作规定。例如，对于归责原则的设置，一般设置法律文本的总则部分，因为整个法律文本基本都是遵循相同的归责原则，只对个别条款适用其他归责原则，以民法为例，合同法中违约责任基本都是适用过错责任原则作为基本归责原则，侵权行为法中也是采用过错责任原则为主，无过错责任原则为辅的归责原则，这些具有共性的条款一般可以设定在总则部分，对整个分则中的责任条款归责时都是应当遵守的。另外，对于一些领域中的个别立法，如果相对的一般立法中已经确定了相关的归责原则，而个别立法仍然遵循这些归责原则，并没有突破该归责原则的特殊规定，则在法律文本中的责任条款设置时，对于归责原则只需在总则中加以明确，就没有必要在分则中再详细规定。当然，法律责任条款内容要素的优化排列组合需要建立在实事求是、科学合理，切实可操作的基础之上，不能为了一味地追求法律责任条款表述本身的简洁性，而造成法律责任条款内容要素的欠缺，这种做法是断不可取的。

[①] 肖友江：《论法律规范功能的原则性与表述的灵活性》，载《山西师范大学学报》（社科版），1996年第3期。

（二）不同责任类型之间的衔接

法律责任条款设置的内部衔接从整体上看各责任内容要素之间的优化排列组合，但如果从主体上看，主要还是不同责任类型之间的衔接，即民事责任条款与刑事责任条款、民事责任条款与行政责任条款以及行政责任条款与刑事责任条款之间的衔接。在分析这三种责任类型之间的衔接之前，应当对三者之间的关系，尤其是三者之间的区别加以剖析。

1. 不同责任类型之间的区别

责任条款包括民事责任条款、刑事责任条款、行政责任条款，此外还包括宪法责任条款、诉讼法律责任条款以及国家赔偿法律责任条款。根据立法学通说理论以及现行立法实践规定，民法责任条款、行政责任条款与刑事责任条款构成了责任条款的主体部分，三种责任条款之间的区别，归纳起来，主要包括以下几方面：

第一是责任强制程度的区别。民事责任相对于其他两种责任类型，责任强度显得较为柔和，这种责任类型主要适用于平等的民事主体之间，承担责任的方式也较为温和，例如协商、调解或者和解等方式；而行政条款和刑事责任条款都体现了国家的强制力，由国家公权力机关强制介入，行政机关和行政相对人、公诉机关、审判机关和犯罪嫌疑人、被告人的主体地位也是不平等。同时，两者之间相比较，刑事责任的强制程度更强，甚至可以剥夺人的生命权。

第二是责任性质的区别，根据前文对责任条款所作的类型化分析，可以得知刑事责任条款和行政责任条款属于惩罚性责任，体现了国家对某种行为的否定性评价。民事责任条款以补偿性责任为主，以弥补债权人所受损失为目标，当然个别民事责任也存在惩罚性赔偿责任，如果产品质量法、侵权责任法和食品安全法中对个别责任条款的设定中，引入了惩罚性赔偿责任机制，但这并不妨碍民事责任条款的补偿性特征。

第三是责任形式不同。根据《民法通则》、《侵权责任法》等民事法律的规定，民事责任的形式主要有：停止侵害；排除妨害；消除危险；返还财产；恢复原状；修理、重作、更换；赔偿损失；支付违约金；消除影响、恢复名誉；赔礼道歉等。行政法律责任根据对象的不同分为行政处罚和行政处分两大类。根据《行政处罚法》的相关规定，行政处罚法律责任的形式主要包括：警告、罚款、没收违法所得或非法财物、责令停产停业、暂扣或者吊销许可证、暂扣或者吊销执照、行政拘留。根据《公务员法》的相关规定，行政处分法律责任的形式主要包括：警告、记过、降级、降职、撤职、开除等。根据《刑法》和刑事法治的罪刑法定原则，刑事责任的形式有主刑和附加刑两大类。主刑由管制、拘役、有期徒刑、无期徒刑、死刑；附加刑有罚金、剥夺政治权利、没收财产等。此外，当发生责任竞合的情况下，不同类型的民事责任在适用顺位也是不同的。民事责任应当优于行政责任与刑事责任而有限实现，而行政法律责任与刑事法律责任在部分情况下则可以相互折抵。

根据上文的分析可以知道，民事责任条款、行政责任条款与刑事责任条款之间在责任强度、责任性质与责任形式等方面存在区别，在设计这几种不同类型的责任条款之间的衔接问题上，也应当对它们之间的各自特点加以区别对待。要进行设置责任条款之间的衔接，就要搞清楚衔接的方式，如此才能进行责任衔接。根据不同责任类型的特点，衔接方式可以拆分为三种，并行式衔接、顺位式衔接与转化式衔接。[①] 简单来说，并行式衔接就是指在不同类型的责任条款衔接适用时，并行适用，没有顺位限制；顺位式衔接，顾名思义，就是指不同类型的责任条款衔接适用时，按照依法设定的顺序依次适用；转化式衔接是指不同类型的责任条款衔接适用时，因达到或超过责任设定的界限后，从而实现责任适用从前一种类型转化成后一种类型。在确定责任条款衔接的方式之后，我们再来具体确定不同责任类型的条款之间的衔接时，具体适用的衔接方式。

[①] 关于责任衔接的方式，具体可参见蒯华平、杨春然：《政府立法中民事责任、刑事责任的选择——一种经济分析方法的尝试》，《政府立法中的法律责任设定研究论文集》，中国法制出版社 2010 年版。吴军勇：《论政府立法中行政法律责任与民事法律责任、刑事法律责任的衔接》，《政府立法中的法律责任设定研究论文集》，中国法制出版社 2010 年版。薛家强：《政府立法中行政法律责任与刑事法律责任、民事法律责任的衔接》，《政府立法中的法律责任设定研究论文集》，中国法制出版社 2010 年版。施婷：《立法中行政法律责任与刑事法律责任的衔接》，《政府立法中的法律责任设定研究论文集》，中国法制出版社 2010 年版。李衡：《从刑法对行政法规范效应的角度谈政府立法中行政法律责任与刑事法律责任的衔接》，《政府立法中的法律责任设定研究论文集》，中国法制出版社 2010 年版。郑飞：《行政法律责任与民事法律责任立法衔接问题研究——以金融监管法为例》，《政府立法中的法律责任设定研究论文集》，中国法制出版社 2010 年版。周佑勇、刘艳红：《论行政处罚与刑法处罚的适应衔接》，1997 年第 2 期。冯江菊：《行政违法与犯罪的界限——兼谈行政执法与司法权的纠葛》，载《行政法学研究》，2009 年第 1 期。

2. 民事责任条款与行政责任条款的衔接

民事责任条款与行政责任条款存在三个层面的衔接方式，第一个层面是民事责任条款与刑事责任条款的原则上或者基本的衔接方式，是并行式衔接；第二个层面是辅助式或者配套式的责任衔接方式，即顺位式衔接；第三个层面是特殊情形下的责任衔接方式，即民事责任条款与行政责任条款衔接时的责任竞合形态，下面依次展开分析。

首先，民事责任条款与行政责任条款第一个层面的衔接方式，原则上适用的是并行式的衔接。两种责任条款之间之所以适用并行式的衔接方式，主要是因为两种责任方式在责任性质、具体责任形式以及责任强度等方面均存在较大差异，在具体衔接适用上，各自具有较强独立性，应当并行适用。例如《行政处罚法》第7条规定："公民、法人或者其他组织因违法受到行政处罚，其违法行为对他人造成损害的，应当依法承担民事责任。"根据该条款的规定，公民、法人或者其他组织在因违法受行政处罚的同时，如果其违法行为同时对他人造成了损害，这是一种民事侵权行为，也应当依法承担民事责任。这可以看作是责任设定并行式衔接方式的原则规定，在其他行政法规中，这种责任衔接方式也广泛存在。比较有代表性的如，国务院出台实施的《计算机软件保护条例》第24条规定："除《中华人民共和国著作权法》、本条例或者其他法律、行政法规另有规定外，未经软件著作权人许可，有下列侵权行为的，应当根据情况，承担停止侵害、消除影响、赔礼道歉、赔偿损失等民事法律责任；同时损害社会公共利益的，由著作权行政管理部门责令停止侵权行为，没收违法所得，没收、销毁侵权复制品，可以并处罚款，情节严重的，著作权行政管理部门并可以没收用于制作侵权复制品的材料、工具、设备……"这是因为，行政法律责任是一种具有惩罚性的公法责任，其体现了国家强制力的介入而对某种行为的否定性评价，而民事责任是一种具有补偿性质的私法责任，两种责任性质之间存在差异，使之可以并行不悖的存在并适用。

其次，民事责任条款与行政责任条款第二个层面的衔接方式是顺位式衔接。民事责任条款与行政责任条款的衔接，并行式衔接是处于原则性或者基础性的衔接适用方式，而顺位式衔接方式则是处于辅助性或者配套式的衔接方式。但，一般是在特殊情况下根据法律的设定，采用顺位式的衔接方式。这种因为在执法或者司法实践过程中，经常存在执行标的的竞合问题，尤其是行政责任中的罚款与民事责任的赔偿数额之间的竞合问题，常常出现的情况是责任主体无力同时承担两种责任形式，这就会出现一个顺位适用的问题。针对这一问题，法学理论与立法实践共同指向民事责任财产优先适用于行政责任罚款的适用模式。① 例如《公司法》第248条规定："公司违反本法规定，应当承担民事赔偿责任和缴纳罚款、罚金的，其财产不足以支付时，先承担民事赔偿责任。"《中华人民共和国食品安全法》第97条规定："违反本法规定，应当承担民事赔偿责任和缴纳罚款、罚金，其财产不足以同时支付时，先承担民事赔偿责任。"《证券法》第232条规定："违反本法规定，应当承担民事赔偿责任和缴纳罚款、罚金，其财产不足以同时支付时，先承担民事赔偿责任。"《中华人民共和国产品质量法》第64条规定："违反本法规定，应当承担民事赔偿责任和缴纳罚款、罚金，其财产不足以同时支付的，先承担民事赔偿责任"等等。依据这一责任设定规则，在民事责任与行政责任之间，应当优先适用民事责任条款，即先承担民事法律责任，而后承担行政法律责任。这种法律责任设定模式是符合我国的法治理念与法治精神的，值得肯定与倡导。

最后，民事责任条款与行政责任条款衔接的特殊情形，即两种责任形态的冲突与竞合情形，从法律制度的设定及实际情况来看，民事责任与行政责任发生冲突一般有以下几种情形：民事责任的免除与行政责任的追究发生的冲突；民事责任的有限追究与行政责任的无限追究的冲突；民事责任与行政责任实现在先后顺序上的冲突；民事责任追究与行政责任免除或者反向关系形成的形式冲突；民事责任程序的不当免除与行政责任程序的错误指引引发的诉讼程序上的冲突。② 具体而言，民事责任条款与行政责任条款的冲突或竞合形态突出地表现在两个方面，一个行政责任条款的膨胀"入侵"民事责任条款领域，这背后是作为公权力的行政权的扩张对于作为私权领域的民事责任条款的僭越。例如，根据《中

---

① 关于民事责任财产优先适用于行政责任的相关论述，参见梁慧星：《民法学》，法律出版社2005年版；徐武生、靳宝兰：《民法学》，中国人民公安大学出版社1997年版。
② 吴偕林：《民事、行政责任冲突及其解决原则》，《东方法学》2008年第2期。

华人民共和国森林法实施条例》第38条①和《中华人民共和国矿产资源法》第39条②的相关规定,"没收盗伐的林木或变卖所得";"没收采出的矿产品和违法所得"。"目前,立法中规定予以没收或没收违法所得,这就出现了立法中由于不明确而产生了行政法律责任与民事法律责任规定的冲突现象。"③ 从其实质来看,盗伐林木或者越界开采矿产品及其违法所得,虽然违反了行政法律秩序,应当受到行政处罚,但其也同时侵犯了林木的所有人或者持有合法开采矿产品的权利人,在违反行政法律秩序的同时,也使得相关权利人的合法民事权益受到侵害,应当同时承担民事损害赔偿责任,但根据两部法律文本中责任条款的设置,却将盗伐的林木及其违法所得、非法开采的矿产品及其违法所得予以没收,对于被侵犯的合法民事权益却置若罔闻,无论从并行式衔接还是从顺位式衔接来看都是,这显然是不妥当的。另外就是在行政立法中,"往往将行政机关责令相对人承担民事法律责任的规定和行政处罚糅杂在一起,行政执法中也往往将行政执法机关责令承担民事法律责任的内容一并纳入行政处罚决定书中。这种现象反映了政府在立法和行政执法实践中对于行政执法机关责令承担民事法律责任的性质存在模糊的认识。"④ 例如《中华人民共和国环境保护

---

① 《中华人民共和国森林法实施条例》第38条规定:"盗伐森林或者其他林木,以立木材积计算不足0.5立方米或者幼树不足20株的,由县级以上人民政府林业主管部门责令补种盗伐株数十倍的树木,没收盗伐的林木或者变卖所得,并处盗伐林木价值3倍至5倍的罚款。盗伐森林或者其他林木,以立木材积计算0.5立方米以上或者幼树20株以上的,由县级以上人民政府林业主管部门责令补种盗伐株数十倍的树木,没收盗伐的林木或者变卖所得,并处盗伐林木价值5倍至10倍的罚款。"

② 《中华人民共和国矿产资源法》第三十九条规定:"违反本法规定,未取得采矿许可证擅自采矿的,擅自进入国家规划矿区、对国民经济具有重要价值的矿区范围采矿的,擅自开采国家规定实行保护性开采的特定矿种的,责令停止开采、赔偿损失,没收采出的矿产品和违法所得,可以并处罚款;拒不停止开采,造成矿产资源破坏的,依照《刑法》第一百五十六条的规定对直接责任人员追究刑事责任。单位和个人进入他人依法设立的国有矿山企业和其他矿山企业矿区范围内采矿的,依照前款规定处罚。"

③ 薛家强:《政府立法中行政法律责任与刑事法律责任、民事法律责任的衔接》,《政府立法中的法律责任设定研究论文集》,中国法制出版社2010年版,第134页。

④ 胡建淼、吴恩玉:《行政主体责令承担民事责任的法律属性》,《中国法学》2009年第1期。

法》第41条①之规定。

　　针对民事责任条款与行政责任条款的形态冲突或竞合，在民事债权与行政给付债权实现序位的确定上，关键应当在于民事债权与行政给付债权之间所涉及的债权种类与法律属性的辨析与权衡，可以从以下因素加以考量：② 一是民事债权有无特别优先权限制及该限制与行政给付债权确定时间之先后。在普通民事债权与行政给付债权之间，根据国家利益优先及民事债权相对性原理，应当实行行政债权优先于普通民事债权。但是，如果存在特别优先民事债权，且其形成时间先于行政给付债权，因国家利益优先与民事特别权利优先分别是行政法与民法的两大基本原则，在同样优先的法律地位下，按照两种权利设定的时间先后决定优先实现序位，是相对公平的法律选项。二是特别优先民事债权与一般行政给付债权之间所涉及的债务履行标的是否具有同一指向性。三是行政给付债权是行政收费还是行政征税。四是行政给付债权所涉债权标的权利属性是特别专属的，还是一般无排他性的。例如，根据《中华人民共和国税收征收管理法》第45条③之规定，对于行政责任条款与民事责任条款的衔接适用问题，针对不同情形，在民事责任条款与行政责任条款之间，以及行政责任条款内部在实现顺位上作了较为明确的规定，这样一来就会使得衔接一目了然，避免引起衔接适用上的争议或者分歧。

　　3. 行政责任条款与刑事责任条款的衔接

　　总体而言，行政责任条款与刑事责任条款之间的衔接应当设定为以并行式衔接为主导、以转化式衔接为配套的规则方式，并且在并行式衔接中刑事责任条款具有优先性，也即在并行式衔接内部又存在着责任适用顺位

---

　　① 《中华人民共和国环境保护法》第41条规定："造成环境污染危害的，有责任排除危害，并对直接受到损害的单位或者个人赔偿损失。赔偿责任和赔偿金额的纠纷，可以根据当事人的请求，由环境保护行政主管部门或者其他依照法律规定行使环境监督管理权的部门处理，当事人对处理决定不服的，可以向人民法院起诉。当事人也可以直接向人民法院起诉。完全由于不可抗拒的自然灾害，并经及时采取合理措施，仍然不能避免造成环境污染损害的，免于承担责任。"

　　② 吴偕林：《民事、行政责任冲突及其解决原则》，《东方法学》2008年第2期。

　　③ 《中华人民共和国税收征收管理法》第45条规定："税务机关征收税款，税收优先于无担保债权，法律另有规定的除外；纳税人欠缴的税款发生在纳税人以其财产设定抵押、质押或者纳税人的财产被留置之前的，税收应当先于抵押权、质权、留置权执行。纳税人欠缴税款，同时又被行政机关决定处以罚款、没收违法所得的，税收优先于罚款、没收违法所得。"

的先后，但这和顺位式衔接方式不是一回事，不可混淆。下面具体展开分析。

首先，行政责任条款与刑事责任条款之间衔接的主导方式应当是并行式，即责任主体应当分别承担刑事责任与行政责任。其理由有三条：① 一是行政犯罪行为在性质上既是犯罪行为，也是严重违反行政法律规范的行为。这种行为违法的双重性，决定了其责任和处罚的双重性，即既要追究其刑事责任，给予刑罚处罚，又要追究其行政法律责任，适用行政处罚。只有这样，才能全面追究犯罪分子的法律责任，有效地打击犯罪和预防犯罪。二是行政处罚与刑罚处罚也是两种性质、形式和功能均不相同的法律责任。这两种责任在性质上的差异性决定了二者的适用既不能遵循"一事不再理"原则也不能按"重罚吸收轻罚"的吸收原则，因为这两个原则均是对同一性质法律责任而言的，只有在同一性质的法律责任中，或刑事责任中或行政法律责任中，才能适用"一事不再理"原则和吸收原则，否则就抹杀了两种责任在质上的区别。同时，这两种责任在形式和功能上的差异性又决定了两者的合并适用可以相互弥补各自的不足，以消除犯罪的全部危害后果。比如，对偷税、抗税的犯罪人，仅予以刑罚处罚并不能挽回犯罪人给国家造成的损失及其应履行的法定义务，还必须由有关行政机关责令其补缴税款，吊销营业执照等。再如，对制造、销售假药的犯罪人，除了给予刑罚处罚外，还必须辅之以适当的行政处罚——吊销其药品生产、经营许可证，否则不足以消除和防止其犯罪行为给社会造成的危害后果。三是我国立法实践已承认行政处罚与刑罚处罚竞合时的合并适用。比如，根据我国《刑法》第116条②之规定，对于同一走私行为，在处以没收走私物品并处以罚款这一行政处罚的同时，又处以三年以下有期徒刑这一刑罚处罚。其他单行刑事法律和大量的行政法规范中也有类似规定。

同时，需要强调的是在行政责任条款与刑事责任条款的并行式衔接中，也存在责任适用顺位的先后问题，对于顺位，应当坚持遵循刑事责任优先适应的衔接规则。"即当同一案件既是行政违法案件又是行政犯罪案

---

① 参见周佑勇、刘艳红：《论行政处罚与刑罚处罚的适用衔接》，《法律科学》1997年第2期。

② 我国《刑法》第116条规定："违反海关法规，进行走私，情节严重的，除按照海关法规没收走私物品并且可以罚款外，处三年以下有期徒刑。"

件时，原则上应先由司法机关按刑事诉讼程序解决行为人的刑事责任问题，再由行政机关依行政处罚程序解决行为人的行政处罚责任。这是因为：第一，行政犯罪与行政违法行为相比，社会危害性更严重，应优先审查。第二，刑罚处罚与行政处罚相比，制裁程度更为严厉，应优先施行。第三，行政机关先对行为人作出行政处罚，并不是司法机关审理行政犯罪案件的必经程序，作为行政处罚的事实和证据依据，对司法机关并不具有当然的效力，还需经司法机关重新调整、核实和认定；而司法机关认定的犯罪事实和审查的证据，对行政机关具有当然的效力。"[1] 行政违法与犯罪的划界，其实质就是行政权与司法权的分配问题。[2] 司法权本身具有内敛性质，完全依照既有法律来运作。总体上司法权施加的范围是比较清晰的。不过，当这种权力与行政权重叠的时候，就存在模糊的状态。这并不表明司法权进入到了行政权作用的空间，而是行政权有意无意地一定程度上替代了司法权应有的空间。刑罚权，作为一种实体性、终局性的权力，应归属于司法权，由法院行使，集中体现为定罪和量刑的权力。行政处罚权是行政权的一种形式，由不同的行政机关行使，这种权力也是实体性且具有终局性的权力。[3] 所谓行政权替代了司法权，集中表现为行政处罚权替代了刑罚权的行使，即本应由刑罚权（狭义的）来处理的案件，却由行政处罚权进行终局处理。

有人认为刑罚的优先性，一方面是由于刑法本身是后盾法也是保障法，也"是其他一切法律的制裁力量"，[4] 所以当出现行政法律责任与刑事法律责任的竞合时，优先适用刑事法律责任。[5] 但本文认为，这个理由是不恰当的，坚持刑法的优先性，一方面是基于刑罚"是其他一切法律的制裁力量"，更重要的是因为其行为用行政法律责任不足以威慑潜在行

---

[1] 周佑勇、刘艳红：《论行政处罚与刑法处罚的适应衔接》，1997年第2期。

[2] 冯江菊：《行政违法与犯罪的界限——兼谈行政权与司法权的纠葛》，《行政法学研究》2009年第1期。

[3] 时延安：《权力作用范围的交叉，还是规范评价的重叠？——论行政处罚权与刑罚权纠葛之理清》，载中国人民大学刑事法律科学研究中心编：《犯罪与行政违法行为的界限及惩罚机制的协调论文集》，第220页。

[4] [法] 卢梭：《社会契约论》，何兆武译，商务印书馆1962年版，第63页。

[5] 吴军勇：《论政府立法中行政法律责任与民事法律责任、刑事法律责任的衔接》，《政府立法中的法律责任设定研究论文集》，中国法制出版社2010年版，第125页。

为人，也违背了损害与责任相均衡的原则。李斯特也指出，"如果数个被违反的法规，是对其中的一个应处罚的行为适用一个法规即可足以判定排除其他法规的适用，当然适用该法规，其他法规在与此等法规的竞争中被排除出局，不予考虑。"① 另外，两者的责任性质相同，均同属惩罚性的法律责任，均以国家强制力为后盾，同时这两种责任又在强制程度上存在差异。当一种行政违法行为的违法程度超过一定的限度，达到行政犯罪的程度时，就会出现责任衔接适用的转化，由行政法律责任转化为刑事法律责任。反之，如果没有达到行政犯罪的程度，则就是一般的行政违法行为，按照设定的行政责任条款给予行政处罚或者处分即可。行政犯罪，一般是指"行政违法行为如果具有严重的社会危害性且反映出行为人严重的人身危险性，就应赋予刑事处罚，从而转为刑事违法行为，这种具有刑罚后果的行政违法行为就是行政犯罪。"②

其次，行政责任条款与刑事责任条款的衔接中，配套适用转化式的衔接方式。从我国立法实践中的普遍做法来看，也支持这种衔接方式的设计。在行政法律责任转化成刑事责任条款之前，责任主体已经承担了转化之前的行政法律责任，实践中的做法是"行为人已承担的行政法律责任与此后产生的刑事法律责任一并适用。"③ 但是，这种一并适用又根据具体责任形式的不同而分为两种适用情况：一种情况是两种责任形式之间具有可折抵性的，则在转化后折抵适用。例如，《行政处罚法》第 28 条有明确规定："违法行为构成犯罪，人民法院判处拘役或者有期徒刑时，行政机关已经给予当事人行政拘留的，应当依法折抵相应刑期。违法行为构成犯罪的，人民法院判处罚金时，行政机关已经给予当事人罚款的，应当折抵相应罚金。"另一种情况就是行政法律责任与刑事法律责任在责任形式上不具有折抵性的，则两种责任形式各自适用。比如，"行政机关已经适用了吊销许可证或执照、罚款等罚则的处罚，人民法院要处以有期徒刑三年，那就各自适用各自罚则，互不干扰。"④ 对此，比较典型的立法例，

---

① ［德］李斯特：《德国刑法教科书》，徐久生译，法律出版社 2000 年版，第 393 页。
② 黄河：《行政刑罚比较研究》，中国方正出版社 2001 年版，第 33 页。
③ 吴军勇：《论行政府立法中行政法律责任与民事法律责任、刑事法律责任的衔接》，《政府立法中的法律责任设定研究论文集》，中国法制出版社 2010 年版，第 126 页。
④ 周佑勇、刘艳红：《论行政处罚与刑法处罚的适应衔接》，1997 年第 2 期。

诸如《刑法》第37条之规定，对于犯罪情节轻微不需要判处刑罚的，可以免予刑事处罚，但是可以根据案件的不同情况，予以训诫或者责令具结悔过、赔礼道歉、赔偿损失，或者由主管部门予以行政处罚或者行政处分。

关于行政责任条款与刑事责任条款的具体衔接语言表述上，第一种模式是行政处罚类的责任条款的设定模式，一般表述为"违反本法（条例、办法等）第×条第×款规定，违法行为人××××的，由县级以上地方人民政府××行政主管部门给予××××处罚；情节严重的，构成犯罪的，依法追究刑事责任。"第二种模式是行政处分类的法律责任设定模式，一般表述为"违反本法（条例、办法等）第×条第×款规定，行政机关××××的，对行政机关直接负责的主管人员和其他直接责任人员，由上级行政机关或者监察机关依法给予××××行政处分；构成犯罪的，依法追究刑事责任。"这两种行政法律责任表述中都暗含着，如果行政违法行为达到犯罪的程度，则依法追究其刑事责任的意思。当然，这种衔接方式还有非常关键的一点就是在责任设定的对应性，即"当某一个行政违法行为转化为行政犯罪行为时，在刑法规范上要有一个相应的刑事法律责任条款与之相对应，否则这种衔接形同虚设。"① 例如，《海关进出境印刷品及音像制品监管办法》第21条规定："违法本办法，构成走私行为、违反海关监管规定行为或者其他违反《海关法》行为的，由海关依照《海关法》和《实施条例》的有关规定予以处理；构成犯罪的，依法追究刑事法律责任。"该条所指的刑事法律责任，相对应的刑罚罪名是《刑法》第154条的走私普通货物罪或152条的走私淫秽物品罪。这种责任条款设定的衔接就是一种有效的、具有对应性的衔接。

根据我国现行法律文本中，行政责任条款与刑事责任条款的整体衔接方式，目前，我国在行政法律中规定刑事罚则主要依附于刑法典，即它们必须依附于刑法典才有其存在的意义，离开刑法典，这些刑事罚则就无从发挥作用。这种将刑事罚则分散地设置于行政法律之中，且必须依附于刑

---

① 吴军勇：《论政府立法中行政法律责任与民事法律责任、刑事法律责任的衔接》，《政府立法中的法律责任设定研究论文集》，中国法制出版社2010年版，第126页。

法典才有意义的立法方式，称为依附性的散在型立法方式。① 它主要又可以分为三种情况：一是原则性规定刑事罚则，即在行政法律中笼统规定对某种行为依法追究刑事责任。例如，《会计法》第 29 条规定："单位领导人和其他人员对依照本法履行职务的会计人员进行打击报复的，给予行政处分；构成犯罪的，依法追究刑事责任。"二是援引性规定刑事罚则，即直接援引刑法中的某个具体条款。例如，《未成年人保护法》第 52 条第 2 款规定："虐待未成年的家庭成员，情节恶劣的，依照《刑法》第 182 条的规定追究刑事责任。"三是比照性规定刑事罚则，即类推规定对某种行为比照刑法某一条款追究刑事责任。例如，《专利法》第 63 条规定："假冒他人专利……情节严重的，对直接责任人员比照刑法第 127 条的规定追究刑事责任。"

　　这种依附性的散在型立法衔接方式存在着许多缺陷，主要表现在："一是原则性规定的刑事罚则，一般无法在刑法典中找到相对应的罪刑规定，往往导致它们难以甚至不能适用而形同虚设；二是援引性或者比照性规定的刑事罚则，又往往显得十分牵强、不合理，使得它们与刑法典不协调，并导致刑法典失去规范性、犯罪的构成要件失去统一性。"② 根据徐向华对上海市地方性立法中所衔接的刑事责任条款的适用情况进行的实证研究，③ 发现"引"而不"用"的悖论非常突出。一方面，为了追求表面和形式上法律责任种类规定的体系性，地方性法规对刑事责任的援引存在泛化现象（引用的地方性法规高达八成半）；另一方面，众多的援引刑事责任的法规条款在事实上却无一被直接适用。正因为如此，希冀设定引用刑事责任的法规条款对违法行为人施加威慑作用的期待必然难以有效实现。据此，严格地说，地方性法规不引用相关的刑事责任条文，并不会削弱其权威性和严肃性，反而更凸显其与上位法的互补性。

　　针对这种状况，在法律文本的责任条款设置中，如果认为仍有必要与

---

①　周佑勇、刘艳红：《论行政处罚与刑罚处罚的立法衔接》，《法律科学》1996 年第 3 期。

②　参见张明楷著：《刑法的基础观念》，中国检察出版社 1995 年版，第 338、339 页；另见陈兴良：《论行政处罚与刑罚处罚的关系》，《中国法学》1992 年第 4 期。

③　徐向华主编：《地方性法规法律责任的设定——上海市地方性法规的解析》，法律出版社 2007 年版，第 27—28 页。

刑事法律条款衔接，那么在形式上可以尝试三种方法：① 一是针对每一可能构成犯罪的违法行为明确应适用的刑法条文的具体条款项数，并以附录形式对被准用的刑事法律的条款项及其内容予以具体引述；② 二是针对每一可能构成犯罪的违法行为完整地引用具体的刑事责任规定；三是在对各项违法行为分别设定法律责任的基础上，作出类似"违反本条例第×条（款、项）、第×条（款、项）和第×条（款、项）规定，构成犯罪的，依法追究刑事责任"的总括性规定，再以附录形式对被准用的刑事法律的条款项及其内容予以具体引述。就法的明确性而言，第一、二种方法较为可取，但第二种方法会使条款的表述变得烦琐累赘；从法的简洁性角度出发，第三种方法不仅不容易出现纰漏，而且能因刑事责任的"直观化"而引起相对强的震慑作用。

4. 民事责任条款与刑事责任条款的衔接

民事责任条款与刑事责任条款之间的衔接规则，原则上也是采用并行式的衔接方式，特殊情况下，也存在顺位衔接的设定方式。

首先，民事责任条款与刑事责任条款的衔接，原则上采用并行式的衔接方式，主要是基于两种责任类型在责任性质、责任强度与具体责任承担形式之间的显著差异。对此，王泽鉴指出，"民事责任与刑事责任的分立是现代法制体制上的特色，尽管两者均为对不法行为的反映具有相同的理论根源，但毕竟是两种不同的责任形式，存在着以下差异：一是民事责任的基础在于法益侵害致生，无损害即无赔偿；刑事责任在于法益的危害性，对于未遂犯罪亦应处罚。二是民事责任所考虑的是行为可非难性的有无，原则是对故意或过失不加以区分；刑事责任的大小、程度则须考虑非难性的有无及程度。三是民事责任旨在填补损害；刑事责任以制裁为中心，科刑轻重须考虑各种情状。四是民事责任在于直接保护被害人的利益；刑事责任则通过对犯罪人的处罚而间接保护被害人的利益"。③ 例如，《刑法》第 36 条规定："由于犯罪行为而使被害人遭受经济损失的，对犯

---

① 徐向华主编：《地方性法规法律责任的设定——上海市地方性法规的解析》，法律出版社 2007 年版，第 28 页。
② 全国人大常委会制定实施的《中华人民共和国土地管理法》即采用类似的方法。
③ 王泽鉴：《损害赔偿法之目的：损害填补、损害预防、惩罚制裁》，《月旦法学杂志》2005 年第 8 期。

罪分子除依法给予刑事处罚外，并应根据情况判处赔偿经济损失。"基于民事法律责任的私法性质与补偿性特质、刑事法律责任的公法性质与惩罚性特质，这种并行式衔接设定的理由，与上述民事责任条款与行政责任条款的衔接适用的理由大体相同，在此不作赘述。

其次，民事责任条款与刑事责任条款的衔接中，虽然两种责任类型各自独立，但并不是说两种责任是截然分立的，没有任何联系。民事责任条款与刑事责任条款之间的衔接除了各自独立的并行式衔接外，还包括在特殊情形下的顺位式衔接方式，例如根据我国现行立法，承担民事赔偿责任的犯罪分子，同时被判处罚金，其财产不足以全部支付的，或者被判处没收财产的，应当先承担对被害人的民事赔偿责任。这种顺位式衔接在我国《食品安全法》、《证券法》、《产品质量法》等立法中都有明确的规定。这种顺位式衔接源自于民法与刑法，尤其是民事责任与刑事责任之间的密切联系。梅因曾言："一个国家文化的高低，看它的民法和刑法的比例就能知道。大凡半开化的国家，民法少而刑法多。进化的国家，民法多而刑法少。"[1] 特纳则指出：在古代法中，刑事的和民事的违法行为之间并无明显的区别，两者被称之为"黏合物"。任何损害个人的行为，达到一定程度便是损害社会，因为社会是个人组成的。因此，说犯罪是一种危害社会的违法行为这固然不错，但并未把犯罪与侵权行为区别开来。两者的区别仅在于程度不同。[2] 另外，使得刑事责任条款与民事责任条款的联系越来越密切，责任衔接的重要性日益凸显的趋势是基于刑法自身的谦抑性。

刑法的谦抑性，又称刑法的经济性或者节俭性，是指立法者应当力求以最小的支出——少用甚至不用刑罚（而用其他刑罚替代措施），获取最大的社会效益——有效地预防和抗制犯罪。[3] 当下实现刑罚谦抑的主要途径在于：非犯罪化、非刑罚化。非犯罪化，是指取消某种罪名，即排除某种行为应受到刑法惩处的性质。如从可以将某些轻微的犯罪行为予以非犯罪化，改由侵权行为法调整。非刑罚化，是指减轻法律规定的对某些犯罪

---

[1] ［英］梅因：《古代法》，沈景一译，商务印书馆1959年版，第207页。
[2] ［英］特纳：《肯尼刑法原理》，王国庆译，华夏出版社1989年版，第1—2页。
[3] 陈兴良：《刑法哲学》，中国政法大学出版社2004年版，第6页。

的刑罚。① 刑法的谦抑性，主要体现在刑事责任条款也即刑罚的具体设置中，刑法的谦抑性使得原来应承担刑罚的行为进行出罪化处理，免除其刑事责任，但即使不是犯罪行为或者免除刑事责任，也是一种违法行为，应当由其他法律责任对此予以规制。这就需要重视刑事责任条款与民事、行政责任条款之间科学、合理、有效的衔接与适用。

民事责任条款与刑事责任条款的具体衔接载体主要是刑事附带民事诉讼这一制度设计。之所以有刑事附带民事诉讼，是因为"同一犯罪行为具备两种不同之行为性质，即在公法是属于得科刑罚之行为，在私法是属于侵权行为；前者发生刑事责任，而后者发生民事责任。此二种不同之责任即因同一行为而发生，为免程序之繁复、时间与费用之虚耗，使其适用同一程序，以期同时予以解决，于公于私，皆不无裨益"。② 菲利也指出，"我们不应当将民事措施与刑事措施截然分开，而应当共同适用这种措施（赔偿措施），甚至需要有专门的法规强制刑事法官确定数额，以避免由民事法官重新审理而造成的拖延和不幸。"③ 刑事附带民事诉讼这一程序性的制度设计，应当说利大于弊，值得肯定。但在具体实施过程中，还存在不妥当之处，例如，根据我国的现行立法规定，对于刑事附带民事诉讼中，被害人的赔偿范围设置就不太合理。现行立法规定的对于被害人的赔偿范围仅限于被害人的物质损害，而且是直接的物质损害，对于被害人所遭受的精神损害以及间接性的物质损失则不予受理。本文认为这是极为不合理的。以《法国刑事诉讼法典》④为代表的大陆法系基本都在立法中肯定了对受害人物质的、身体的与精神的损害赔偿支持。相对于被害人的物质性损失而言，其受到的精神损害是一般的民事违约或侵权行为所无法比拟的，而且有些精神损害是无法修复的，对于民事责任支持的精神损害赔

---

① 沈玉忠：《刑事责任与民事责任衔接与协调的实现——以损害赔偿为切入点》，《武汉科技大学学报》（社会科学版）2008年第1期。

② 蔡墩铭：《刑事诉讼法概要》，三民书局股份有限公司1998年版，第326页。

③ ［意］恩里科·菲利：《犯罪社会学》，郭建安译，中国人民公安大学出版社2004年版，第283页。

④ 《法国刑事诉讼法典》第三条第2款规定："一切就追诉对象的犯罪事实所造成的损失而提起的诉讼，包括物质的、身体的和精神的损害，均应受理。"参见沈玉忠：《刑事责任与民事责任衔接与协调的实现——以损害赔偿为切入点》，《武汉科技大学学报》（社会科学版），2008年第1期。

偿，刑事附带民事诉讼却将其排除在赔偿范围之外，无论从法理还是从一般情理的角度看，都是不妥当的，在立法修改中，应当及时作出修正。

（三）不同责任形式之间的衔接

相对于责任条款的外部衔接，内部衔接显得更为迫切，也更为重要。法律责任条款设置的内部衔接很大程度上决定着整个法律责任规范化、体系化程度，因此，为了保障法律责任条款内部衔接的更加严密，更为协调，除了法律责任条款内容要素的优化排列组合以及最为主要的衔接方式，即不同责任类型之间的衔接外，还可以从具体责任形式的角度探索责任条款设置的内部衔接，通过不同视角的考察分析，能够最大限度地保障责任条款衔接设置得更为严密、科学。关于具体责任形式角度的衔接方式，主要包括财产罚形式的衔接、人身自由罚形式的衔接、资格罚形式的衔接以及申诫罚形式的衔接等，下面具体分析。

首先是财产罚形式的衔接。由于民事责任条款、行政责任条款与刑事责任条款都涉及财产罚的问题，如民事责任条款中的违约损害赔偿责任、侵权损害赔偿责任以及精神抚慰金等都是涉及财产罚形式的经济利益；行政责任条款当中适用范围最广的行政处罚就是行政罚款以及没收全部或部分违法所得的没收财物罚等；刑事责任条款当中的罚金刑以及没收财产的刑罚等。在涉及财产罚形式的责任衔接中，最为典型的衔接包括罚款与罚金数额的衔接、没收财物罚与没收财产罚的衔接。

一方面，对于罚款与罚金数额的衔接上，罚款的数额根据目前各层级的行政法律文本中责任条款的具体设置而言，虽然有明确的立法规定，但罚款数额的差别悬殊；而对于罚金的数额以及幅度、计算方式等，在刑法文本中大多未作明确规定，仅规定可以单处或并处罚金，具体数额则由司法实践中法官根据案情具体确定罚金。针对目前罚金以及部分罚款差异极大的客观实际情况，很容易造成执法与司法环节自由裁量权的放大，从而导致裁量权的滥用。因此，应当对罚款与罚金的数额进行明确的、合理的设置。同时，根据两种责任条款的性质与责任强度，一般罚款的上限应当与罚金的下限相衔接，罚款的上限不宜超过罚金的下限，否则就有可能出现责任承担畸轻畸重的局面。在衔接适用上，"罚款和罚金虽然性质不同，但在内容和目的上却是相同的，即都是责令违法者交纳一定数额的款项，使其受到经济上的制裁，而罚金比罚款的制裁程度要强，因此，已由人民法院处以罚金后，给行为人以经济上的制裁目的即已达到，不宜再由行政机关予以罚款处罚。"[1]另一方面，对于没收财物罚与没收财产罚也应当注意区别，没收财物罚是行政机关依法没收实施违法的工具、违禁品和非法所得的财物。没收财产刑罚，是没收犯罪分子财产的部分或全部归国家所有。两者从属于不同责任种类的具体责任形式，不能将两者相混淆，在具体的衔接适用上，应当参照罚金和罚款的衔接适用方式。

其次是人身自由罚的衔接。人身自由罚主要包括行政处罚中的行政拘留责任与刑事责任条款当中的拘役、有期徒刑、无期徒刑等刑罚。人身自由罚的衔接主要存在于行政拘留与短期自由刑之间的衔接适用上。一般来讲，根据我国《治安管理法》的规定，行政拘留的期限为十五天以下。而《刑法》第42条规定的拘役的期限为一个月以上，六个月以下。总体看来，行政拘留基本实现了与短期自由刑之间的衔接，而在《刑法》修改之前，对于拘役的期限规定的下限即为十五天，能够实现与行政拘留最高十五天期限的无缝式衔接。

由于涉及人身自由的法律责任是公民的基本权利之一，也是我国《立法法》作了绝对法律保留的事项，只能由全国人大通过法律设定。既然人身自由具有如此重要的特征，对于人身自由罚的设定应当十分谨慎。根据法律的一般原理，作为行政处罚的人身自由罚不能超过刑罚中的短期自由刑的期限。但是，在立法实践中，作为行政处罚形式的劳动教养的期限却长达一年至三年，超过作为刑罚的管制、拘役与三年以下的有期徒刑的处罚，虽然是以劳动教养的名义实施的行政处罚，在实质上，仍然是对责任主体人身自由的剥夺与限制，其责任强度丝毫不亚于作为刑罚的管制、拘役等短期自由刑，因此，这种责任条款设计，仅从立法技术角度看，是十分不合理、不妥当的。值得肯定的是，2013年12月28日，第十二届全国人民代表大会常务委员会通过《全国人民代表大会常务委员会关于废止有关劳动教养法律规定的决定》的决议，正式废除了实施长达57年之久的劳动教养的行政处罚，应当说这一决议，

---

[1] 周佑勇、刘艳红：《论行政处罚与刑罚处罚的立法衔接》，《法律科学》1996年第3期。

具有十分重要的标志性意义，对于我国的人权保护事业、法治进程的推进都具有重要的意义。

再次是资格罚的衔接。资格罚的责任形式主要包括作为行政责任条款的暂扣许可证、暂扣执照、责令停产停业与吊销许可证、吊销执照、剥夺从事特定职业或生产经营活动权利与现行的刑事责任条款中涉及管理国家、管理社会事务的政治权利。① 对于如何在行政处罚的资格罚与刑事责任的资格罚之间衔接适用，总的原则应取决于对社会危害的程度。"社会危害程度又取决于行为的情节和行为的后果。一般地，情节或者后果轻微的，违反行政法律条款的行为应承担行政法律责任；而情节或者后果严重的，违反刑法规定构成犯罪的，应承担刑事法律责任。"② 除了这个总的原则外，对于资格罚的适用，由于两种不同责任形式的资格罚内容上存在较大差异，因此在衔接适用上，主要采用并行式衔接方式，对于责令行政违法主体承担暂扣许可证、暂扣执照、责令停产停业或吊销许可证、吊销执照、剥夺从事特定职业或生产经营活动权利的，如果其违法已经触犯刑法，构成犯罪的，根据罪行法定和具体犯罪构成，仍然可以判处剥夺犯罪行为人管理国家、管理社会事务的政治权利，两者之间并行适用，不存在转化折抵的情况。

同时，对于资格罚的适用，主要应当针对违法、犯罪的具体情节来决定是否应当单处或者并处暂扣许可证、暂扣执照、责令停产停业或吊销许可证、吊销执照、剥夺从事特定职业或生产经营活动权利与剥夺管理国家、管理社会事务的政治权利。例如，在刑事责任条款中，针对盗窃的惯犯，判处剥夺犯罪行为人管理国家、管理社会事务的政治权利的刑罚资格罚，显然效果针对性不强，主要应从通过设定人身自由罚与罚金等刑罚方式来惩治犯罪、改造罪犯。而对于一些具有较强经济能力的个人或者法人，采取经济处罚的方式往往不奏效，例如针对企业的环境污染问题，如果相关政府职能部门一味采取罚款的方式，所能起到的作用是十分有限的，甚至出现知法犯法、违法成本远远低于违法收益的情况，而如果采取

---

① 贾宇、舒洪水：《论行政刑罚》，《中国法学》2005 年第 1 期。
② 薛家强：《政府立法中行政法律责任与刑事法律责任、民事法律责任的衔接》，《政府立法中的法律责任设定研究论文集》，中国法制出版社 2010 年版，第 134 页。

暂扣许可证、暂扣执照、责令停产停业或吊销许可证、吊销执照、剥夺从事特定职业或生产经营活动权利的处罚，则会大大增加责任的针对性，能够有效威慑潜在的违法行为，保障法律的有效实施。

最后是申诫罚的衔接适用。申诫罚是指使违法者精神或者名誉受到损害或者责令其承担赔礼道歉等形式的一种轻微责任形式，通过包括警告、训诫、责令具结悔过、通报批评以及赔礼道歉、恢复名誉等形式。

目前，在民事法律责任形式、行政法律责任形式都设置了申诫罚，例如行政处罚中的警告、训诫、责令具结悔过、通报批评等。以及民法中的赔礼道歉、恢复名誉等。从立法文本设置以及执法、司法来看，普遍存在对于申诫罚的轻视现象。例如，针对交通违法行为的处罚，对于轻微的交通违法行为，一般应当采取警告、批评、训诫等申诫罚形式的，一律采取罚款的处罚方式来替代，这样一来，虽然方便了执法，但极容易导致罚款普遍化的现象，尤其在个别地方，这种立法普遍化倾向相当严重。而对于申诫罚的适用，由于适用程序相对较为烦琐、条件不明确、责任强度较轻，因此在执法实践中较少采用。

对此申诫罚的立法设置，应当注意如下几个方面。一是，应当明确申诫罚的适用范围。一般来讲，申诫罚主要适用于违法情节显著轻微，社会危害性极小，通过申诫罚的适用，能够有效纠正责任对象的违法行为。二是，明确申诫罚的适用条件。在立法设计中，应当明确申诫罚的具体适用条件，只有条件具备才能适用申诫罚，而只要条件具备，就必须适用申诫罚，而不能用其他责任形式替代，例如通过罚款替代申诫等。三是，明确设置申诫罚的适用程序。例如，警告主要是针对正在发生或者已经发生的违法行为作出，而作出警告的处罚可以采取书面形式或者口头形式，但无论采取何种形式，都应当记录存档。

以上就是法律责任条款设置的衔接，包括从宏观的责任体系的衔接到微观的责任内容要素之间的衔接，从责任条款设置的外部衔接到责任条款设置的内部衔接，从不同责任类型之间的衔接到不同责任形式之间的衔接。关于法律责任条款设置的不同层面、不同角度的衔接分析都共同指向法律责任条款的体系化、规范化衔接设置以及整个法律文本的规范化设计。

余论　从法律责任条款设置展望立法学研究转向

本文的研究主要是致力于法律责任条款体系的规范化设置，而责任条款的规范化设置是整个法律文本规范化系统中一个子系统，法律文本系统的最优化配置、最大化效用需要各个子系统之间构成有机联系的一个整体。法律文本的规范化设置背后是有着整个立法学研究与立法实践本身的转向作为动因的，同时立法学研究的转向与嬗变也为包括责任条款在内的整个法律文本系统的规范化设置提供理论支撑。通过前文对法律责任条款的设置理念与模式、设置原则、设置规则以及法律责任条款设置的衔接进行体系化的构建之后，笔者试图从这个规范化的责任体系构建扩展开，展望目前我国立法学研究的转向。

一　立法学研究之转向——以立法技术为核心的方法论研究

本文对立法学研究转向的回答是，在"后体系时代"背景下，在法律体系转向法治体系的细腻法治形态的理论诉求中，立法学的研究将转向以立法技术为核心的立法方法论研究，并且这种转向是一种根本性的转向，不是局部的或某一问题域的研究转向，而是语境化的转向。如果参照哲学的分类，法律哲学应该包括：本体论、认识论、价值论和方法论，套用到立法学中的话，那么立法学的研究也相应地包括四个方面，即立法本体论、立法认识论、立法价值论与立法方法论的研究。立法学研究之嬗变包括从立法原理探究为中心的立法认识论转向立法方法论；从立法价值论证为中心的立法价值论转向立法方法论；从立法制度设计为中心的立法本体论转向立法方法论,下面,就立法学研究之转向走向作具体阐释。

首先是从立法原理探究为中心的立法认识论转向立法方法论。立法原理是关于立法的一般理论,立法实践中包含着复杂的认识问题。在立法认识论上,存在着立法的渊源是理性还是经验的两种对立观点。立法认识论属于法的认识论范畴。法的认识论是指在一般认识论的指导下,关于法或者说法律实践活动的特殊认识论。一般认识论,即哲学意义上的认识论,又称知识论,是指关于人类认识的普遍本质、一般规律及其基本方法的哲学理论。一般而言,认识论作为哲学的基本构成之一,在理论内容和结构体系上包括:认识本质论、认识基础论、认识过程论、认识规律论、认识方法论、认识成果即真理论等。立法认识论研究立法实践中的认识的个体与集体的关系问题、立法认知的影响因素与优化机制问题、立法认识的手段与方法问题、立法认识的事实因素与证明过程问题、立法理由问题、立法认识的价值因素及其地位问题等。[1] 立法原理包括中西方立法思想的历史遗产;马克思主义立法观;立法的概念;立法的历史发展;立法与国情;立法指导思想和基本原则。[2] 关于立法原理为中心的立法认识论的研究在当时的法制初创时期来讲,具有特定的时代意义与价值,站在今天的角度,我们很难语境化地理解其所具有的理论意义与知识贡献,但如果纯粹从当下的语境出发,这种研究就有些不合时宜了,应当将研究视域从立法认识论转向立法方法论。

其次是从立法价值论证为中心的立法价值论转向立法方法论研究。立法价值论是法的价值论的重要组成部分。法律价值,就是法律在人类社会实践活动中对于人而言满足和实现其一定需要与利益的关系。法的价值论就是专门围绕法的价值问题进行研究的领域和范围的总称。立法中的价值理论问题是法的价值问题的集中展示。其中至少包括:立法价值在法律实

---

[1] 石东坡:《论当代中国立法学学科建设问题》,载《立法研究》第3卷,法律出版社2002年版,第36页。

[2] 从老一辈的法学家及相关著作中,较多地探讨了这些带有特定时代痕迹的研究,诸如孙琬钟主编:《立法学教程》;吴大英、任允正:《比较立法学》、吴大英、刘瀚等的《中国社会主义立法问题》、吴大英、任允正、李林:《比较立法制度》;李培传:《中国社会主义立法的理论与实践》、《论立法》;李林、汪永清:《立法的基本理论与制度》;周旺生:《立法学》、《立法论》、《立法学教程》;郭道晖:《当代中国立法》(上、下卷);王晨光主编:《立法——原则、制度与技术》。

践活动中的主观性与客观性，立法价值的宏观结构与微观结构，立法价值主体，立法价值观念、价值原则与价值标准，法律价值的形成与确定，法律价值目标与法的构成要素的关系，法律价值的表达途径与反映手段，法律价值与法律文本、立法价值的实现机制，法律价值与社会价值体系之间的关系，社会文化思潮与法律价值的演变等问题。① 关于立法的价值论研究在相当长时期内甚至当下，依然是不少学者热衷的研究对象，立法的价值论证在我国推行法治建设的初期，对于法治必要性的论证起到了十分重要的作用，在依法治国、全面推进法治国家建设、法治成为治国理政的基本方式这些共识形成之后，关于立法的价值论证的功能就是有限的了，应当将研究的重点转移到以立法技术为中心的立法方法论的研究。

最后是从立法制度设计为中心的立法本体论转向立法方法论研究。本体论定义为从一个事物的形成起源和本质上来认识和解释事物的存在，并且以认识事物的本质作为一个基本的学术目标的认识活动和领域。追溯学术的系谱，法的本体论是指关于法的本体的系统理论，是法的最一般理论即法哲学或者法理学的基本组成部分之一。在西方，本体，是哲学中的基本范畴和研究领域之一，有两种含义，一种是相对于具体事物、变形物而言的"本原物"、"基质"、"始源"；另一种是相对于现象而言的"本质"、"本相"。在法的本体论之中，主要研究的问题包括：法的现象与本质、法的内涵与外延、法的内在矛盾、法的社会经济基础、法的政治属性与阶级本质、法的社会职能与社会本质、法的本质的层次性、法的结构与功能、法的历史运动与基本类型、法的实现机制与实现形态、法与行为、规范、利益、权利、权力和自由的关系、法与其他社会现象之间的关系等问题。② 以立法制度设计及其修正、弥合等为中心的立法本体论研究是目前当代立法学者研究的主要内容，法的本体论的研究对于关于立法的本质认识的深化具有特别的指导意义，有助于摆脱关于立法的形式化的理解，更好地揭示立法实践的多侧面的特征，今后一个时期，立法本体

---

① 石东坡：《论当代中国立法学学科建设问题》，载《立法研究》第3卷，法律出版社2002年版，第37页。

② 同上书，第35页。

论研究还是一个需要继续推进的研究领域，但需要指出的，在关注立法本体论的同时，应当同时对立法方法论予以关注，否则一味探究理想化的立法制度设计，如果在镶嵌到中国具体法律制度体系当中格格不入的话，注定只能成为"美丽的花瓶"，因此立法的制度设计也应当注重制度设计的技术性问题，从立法方法论出发，设计具有可操作、可实施的立法制度。

有人指出，"立法学研究历经基础研究阶段，正在逐步转向专题研究阶段，并呈现出哲理化、实证化、多样化的发展趋势。"[①] 这个十年前的判断在当下看来，似乎是不大妥帖的。立法学的研究在"后体系时代"来临之后，将从根本上转向立法方法论的研究，当然这种转向是需要一个循序渐进的过程的，不可能一蹴而就，毕竟立法方法论的研究虽然在之前也有所涉及，但缺乏理论研究的自觉性与自主性，对立法技术的研究往往是基于立法学学科理论体系的完整性而作为出发点的，但在"后体系时代"的话语背景下，在法律体系向法治体系的转变过程中，细腻法治的理论诉求则需要立法学将研究视域更多地投向以立法技术为核心的方法论的研究。

二　立法方法论的展开——立法学的技术面向

如果不加以详细区分，立法方法即可以视为立法技术，但如果仔细考量，两者的涵射范围是不同的，从概念的外延上讲，立法方法的概念外延要大于立法技术，两者的概念内涵则是一致的。由于立法技术在整个立法方法论中占据绝对中心的位置的，下文的讨论将主要集中在立法技术方面。一般地，我们认为立法技术，是立法者在立法活动中运用的，实现立法科学化、合理化的一种技术和操作技巧。对此，罗传贤认为，立法技术是指"对立法目的、政策及原则等思想架构，赋予适当之表达言辞文字，并有体系地将法律修文编纂起来之技巧"。[②] 信春鹰认为，它包括法律的

[①] 石东坡：《论当代中国立法学学科建设问题》，载《立法研究》第3卷，法律出版社2002年版，第30—52页。

[②] 罗传贤：《立法技术应注意避免之瑕疵》，载林锡山主编：《立法原理与制度》，（台湾）"立法院法制局"2002年版，第367页。

结构设计，法律之间的衔接和协调，法律规范的构造，法律的宣示条款和规范条款的配合，法律效力的表达，法律责任的适当，法律语言的准确和精练，等等。① 孙潮则将立法技术分为立法的表现技术和立法的表述技术。立法的表现技术，是指立法者在法律创制的过程中，在自己的观念和思维范畴内设计构思未来的法律关系的技术；立法的表述技术，是指立法者为既定的法律思想和设计配置最佳的文字载体的技术。② 当然，考察不同学人对立法技术的界定是为了更全面地对其作出理解与诠释，而没必要纠缠于其本身只具有符合学意义的概念标签。"法律是以特定的创制技术、适用技术作为其内在的构成要素的，这些法律技术并非外在于法律的，而是法律须臾不可离开的有机组成部分。"③ 但是，"长期以来，法学界忽视法律起草人员在立法过程中运用法律推动社会发展的作用，这使得政策制定者到法律实施者过程的研究出现了空白。很少有人去探究连接法律创制到法律实施的中间环节。"④ 作为法律创制过程中十分重要之地位的立法技术却往往不为人所重视，在法律创制环节，政治意志与特定的政策目的都是已经有了价值预设的，而将这种价值预设转化为法律文本形式的过程中，则就需要借助立法技术来实现。"欲成法治，必用二术。一曰立法之术；二曰行法之术。"⑤ 两者之中，居于前置地位的是立法之术。

退一步讲，对目前主流方法论理论——只关注如何获得正确法律答案的司法裁判方法而言，"解释的方法论也取决于立法的方法论。"⑥ "立法的起草风格和特点不但对法院所适用的具体的解释方法，而且对立法机关与法院之间的总体关系都必定会产生相当大的影响。如果立法机关选择以极其精确、具体的命令的形式来发出指示，并且以高度专业化的技术来起草，那么其职责在于适用和解释这些命令的机关将更可能有理由发现明智

---

① 信春鹰：《中国特色社会主义法律体系形成意义深远》，载全国人大常委会法制工作委员会组织编写：《中国特色社会主义法律体系学习读本》，新华出版社2011年版，第98页。

② 孙潮：《立法技术学》，浙江人民出版社1993年版，第7—8、60页。

③ 朱景文主编：《法理学》，中国人民大学出版社2008年版，第346页。

④ [美] 安·赛德曼等：《立法学：理论与实践》，刘国福等译，中国经济出版社2008年版，"中译本序"，第8页。

⑤ 萧公权：《中国政治思想史》，新星出版社2005年版，第133页。

⑥ [德] 卡尔·恩吉施：《法律思维导论》，郑永流译，法律出版社2004年版，第90页。

的方法是按其表面的价值来解释它们,而不是过分地去挖掘立法背后的目的或精神。"① 因此,提高的可操作性、注重立法技术,形成科学的立法方法论,有助于法律实施者准确地理解法律规定的含义,公正地贯彻实施法律。"尽管立法活动政治性非常强,但立法者掌握的丰富的理论知识和有效的立法技术,则是保证立法质量的重要因素。立法不只是权力意志、利益协调,也是法律智慧、立法技术的凝结。"② 拉伦茨也认为,"法学在立法时有三个方面的任务:其一,将待决事务当作法律问题清楚地显现出来,并且指出因此将产生的相关情势;其二,它必须与其他学科,特别是检验性的法社会学合作,研拟出一些能配合现行法的解决建议,供作立法者选择的方案;最后,它必须在起草技术上提供帮助。"③ 从法学教育上看,近年来,即使在偏重判例、以审判方法为重心的美国法学教育界,也出现了重视立法方法课程的新趋势。例如,哈佛大学在 2006 年针对一年级必修课程进行调整,新增加了三种必修的科目,其中之一是以立法学为重心的新科目。④ 地处华盛顿特区的乔治敦大学法学院专门聘请国会立法专家主讲"法律起草"课程,系统传授法律起草的原则、操作技术等专业知识。在加拿大,除了渥太华大学法学院开设"法律起草"课程外,多伦多大学法学院设立了立法学硕士学位,为培养法律起草人员和专家进行系统的职业化教育。⑤ "而在有着根深蒂固成文法传统的国家,法学教育更应重视立法方法的课程设计,向学生们传授系统全面、实际有用的立法技术、技巧。"⑥ 现在的法学毕业生能够熟练地掌握后现代的文学理论,却不会起草一份文件。他们或许已经学会了"像律师那样思考问题",却

---

① [美] P. S. 阿蒂亚、R. S. 萨默斯:《英美法中的形式与实质:法律推理、法律理论和法律制度的比较研究》,金敏等译,中国政法大学出版社 2005 年版,第 268 页。

② [日] 高山佳奈子:《"政治"主导下之今年日本刑事立法》,谢煜伟译,《月旦法学杂志》(台湾) 2009 年第 9 期。

③ [德] 卡尔·拉伦茨:《法学方法论》,陈爱娥译,商务印书馆 2003 年版,第 114 页。

④ [美] 查尔斯·瑞希:《美国法学教育的现状与展望》,黄铭辉译,《月旦法学杂志》(台湾) 2009 年第 6 期。

⑤ 徐向华主编:《立法学教程》,上海交通大学出版社 2011 年版,第 294 页。

⑥ 刘风景:《法律方法体系的反思与重构——以立法方法纳入法律方法体系之设想为中心》,载《"法律方法与社会矛盾化解"研讨会暨山东省法律方法研究会第三届年会论文集》,第 55 页。

不知道如何依靠它来谋生。① "草拟法案是一种需要高度技巧、知识和经验的工作。"② 其实,"跟任何技能一样,学习起草法律文本不仅需要掌握知识,还需要学习如何具体地运用知识。要学习立法方法,必须亲自动笔起草法律,做起草者要做的事。"③ 以上论述都可以看作是立法技术为核心的立法方法论的功能价值证立的过程,显然,作为一个整体系统的立法技术,也是由若干子技术系统构成的,为了更全面地认识立法技术,下面将对其作具体展开。

立法学,是包含着立法原理、立法制度、立法技术等内容的庞大、系统的理论体系。在法律方法的视野中,这些内容的地位和分量是不同的。从方法论视域出发,立法原理、立法制度,都被作为理解立法技术这一主题的背景和语境来看待。在理解立法学的内容安排时,我们特别关注立法的技术面向,特别是立法的表述技术,而沿此进路,"我们大致将立法方法聚焦于法案表述的方法,即有关法案的结构、法案的结构单位、法案的附属部分、常用句式和立法语言等的方法,其中重中之重的是法条表述的相关技术,即对定义型法条、例示型法条、视为型法条、除外型法条、列举型法条、参照型法条、但书型法条等做具体分析。"④ 另外,常常被视为政治法学的立法学,如果从纯粹立法学的角度看来,应当将立法学中政治学意识较强的部分划入法政治学、将社会性色彩较浓的篇章划入法社会学,将立法学打造成为一个以立法技术为主导的立法学学科体系。

立法技术是立法原理在立法活动中的贯彻;而立法体制研究立法活动的主体在立法过程中的作用,立法技术研究立法活动的主体发挥立法作用的方法和技巧。立法技术作为立法开展立法活动的方法和技巧的总和,按

---

① [美]德博拉·L. 罗德:《为了司法/正义:法律职业改革》,张群等译,中国政法大学出版社 2009 年版,第 290 页。

② [美]查尔斯·J. 津恩:《美国如何制定法律》,陈若桓译,今日世界出版社 1976 年版,第 6 页。

③ [美]安·赛德曼等:《立法学:理论与实践》,刘国福等译,中国经济出版社 2008 年版,第 58—62 页。

④ 刘风景:《法律方法体系的反思与重构——以立法方法纳入法律方法体系之设想为中心》,载《"法律方法与社会矛盾化解"研讨会暨山东省法律方法研究会第三届年会论文集》,第 54 页。

照立法活动的分类，有以下四个方面的内容，① 第一是立法工作的方法和技巧；第二是法案表达的方法和技巧；第三是立法研究报告写作的方法和技巧；第四是立法评价的方法和技巧。这种划分是按照一般学理的常规分类，基于方法论的视域出发，立法技术主要包括两大部分，一部分是以立法结构为中心的立法表达技术；另一部分是以立法评估为主导的立法评价技术。

关于立法表达技术，将国家政治意志与政策目的等价值预设转化为具体法律文本的法律形式就完全有赖于立法表达技术的理论与实践支撑，立法表达技术是以法的结构为载体呈现的，因此立法表达技术在很大程度上体现为法的规范构造技术，这里的规范构造技术又包含形式结构的规范构造技术与实质结构的规范构造技术两个方面。法的形式结构的规范构造技术涵盖了法的总则的规范构造、分则的规范构造、附则的规范构造以及包括法的名称、法的题注、法的目录、法的序言、法的附录等形式结构的规范等。特别是法律文本中处于主体地位的法的总则、分则与附则部分，各自又具有一个带有特殊性的子技术规范系统，各个子系统之间相互协作、相互配合共同支撑着法的形式结构的规范系统结构。法的实质结构的规范构造也是一个由若干子技术规范系统构成的，相对于形式结构的规范系统结构，法的实质结构的规范系统结构更具复杂性，包括法的定义条款技术、立法目的条款技术、立法根据条款技术、立法解释条款技术、权利性条款技术、义务性条款技术、法律责任条款技术、奖励性条款技术、但书条款技术、法的主管机关条款技术、宣示性条款技术、例失型条款技术、视为型条款技术、除外型条款技术、列举型条款技术、参照型条款技术、授权性条款技术等。以及包括权利条款与义务条款、义务条款与责任条款、责任条款与奖励性条款、权利条款与责任条款等实质结构条款之间的衔接技术以及更为广泛的实质结构条款与形式结构条款之间的衔接技术、法律文本之间的衔接技术甚至不同法律部门之间的衔接技术等。所有这些子技术系统内部都大有文章可做，需要我们在后续的研究中深入而持续地推进。

关于立法评价技术，立法者在立法公布实施之后，并不意味着立法任

---

① 周旺生、张建华主编：《立法技术手册》，中国法制出版社1999年版，第1页。

务的结束，立法者应当对立法实施中存在的问题进行跟踪关注，分析立法实施中存在的问题，搜集反馈信息，为立法的修改、废止提供理论与现实依据。这些方面都离不开立法评价技术的支撑，立法技术评估技术按照立法时间表和路线图来看，有具体分为立法前的评价技术与立法后的评价技术两个方面。立法前的评价技术，主要包括立法时机的把握、立法预测技术、立法规划技术、立法起草技术、立法论证技术、立法审议技术等方面；立法后的评价技术，包括立法的修改技术、立法的清理技术、立法的废止技术、立法的替代技术等。目前的立法评价技术研究中，尤以立法后评估的研究较为引人关注，[①] 研究涵盖了包括法律绩效评估机制、立法后评估的基础理论、评估主体、评估对象、评估程序、评估内容、评估的方法论、评估的指标体系、评估结果及其回应等方面，形成了一个较为完整的立法后评估理论体系。当然，关于立法评价技术仍然是一个需要深入挖掘的研究领域，而且在中国法治从法律创制转向法律实施阶段之后，这种研究能够为法律实施过程中的问题提供"理论诊断"，对法律有效实施提供理论支援。

三 结 语

当下而言，无论我们是否愿意，都必须承认中国的法治进程正在进行着复杂、深刻的转型，在"后体系时代"的理论背景与语境下，法律体系开始逐步地向法治体系过渡，法律创制转向法律实施、宏观法治转向微观法治所需要的强大理论诉求，都是立法学转向源源不断的推动力，立法学转向以立法技术为中心的方法论研究，并不意味着对立法学前期研究的否定或抛弃，而应当取其精华去其糟粕，更好地服从与服务于中国法治实践。在立法技术中的核心议题则是法的结构营造技术与表达技术。法律责任的设定是法律文本的结构营造与表达技术的重要组成部分，甚至是关键的组成部分。

第一，法律责任条款的设置研究有助于弥补目前立法学中对基本概

---

① 参见汪全胜：《法律绩效评估机制论》，北京大学出版社2010年版；《立法后评估研究》，人民出版社2012年版。

念、基础理论研究的不足,对于厘清基本概念及其与相似概念的界分,完善基础理论具有重要的理论意义。首先,法律责任条款作为法的实质结构的重要组成部分,对责任条款的深入研究能够为保障法的结构规范化发挥重要的作用;其次,法律责任条款的规范设置与表达进一步扩展与丰富了立法学理论体系;最后,对法条设计的技术主义的立场与研究路径也扩展了立法学的研究方法与研究路径。

  第二,法律责任的设定,涉及社会公平正义。如果处罚设置不当,比如,对相似行为的处罚差异过大,会导致结果不公平。设定得好的法律责任,应当让被追究法律责任的人诚服接受制裁,其他当事人及其社会成员则从中感受到公平正义。行为的结果如何,是很有导向的,如果由于法律责任方面的立法缺陷,对社会成员行为的引导出现了偏差,会导致社会公平的缺失,甚至会导致社会是非观念、荣辱观念的颠倒。法律责任的设定,主要是从立法技术的立场出发,但是,它并不仅仅是技术层面的问题,更是与立法的科学化、民主化相关的重要问题,人大代表充分反映民意、立法过程民众知晓度高、立法程序规范等,都有助于提高法律责任设定的科学性。总起看来,"法律责任制度的发展趋势总体上是朝着责任设置更加科学合理、追究制度更加严密有力、制裁手段更加文明有效的方向发展。"[①] 对法律责任的规范化、精细化设计是完善立法文本的重要组成部分,也是提高立法技术,追求科学立法的关键环节之所在,同时也是保障法律有效实施的后盾力量。法律责任的规范化、精细化设计与实践性面向能够为立法实务部门提供有益的参考与借鉴,进而对于构建我国的立法技术手册或立法指南,完善立法,推动我国法治建设进程,都具有重要而深远的意义。

  第三,关于法律责任条款设置还有待后续研究的一些问题。一是,对于法律文本中存在的责任条款缺失的原则与规律问题。从法律文本中责任条款设置的现状看,法律文本中存在着责任条款设置的缺失,本文就这些缺失作了相关的原因分析,但更为深层次的思考是,这些缺失的背后有没有规律可循,如果有的话,如何发掘这种责任条款缺失的规律与原则?二是,在法律责任条款的具体设置中,对于主观因素、情节因素与后果差异

[①] 李培传:《论立法》,中国法制出版社2004年版,第403页。

的区分标准问题。是否一切责任条款设置均应当考虑其主观、情节或者后果差异而设定不同的责任条款内容？如果答案是否定的，那么何种条件或情形下才应当考虑其主观、情节或者后果差异呢？三是，针对目前我国法律文本中已经存在的责任类型与责任形式，是否能够满足目前立法中，对于法律责任保障功能的需求，如果不能满足，法律责任种类与形式还有哪些可以创设的空间？如信用责任的引入，如何设置等。这些问题限于笔者自身的水平与本文篇幅等主客观条件所限，并没有进行深入的探讨，而有待后续更为深入的研究。本文的研究也许还存在诸多的不妥之处，但笔者愿意作这样带有挑战性的尝试，在中国这样一个缺少"法治基因"传统的国度推行法治有时候会显得举步维艰，对于法治实践中的难题与困境也时常让理论学人焦虑甚至忧伤，但所有这些法治实践的难题并不能构成我们逃避问题的理由，恰恰相反，这些难题应当成为理论学人源源不断的理论探索动力所在。

参考文献

一 著作部分

1. ［德］魏德士：《法理学》，丁小春、吴越译，法律出版社 2003 年版。

2. ［德］卡尔·恩吉斯：《法律思维导论》，郑永流译，法律出版社 2004 年版。

3. ［德］卡尔·拉伦茨：《法学方法论》，陈爱娥译，商务印书馆 2003 年版。

4. ［德］伽达默尔：《真理与方法》，洪汉鼎译，译文出版社 1999 年版。

5. ［英］丹宁勋爵：《法律的训诫》，杨百揆、刘庸安、丁健译，法律出版社 1999 年版。

6. ［德］罗伯特·阿列克西：《法律论证理论》，舒国滢译，中国法制出版社 2002 年版。

7. ［英］拉兹：《法律的权威》，朱峰译，法律出版社 2005 年版。

8. ［美］罗伯特·C. 埃里克森：《无须法律的秩序——邻人如何解决纠纷》，苏力译，中国政法大学出版社 2003 年版。

9. ［法］洛克：《政府论》，叶启芳译，商务印书馆 1997 年版。

10. ［美］E. 罗博登海默：《法理学：法哲学及其方法》，邓正来译，中国政法大学出版社 1999 年版。

11. ［美］迈克尔·D. 贝勒斯：《法律的原则——一个规范的分析》，张文显等译，中国大百科全书出版社 1996 年版。

12. ［美］伯纳德·施瓦茨：《行政法》，徐炳译，群众出版社 1996 年版。

13. ［美］詹姆斯·M. 伯恩斯、杰克·W. 佩尔塔森、托马斯·E. 克罗宁：《美国式民主》，谭君久译，中国社会科学出版社 1993 年版。

14. ［美］欧内斯特·盖尔霍恩、罗纳德·M. 利文：《行政法与行政程序法概要》，黄列译，中国社会科学出版社 1996 年版。

15. ［英］威廉韦德：《行政法》，徐炳译，中国大百科全书出版社 1997 年版。

16. ［英］哈耶克：《法律、立法与自由》（第 1、2 卷），邓正来、张守东、李静冰译，中国大百科全书出版社 2000 年版。

17. ［奥］凯尔森：《法与国家的一般理论》，沈宗灵译，中国大百科全书出版社 1996 年版。

18. ［英］边沁：《道德与立法原理导论》，时殷弘译，商务印书馆 2000 年版。

19. ［英］边沁：《立法理论》，李贵方等译，中国人民公安大学出版社 2004 年版。

20. ［英］戴雪：《英宪精义》，雷宾南译，中国法制出版社 2001 年版。

21. ［日］岩井奉信：《立法过程》，李薇译，经济日报出版社 1990 年版。

22. ［美］汉密尔顿等：《联邦党人文集》，程峰如等译，商务印书馆 1995 年版。

23. ［英］奥斯丁：《法理学的范围》，许章润译，法制出版社 2001 年版。

24. ［美］安·赛德曼、罗伯特·赛德曼等：《立法学：理论与实践》，刘国福、曹培等译，中国经济出版社 2008 年版。

25. 周旺生：《立法学》，北京大学出版社 1988 年版。

26. 周旺生：《立法论》，北京大学出版社 1994 年版。

27. 周旺生：《立法学》，法律出版社 2005 年版。

28. 郭道辉总主编：《当代中国立法》（上、下卷），中国民主法制出版社 1998 年版。

29. 郭道辉、周旺生、王晨光主编：《立法——原则、制度、技术》，北京大学出版社 1994 年版。

30. 谢振民：《中华民国立法史》，中国政法大学出版社2000年版。

31. 李步云主编：《立法法研究》，湖南人民出版社1998年版。

32. 吴大英、任允正、李林：《比较立法制度》，群众出版社1992年版。

33. 陈伯礼：《授权立法研究》，法律出版社2000年版。

34. 汪全胜：《立法听证研究》，北京大学出版社2000年版。

35. 汪全胜：《立法效益研究——以当代中国立法为视角》，中国法制出版社2003年版。

36. 汪全胜：《制度设计与立法公正》，山东人民出版社2005年版。

37. 王名扬：《英国行政法》，中国政法大学出版社1987年版。

38. 王名扬：《美国行政法》（上、下册），中国法制出版社1995年版。

39. 王名扬：《法国行政法》，中国政法大学出版社1989年版。

40. 李林：《立法机关比较研究》，人民日报出版社1991年版。

41. 李林：《立法的理论与制度》，法律出版社2005年版。

42. 罗志渊：《立法程序论》，正中书局1974年版。

43. 季卫东：《宪政新论》，北京大学出版社2002年版。

44. 马怀德主编：《中国立法体制、程序与监督》，中国法制出版社1999年版。

45. 苗连营：《立法程序论》，中国检察出版社2001年版。

46. 周旺生、张建华主编：《立法技术手册》，中国法制出版社1998年版。

47. 王云奇主编：《地方立法技术手册》，中国民主法制出版社2005年版。

48. 徐向华：《中国立法关系论》，浙江人民出版社1999年版。

49. 李龙：《良法论》，武汉大学出版社2001年版。

50. 管仁林、程虎：《发达国家立法制度》，北京时事出版社2001年版。

51. 齐晓琨：《德国新、旧债法比较研究——观念的转变和立法技术的提升》，法律出版社2006年版。

52. 全国人大常委会法制工作委员会编：《〈中华人民共和国侵权责任

法〉条文说明、立法理由及相关规定》，北京大学出版社2010年版。

53. 中国法学会：《中国法治建设年度报告（2008）》，新华出版社2009年版。

54. 张春生主编：《中华人民共和国立法法释义》，法律出版社2000年版。

55. 黄建武：《法的实现》，中国人民大学出版社1997年版。

56. 杨宗科：《法律机制论》，西北大学出版社2000年版。

57. 周旺生主编：《中关村立法研究》，法律出版社2001年版。

58. 邓世豹：《授权立法的法理思考》，中国人民公安大学出版社2002年版。

59. 佘绪新、周旺生、李小娟：《地方立法质量研究》，湖南大学出版社2002年版。

60. 沈敏荣：《法律的不确定性》，法律出版社2001年版。

61. 孙琬钟主编：《立法学教程》，中国法制出版社1990年版。

62. 张根大、方德明、祁九如：《立法学总论》，法律出版社1991年版。

63. 张善恭主编：《立法学原理》，上海社会科学院出版社1991年版。

64. 王盛林主编：《地方立法概论》，山东人民出版社1992年版。

65. 孙潮：《立法技术学》，浙江人民出版社1993年版。

66. 宋如焚：《参加立法工作琐记》，中国法制出版社1994年版。

67. 刘曾棋、李江：《规章分析》，中国政法大学出版社1994年版。

68. 周旺生主编：《立法研究》（第1卷），法律出版社2000年版。

69. 周旺生主编：《立法研究》（第2卷），法律出版社2001年版。

70. 周旺生主编：《立法研究》（第3卷），法律出版社2002年版。

71. 周旺生主编：《立法研究》（第4卷），法律出版社2003年版。

72. 周旺生主编：《立法研究》（第5卷），法律出版社2004年版。

73. 黄文艺、杨亚非：《立法学》，吉林大学出版社2004年版。

74. 罗传贤：《立法程序与技术》，五南图书出版公司1997年版。

75. 李培传：《中国社会主义立法的理论与实践》，中国法制出版社1991年版。

76. 季卫东：《法治秩序的建构》，中国政法大学出版社2000年版。

77. 李林：《走向宪政的立法》，法律出版社2003年版。

78. 张根大：《法律效力论》，法律出版社1999年版。

79. 曹海晶：《中外立法制度比较研究》，商务印书馆2004年版。

80. 许梭伦：《地方立法论》，中国民主法制出版社1997年版。

81. 应松年主编：《行政程序立法研究》，中国法制出版社1999年版。

82. 顾昂然：《中华人民共和国立法法讲话》，法律出版社2000年版。

83. 李鹏：《立法与监督：人大工作日记》，新华出版社、中国民主法制出版社2003年版。

84. 孙敢、侯淑文主编：《立法学教程》，中国政法大学出版社2000年版。

85. 刘和海、李玉福：《立法学》，中国检察出版社2001年版。

86. 朱力宇、张曙光主编：《立法学》，中国人民大学出版社2001年版。

87. 叶必丰、周佑勇：《行政规范研究》，法律出版社2002年版。

88. 崔卓兰、于立深：《行政规章研究》，吉林人民出版社2002年版。

89. 刘莘：《行政立法研究》，法律出版社2003年版。

90. 侯淑文：《立法制度与技术原理》，中国工商出版社2003年版。

91. 汤唯、毕克志等：《地方立法的民主化与科学化构想》，北京大学出版社2002年版。

92. 封丽霞：《法典编纂论——一个比较法的视角》，清华大学出版社2002年版。

93. 于兆波：《立法决策论》，北京大学出版社2005年版。

94. 江国华：《立法：理想与变革》，山东人民出版社2007年版。

95. 周静：《法律规范的结构》，知识产权出版社2010年版。

96. 戚渊：《论立法权》，中国法制出版社2002年版。

97. 孔祥俊：《法律规范冲突的选择适用》，人民法院出版社2004年版。

98. 王晓民主编：《议会制度及立法理论与实践纵横》，华夏出版社2002年版。

99. 周叶中：《代议制度比较研究》，武汉大学出版社2005年版。

100. 杨震：《法价值哲学导论》，中国社会科学出版社2004年版。

101. 徐亚文：《程序正义论》，山东人民出版社 2004 年版。

102. 冯军：《刑事责任论》，法律出版社 1996 年版。

103. 张文显：《法学基本范畴研究》，中国政法大学出版社 1993 年版。

104. 张文显：《法哲学范畴研究》，中国政法大学出版社 2001 年版。

105. 陈金钊主编：《法理学》，北京大学出版社 2010 年版。

106. 陈金钊等：《法律方法论研究》，山东人民出版社 2010 年版。

107. 陈金钊：《法律解释的哲理》，山东人民出版社 1999 年版。

108. 马怀德：《法律的实施与保障》，北京大学出版社 2007 年版。

109. 朱新力主编：《行政法律责任研究——多元视角下的诠释》，法律出版社 2004 年版。

110. 杨斐：《法律修改研究——原则、模式、技术》，法律出版社 2008 年版。

111. 王腊生主编：《地方立法技术的理论与实践》，中国民主法制出版社 2007 年版。

112. 王云奇主编：《地方立法技术手册》，中国民主法制出版社 2007 年版。

113. 徐向华主编：《地方性法规法律责任的设定——上海市地方性法规的解析》，法律出版社 2007 年版。

114. 国务院法制办公室政府法制研究中心编：《政府立法中的法律责任设定研究论文集》，中国法制出版社 2010 年版。

115. 阮荣祥主编：《地方立法的理论与实践》，社会科学文献出版社 2008 年版。

116. 陈雪平：《立法价值研究——以精益学理论为视域》，中国社会科学出版社 2009 年版。

117. 汪全胜：《法律绩效评估机制论》，北京大学出版社 2010 年版。

118. 汪全胜：《立法后评估研究》，人民出版社 2012 年版。

119. 刘少军等：《立法成本效益分析制度研究》，中国政法大学出版社 2011 年版。

120. 张越：《法律责任设计原理》，中国法制出版社 2010 年版。

121. 朱力宇主编：《地方立法的民主化与科学化问题研究——以北京

市为主要例证》，中国人民大学出版社 2011 年版。

二 论文部分

1. 黄文艺：《对中国法学的反思的再反思》，《现代法学》2007 年第 3 期。

2. 徐显明、齐延平：《法理学的中国性、问题性与实践性》《中国法学》2007 年第 1 期。

3. 徐显明、齐延平：《转型期中国法理学的多维面向——以 2007 年发表的部分成果为分析对象》《中国法学》2008 年第 2 期。

4. 邓正来：《中国法律哲学当下基本使命的前提性分析》《法学研究》2006 年第 5 期。

5. 黄文艺：《法律体系形象之解构与重构》载《法学》2008 年第 2 期。

6. 汪全胜、李志强：《法律文本中"法的主管部门"条款设置论析》，《法治研究》2012 年第 8 期。

7. 汪全胜、张鹏：《〈归侨侨眷权益保护法〉法律责任设置论析》，《华侨华人历史研究》2012 年第 2 期。

8. 汪全胜、张鹏：《法律文本中"立法根据"条款的设置论析》，《中南民族大学学报》（人文社会科学版）2012 年第 4 期。

9. 汪全胜、张鹏：《法律文本中题注的设置论析》，《云南大学学报》（法学版），2012 年第 2 期。

10. 汪全胜、张鹏：《论我国法的名称设置的规范化》，《广西大学学报》（哲学社会科学版）2012 年第 2 期。

11. 汪全胜、陈光等：《体育法律责任的设定及其完善》，《体育学刊》2010 年第 2 期。

12. 徐向华、王晓妹：《法律责任条文设定模式的选择》，《法学》2009 年第 12 期。

13. 刘雪斌、李拥军等：《改革开放三十年的中国法理学：1978—2008》，《法制与社会发展》2008 年第 5 期。

14. 刘雪斌：《改革开放三十年的中国法学研究方法——回顾、反思与展望》，《长春理工大学学报》（社会科学版）2009 年第 3 期。

15. 周旺生：《论法理学的构成及其资源性要素》，《法制与社会发展》2006 年第 6 期。

16. 徐向华、周欣：《我国法律体系形成中法律的配套立法》，《中国法学》2010 年第 4 期。

17. 汪全胜、李亮：《宪法文本中宪法责任条款的设置论析——以宪法制裁的实现为视角》，《云南师范大学学报》（哲学社会科学版）2012 年第 4 期。

18. 黄文艺：《中国法理学的发展与反思》，《法制与社会发展》2009 年第 1 期。

19. 徐显明：《中国法理学的时代转型与精神进路》，《中国法学》2009 年第 6 期。

20. 张志铭：《转型中国的法律体系建构》，《中国法学》2009 年第 2 期。

21. 季卫东：《中国法治的悖论与重构》，《文化纵横》2011 年第 6 期。

22. 朱志昊：《从价值预设到法律形式：立法方法论基础初探》，《河南大学学报》（社会科学版）2011 年第 4 期。

23. 江国华：《论立法价值》，《法学评论》2005 年第 6 期。

24. 周旺生：《中国立法技术"粗劣"》，《法律与生活》2004 年第 4 期。

25. 李林：《关于立法权限划分的理论与实践》，《法学研究》1998 年第 5 期。

26. 李德顺、戚渊：《关于法的价值的思考》，《中国法学》1996 年第 5 期。

27. 毛原：《论法的价值选择——兼谈立法的合法性》，《理论研究》2000 年第 5 期。

28. 周旺生：《论立法法及其历史环境——关于立法法研究的一个方法论问题》，《法学论坛》2001 年第 5 期。

29. 陈瑞华：《程序正义论——从刑事审判角度的分析》，《中外法学》1997 年第 2 期。

30. 陈瑞洪：《立法的民主合法性与立法之上——中国立法批判》，

《中外法学》1998 年第 6 期。

31. 应松年：《立法法关于法律原则保留的规定》，《行政法学研究》2000 年第 3 期。

32. 曾祥华：《论行政立法权来源的正当性》，《学习与探索》2005 年第 4 期。

33. 张文显：《法律责任论纲》，《法学》1991 年第 4 期。

34. 马放海、蒋大兴：《担保法立法技术批判》，《现代法学》1997 年第 1 期。

35. 刘爱龙：《"法律的内在道德"抑或"立法技术的伦理正当性"——从"富勒困境"谈起》，《江海学刊》2010 年第 2 期。

36. 楼伯坤：《"犯前款罪"立法与引冲突与协调——以立法技术为视角》，《法治研究》2011 年第 6 期。

37. 胡俊：《"根据宪法，制定本法"作为立法技术的运用》，《法治研究》2009 年第 7 期。

38. 蒋后强：《〈教育法〉修改中法律责任的立法技术研究》，《山东社会科学》2007 年第 5 期。

39. 钱叶芳：《劳动合同法（草案）三审稿立法技术的缺陷和弥补》，《法学》2007 年第 5 期。

40. 脱剑锋：《立法法的立法技术浅析》，《兰州大学学报》2002 年第 3 期。

41. 徐澜波：《"买卖不破租赁"规则的立法技术分析》，《法学》2008 年第 3 期。

42. 胡旭晟、周浩江：《"五五宪草"之立法技术分析》，《湘潭大学学报》（哲学社会科学版）2004 年第 6 期。

43. 高圣平：《〈物权法〉背景下的〈城市房地产管理法〉修改——兼及部门法的立法技术》，《中国人民大学学报》2008 年第 2 期。

44. 丁文：《〈物权法〉中物权限制规范的立法技术之缺陷及补正》，《当代法学》2008 年第 3 期。

45. 万毅：《〈刑事诉讼法修正案〉（草案）的立法技术检讨》，《山东警察学院学报》2012 年第 1 期。

46. 徐剑秋：《〈药品管理法〉立法技术方面几个问题的商榷》，《中国药事》2003年第2期。

47. 王正明、曹叠云：《"总则"立法技术模式论》，《法学》1993年第6期。

48. 陈忠海、吴雁平：《部委与国家档案局联合颁布的档案规章和规范性文件立法技术与制定技术分析》，《档案管理》2011年第1期。

49. 郝铁川：《传统思维方式对当代中国立法技术的影响》，《中国法学》1993年第4期。

50. 郭泽强：《从立法技术层面看刑法修正案》，《法学》2011年第4期。

51. 孙洪坤：《从立法技术角度看刑事诉讼立法的完善》，《安庆师范学院学报》（社会科学版）2001年第4期。

52. 曾庆辉：《地方立法存在的问题及对策探析》，《楚天主人》，2011年第5期。

53. 钱富兴、王宗炎：《地方立法要重视立法技术规范》，《上海人大》2011年第9期。

54. 黄洪旺：《地方立法语言及其表述技术》，《闽江学院学报》2010年第4期。

55. 陈炯、钱长源：《对于立法语言作为立法技术的几点思考》，《江汉大学学报》（人文科学版）2004年第2期。

56. 李洁：《遏制重刑：从立法技术开始》，《吉林大学社会科学学报》2009年第3期。

57. 朱悦蘅：《法的价值理念与立法技术因应之制度分析——以〈治安管理处罚法〉为例》，《清华法律评论，2005年第3卷。

58. 刘军平：《法治文明与立法科学化——立法技术略论》，《行政与法，2006年第11期。

59. 肖萍：《关于图书馆法立法技术的几点思考》，《河南图书馆学刊，2007年第5期。

60. 李容华、陈叶：《基于有限理性论的立法技术及其在〈食品安全法〉中的适用》，《西南政法大学学报，2009年第6期。

61. 刘秀明：《解读美国民事诉讼的立法体例和立法技术》，《湖南科技学院学报》2009年第10期。

62. 孙德强：《劳动法在立法技术上的缺陷及其完善》，《中国劳动关系学院学报》2005 年第 3 期。

63. 邓肯：《立法技术：我们的法律能否简化？》，曹叠云译，《立法评论》1987 年第 3 期。

64. 杨玉豪：《立法技术和理念对立法质量的影响》，《五邑大学学报》（社会科学版）2007 年第 4 期。

65. 汪全胜：《立法技术评估的探讨》，《西南民族大学学报》（人文社科版）2009 年第 5 期。

66. 吴秋菊：《立法技术探讨》，《时代法学》2004 年第 4 期。

67. 孙书妍：《立法技术与法律的有效性——以就业促进法为例》，《人大研究》2008 年第 6 期。

68. 周少华：《立法技术与刑法之适应性》，《国家检察官学院学报》2011 年第 3 期。

69. 刘红婴：《立法技术中的几种语言表述问题》，《语言文字应用》2002 年第 3 期。

70. 潘庆云：《立法语言论略》，《淮北煤师院学报》（社会科学版）1987 年第 1 期。

71. 王晓玲：《论俄罗斯法的特征》，《哈尔滨工业大学学报》（社会科学版）2006 年第 3 期。

72. 冯岚：《论法律儒家化的完成和古代立法技术的第一次大发展——秦、唐律比较研究后的一个发现》，《中山大学研究生学刊》（社会科学版）2001 年第 4 期。

73. 田鹏辉：《论风险社会视野下的刑法立法技术——以设罪技术为视角》，《吉林大学社会科学学报》2009 年第 3 期。

74. 莫纪宏：《论立法的技术路线——专家立法在立法公民参与中的作用》，《广东社会科学》2009 年第 4 期。

75. 杨树人：《论我国地方立法技术存在的问题与对策》，《成都行政学院学报》2009 年第 3 期。

76. 李建华：《论我国民法典基本原则表述的立法技术——兼论民法典基本原则立法表述中民事活动等概念的取舍》，《吉林大学社会科学学报》2009 年第 3 期。

77. 顾炜：《浅议立法技术》，《北京理工大学学报》（社会科学版）2000年第1期。

78. 侯欣一：《唐律与明律立法技术比较研究》，《法律科学》1996年第2期。

79. 高圣平：《我国"融资租赁立法"模式研究——兼及我国部门法的立法技术》，《南都学坛》（人文社会科学学报）2009年第5期。

80. 李建华：《我国与韩国经济法立法技术的比较和借鉴》，《东北亚论坛》1997年第2期。

81. 童德华：《现行刑事立法技术"六维"评价》，《法学》2000年第11期。

82. 于立深：《行政立法的过程、体例与技术——以治安管理处罚法为例》，《浙江学刊》2008年第2期。

83. 李建华、王琳琳、曹险峰：《中国未来民法典总责编私法责任一般条款的立法设计》，《社会科学战线》2009年第11期。

84. 周旺生：《论法的总则部分构造》，《政治与法律》1995年第3期。

85. 周旺生：《论法律但书》，《中国法学》1991年第1期。

86. 周旺生：《论立法原则的法律化、制度化》，《法学论坛》2003年第3期。

87. 周旺生：《应当重视立法基本概念的研究》，《法学评论》1994年第3期。

88. 周旺生：《中国立法五十年》（上），《法制与社会发展》2000年第2期。

89. 周旺生：《中国立法五十年》（下），《法制与社会发展》2000年第3期。

90. 万霞：《国际组织的责任条款草案评述》，《外交评论》2010年第2期。

91. 徐莹钧：《〈侵权责任法〉之医疗损害责任条款的理解》，《中医药管理杂志》2010年第12期。

92. 吴情树：《〈食品安全法〉中刑事责任条款的设定——以附属刑法为研究视角》，《重庆工商大学学报》（社会科学版）2008年第6期。

93. 郑朝晖：《〈注师法〉民事责任条款怎样修订?》，《中国财经报》2000年11月2日第007版。

94. 张曼：《从St Albans vs. ICL等案论IT合同限制责任条款》，《河北学刊》2011年第4期。

95. 王中位：《地方性法规的行政责任条款中不宜增加"未构成犯罪的"限制性规定》，《人大研究》2004年第4期。

96. 侯福志：《调整土地法律责任条款的几点建议》，《中国国土资源报》2009年2月5日第005版。

97. 李泉、李振华：《对我国〈公司法〉"公司社会责任条款"的反思与修正》，《海南大学学报》（人文社会科学版）2006年第4期。

98. 周旺生：《法的功能与法的作用辨异》，《政法论坛》2006年第5期。

99. 吴允锋：《非刑事法律规范中的刑事责任条款性质研究》，《华东政法大学学报》2009年第2期。

100. 郭秀华：《公司社会责任条款司法适用之法理分析》，《法学》2011年第2期。

101. 柴丽：《关于对〈档案法〉增加法律责任条款的议案》，《中国档案报》2004年3月18日第T00版。

102. 陈乃尉、吕红兵：《关于在〈科技进步法〉中设置法律责任条款的建议》，《科技进步与对策》1991年第4期。

103. 孙龙广：《进一步完善土地法律责任条款》，《中国国土资源报》2009年8月13日第005版。

104. 郝晓玲、董玉明：《经济法中的刑事责任条款实证研究》，《北京政法职业学院学报》2005年第3期。

105. 毕可志：《论完善对地方立法中法律责任的设定》，《河南政法管理干部学院学报》2004年第1期。

106. 蒋熙辉：《美国SARBANES-OXLEY2002法案刑事责任条款研究》，《中国法学》2003年第5期。

107. 朱圆：《美国公司法中的社会责任条款探析》，《山东科技大学学报》2008年第5期。

108. 王立武：《体育参赛协议限制责任条款的法律效力》，《体育学刊》2008 年第 8 期。

109. 张驰：《违约责任条款地位论》，《法学》2004 年第 12 期。

110. 朱应平：《卫生法规规章法律责任条款存在的缺陷》，《中国卫生监督杂志》1999 年第 4 期。

111. 胡峻、毛姗姗：《行政法中法律责任条款的构设问题研究》，《山东社会科学》2011 年第 4 期。

112. 胡峻：《行政立法中责任条款的重构》，《行政与法》2008 年第 2 期。

三　外文部分

1. William. J. Keefe Morris. S. Ogul, The American Legislative Process, Prentice – Hall, Inc. , 1985.

2. John Finnis, Natural Law and Nature Rights, Oxford University Press, 1982.

3. Alf Ross, On law and justice, University of California Press, 1959.

4. Bernard Schwartz: French Administrative Law and the Common Law world, New York University Press, 1954.

5. Franz Neuman: The Rule of Law, Berg Publishers Ltd. , Leamington Spa, 1986.

6. Jules Coleman, "Efficiency, Utility, and Wealth Maximization" from "Markeys , Morals , and the Law ", Cambridge University Press , 1988.

7. Randy Peerenboom, Public Participation in Legislation and Governance in the US. Cambridge University Press, 1998.

8. C. Perelman, Justice, Law, and Argument, D. Reidel Publishing Company, 1980.

9. Lon. L. Fuller, The Morality of Law, Revised edition, Yale University Press, 1969.

10. Randy E. Barnett, Constitutional Legitimacy, The Columbia Law Review (2003) 103 Colum. L. Rev. 111.

11. W. N. Hohfeld, Fundamental Legal Conceptions as Applied in judicial Reasoning. Edited by DAVID CAMPBELL and PHILIP THOMAS Cardiff Law

School, 2001.

12. HLA Hart: The Concept of Law, Oxford University Press, 1961.

13. Neville Brown, Johns Bell: French Administrative Law (Fourth Edition) Clarendon Press Oxford, 1993.

14. Ewan Ferlie, Lynn Ashburner, Louise Fitzgerald, and Andrew Pettigrew, The New Public Management in Action, Oxford University Press, 1996.

15. Charles O. Jones, An Introduction to the Study of Public Policy, North Scituate, Mass. : Duxbury Press, 1977.

16. Kenneth J. Arrow, Robert W. Hahn, 1996, "Is there a Role for Benefit—cost Analysis in Environmental, Health, and Safety Regulation ?" Science, Volume 272, April 2.

17. William. D. W. , "Measuring Government in the Early Twentieth Century", Public Administration Review, 2003, 6.

18. Joseph William Singer, The Legal Rights Debate In Analytical Jurisprudence From Bentham ToHohfeld, Wisconsin Law Review, Nov. 1982.

19. Hans Kelsen, Pure Theory of Law (Translated By Max Knight) University of California Press, 1967.

20. Karel Vasak, A Thirty—Year Struggle: The Sustained Efforts to Give Force of Law to the Universal Declaration of Human Rights, UNESCO Courier (Paris), 1997.

21. F. Parisi, The Genesis of Liability in Ancient Law, 3, American Law and Economics Review, 2001.

22. S. Shavell, Criminal Law and the Optimal Use of Non – monetary Sanctions as a Deterrent, 85 Columbia Law Review, 1985.

23. S. Shavell, The Optimal Structure of Law Enforcement, 36 Journal of Law and Economics, 1993.

24. S. Shavell, The Fundamental Divergence between the Private and Social Motive to Use the Legal System, 26 Journal of Legal Studies, 1997.

25. T. J. Philipson and R. A. Posner, The Economic Epidemiology of Crime, 39 Journal of Law and Economics, 1996.

26. R. Ponser, An Economic Theory of Criminal Law, 85 Columbia Law

Review, 1985.

27. A. Ashworth, Principles of Criminal Law, Oxford University Press, 2003.

28. HLA. Hart, Punishment and Responsibility, Oxford University Press, 1968.

29. N. J. Jamieson, Towards a Systematic Statute Law, Otaga Law Review, 1976.

30. Lon Fuller, Adjudication and the Rule of Law, Proceedings of the American Society of International Law, 1960.

31. Colin S. Diver, The Optimal Precision of Administrative Rule, Yale Law Review, 1983.

32. Edward Rubin, Law and Legislation in the Administrative State, 89 Columbia Law Review, 1985.